**한 권으로 끝내는
초등 수학사전**

한 권으로 끝내는 초등 수학사전

초판 1쇄 펴냄 2014년 6월 27일
    7쇄 펴냄 2022년 12월 12일

지은이 이경희, 구진명, 서민, 한지민, 서지원
그린이 오인경

펴낸이 고영은 박미숙
펴낸곳 뜨인돌출판(주) | 출판등록 1994.10.11.(제406-251002011000185호)
주소 10881 경기도 파주시 회동길 337-9
홈페이지 www.ddstone.com | 블로그 blog.naver.com/ddstone1994
페이스북 www.facebook.com/ddstone1994 | 인스타그램 @ddstone_books
대표전화 02-337-5252 | 팩스 031-947-5868

ⓒ 2014 이경희, 구진명, 서민, 한지민, 서지원

ISBN 978-89-5807-528-8 63410

어린이제품안전특별법에 의한 제품표시
제조자명 뜨인돌어린이 **제조국명** 대한민국 **사용연령** 만 8세 이상

[초등 수학 교과서를 모두 담았다]

한 권으로 끝내는
초등 수학 사전

글 이경희 구진명 서민 한지민 서지원
(초등 수학 교과서 집필진)
그림 오인경

뜨인돌어린이

머리말

2013년부터 개정된 교육과정에 따라 새로운 형식의 수학 교과서로 공부하게 되었습니다. 〈수와 연산〉〈도형〉〈측정〉〈규칙성〉〈확률과 통계〉라는 5개 영역으로 바뀌었고, 스토리텔링으로 단원 공부를 도입하게 되었지요.

그런데 겉으로 보이지 않는 더 중요한 변화가 있습니다. 개정된 수학 교육과정에서는 단순한 계산이 아니라 수학이 본래 추구하고자 하는 수학적 문제 해결, 의사소통 능력, 추론 능력을 더 강조한다는 점입니다.

그렇기에 수학 공식을 달달 외우거나 계산을 빨리하는 훈련을 반복하는 과거의 수학 공부 방식에서 벗어나야만 합니다. 정답보다는 정답이 나오게 된 과정을 중요하게 생각하고, 전체적인 맥락 속에서 수학을 이해하고 자신만의 언어로 표현하며 의사소통하는 능력이 더 중요해졌기 때문입니다.

이러한 새로운 수학 교육의 변화에 발맞추어 개정 초등 수학 교과서를 집필한 선생님들이 모여 새로운 방식의 수학사전을 기획하게 되었습니다.

- 용어가 의미 없이 가나다순으로 나열된 기존 사전에서 탈피, 수학 개념의 흐름에 따라 맥락을 파악할 수 있도록 용어를 새롭게 배치한 사전
- 영역별 용어 지도를 보여 줌으로써 현재 배우는 수학 용어가 전체 수학에서 어떻게 연결되어 있는지를 파악하게 하는 사전
- 쉽고 재밌는 스토리텔링으로 용어를 직관적으로 이해할 수 있게 돕는 사전

이처럼 전에 없는 새로운 사전을 만들기 위하여 개정된 교육과정과 교과서를 철저하게 분석하여 핵심 용어를 선정한 뒤, 수학 영역별 개념의 흐름에 따라 용어를 재배치하였습니다.

개정된 교과서로 수학 공부를 잘하려면 단순한 문제풀이보다는 전체적인 맥락에서 왜 이 문제를 풀어야 하고, 어떤 과정을 통해 해결해야 하며, 또 다른 해결 방법은 없는지 등 다양한 고민을 해야 합니다. 그러기 위해서는 배경지식에 대한 기본 상식이 풍부해야 하고 수학 용어를 정확히 이해하는 것이 중요합니다.

수학은 서로 약속한 '용어 정의'에 의해서 개념이 정리됩니다. 그러므로 수학 용어에 대한 분명한 이해 없이는 수학을 완전히 이해할 수 없습니다. 또한 수학 용어는 외딴섬처럼 떨어진 단순한 단어가 아닙니다. 개념과 개념을 유기적으로 연결시키는 정거장 같은 중요한 역할을 합니다. 따라서 수학은 수학사전을 가까이 두고 공부해야 하는 과목이라고 해도 지나친 말이 아닙니다.

> 새로운 상황에 처했기에
> 우리는 새롭게 생각하고, 새롭게 행동해야만 합니다.   - 링컨 -

우리는 기존의 수학 공부 방식에서 벗어나 새로운 방식으로 공부해야만 하는 상황과 마주하고 있습니다. 이러한 상황을 헤쳐 나갈 수 있는 가장 멋진 해법은 수학과 한번 제대로 만나 보는 것입니다.

이 사전을 통해 초등 수학에서 익혀야 할 핵심 용어를 파악하고 그 핵심 용어를 중심으로 수학 개념을 확장해 나가길 바랍니다. 그래서 수학 공부의 즐거움을 맛보길 바랍니다. 앞으로 우리 친구들이 살아갈 세상은 열심히 공부하는 사람의 세상이 아니라 즐길 줄 아는 사람의 세상이 될 것이기 때문입니다.

사전을 만든 교사 일동

이래서 좋아요!

믿고 볼 수 있어요!
개정 수학 교과서를 직접 집필한 선생님들이 모여 사전을 만들었어요. 교과서를 만들면서 꼭 필요한 핵심 용어를 영역별로 고심하며 선정했기 때문에 수학 교과서와 가장 잘 맞는 짝꿍이지요.

수학 개념을 한눈에 알 수 있어요!
영역별 개념 용어 지도를 제시하여 전체 맥락에서 수학 용어를 이해할 수 있어요. 또한 단순 사전 방식처럼 가, 나, 다순이 아니라 수학 개념의 연결성에 따라 용어를 배치하여 핵심 개념이나 중요 원리를 한눈에 알 수 있게 해 주지요.

우뇌를 자극하는 이미지 학습!
수학 개념을 이해하기 쉽게 핵심 예시 그림을 통해 보여 줘요. 이는 우뇌를 자극하는 이미지 학습으로, 기억 속에 오래 남고 수학 용어의 이해를 도와주지요.

실생활에 기반한 재미있는 스토리텔링!
영상과 스토리텔링에 익숙한 아이들의 눈높이에 맞추어 사전에 스토리텔링을 도입했어요. 일상생활과 관련된 재미있는 스토리는 핵심 수학 용어를 직관적으로 이해할 수 있게 해 주지요.

융합적 사고를 키울 수 있어요!!
수학과 관련된 다른 개념들과의 연결을 통해 융합적 사고를 확장시킬 수 있어요. 융합적 사고는 수학뿐 아니라 다른 과목에 대한 통찰력과 종합적 사고를 키워 주지요.

차례

수

수 — 14	가분수 — 31
숫자 — 16	대분수 — 32
순서수 — 17	단위분수 — 33
백 — 18	분수의 크기 비교 — 34
큰 수의 단위 — 20	소수 — 36
자릿값 — 22	소수점 — 38
두 자리의 수 — 23	대소수 — 39
홀수, 짝수 — 25	소수의 크기 비교 — 40
두 수의 크기 비교 — 27	작은 수의 단위 — 41
등호, 부등호 — 28	소수 두 자리의 수 — 43
분수 — 29	소수 사이의 관계 — 44

연산

가르기 — 48	뛰어 세기 — 61
모으기 — 49	배 — 62
덧셈 — 50	곱셈 — 63
합 — 51	곱셈구구 — 64
뺄셈 — 52	나눗셈 — 66
차 — 53	연산 기호 — 68
덧셈식과 뺄셈식의 관계 — 54	몫 — 70
받아올림 — 56	나머지 — 71
받아내림 — 58	나누어 떨어지다 — 72
묶어 세기 — 60	검산 — 74

교환법칙	75	분모가 다른 분수의 뺄셈	100
혼합계산	76	세 분수의 덧셈과 뺄셈	102
괄호	78	분수의 곱셈	104
약수	79	세 분수의 곱셈	105
배수	81	분수의 나눗셈	106
공약수	82	대분수의 나눗셈	108
공배수	83	소수의 덧셈	109
최대공약수	84	소수의 뺄셈	110
최소공배수	86	소수와 자연수의 곱셈	111
통분	88	소수의 곱셈	112
약분	90	0.1 0.01 0.001 곱하기	113
소수를 분수로 나타내기	91	10, 100, 1000 곱하기	114
분수를 소수로 나타내기	92	소수의 나눗셈	115
분모가 같은 분수의 덧셈	94	소수의 나눗셈에서 몫의 반올림	116
분모가 같은 분수의 뺄셈	96	분수와 소수의 곱셈과 나눗셈	117
분모가 다른 분수의 덧셈	98		

도형

점	120	옆면	133
선	121	각	134
꼭짓점	122	예각	135
직선	124	둔각	136
변	125	직각	137
대각선	126	수직	138
모서리	128	평행	139
모선	130	평행선	140
면	131	평면도형	141
밑면	132	삼각형	142

사각형	144	원기둥	174
오각형	146	원기둥의 전개도	176
육각형	147	각뿔	177
사다리꼴	148	삼각뿔	179
평행사변형	149	사각뿔	180
마름모	150	원뿔	181
직사각형	151	원뿔의 전개도	183
정사각형	152	구	184
이등변삼각형	154	회전체	186
직각삼각형	155	회전체의 단면	188
정삼각형	156	전개도	189
예각삼각형	157	겨냥도	191
둔각삼각형	158	도형 밀기	192
다각형	159	도형 뒤집기	193
정다각형	160	도형 돌리기	195
원	161	무늬 만들기	197
원의 반지름	163	테셀레이션	198
원의 지름	164	합동	199
원의 중심	166	대응점, 대응변, 대응각	203
입체도형	167	선대칭도형	204
각기둥	168	선대칭의 위치에 있는 도형	206
삼각기둥	170	점대칭도형	208
사각기둥	171	점대칭 위치에 있는 도형	210
직육면체	172	칠교(탱그램)	212
정육면체	173		

측정

길이	216
길이의 합	217
길이의 차	218
직접 비교	219
간접 비교	220
단위 길이	221
임의 단위	222
보편 단위	223
미터법	225
1cm	227
1mm	228
1m	229
1km	230
어림하기	231
시간의 단위	233
달력	235
하루	237
시계의 종류	238
시각	239
시간	240
몇 시 30분	241
몇 분	242
몇 초	243
시간의 합	244
시간의 차	245
표준시	247
들이	248
들이 비교하기	249
1L	250
1mL	251
들이의 합과 차	252
무게	253
무게 비교하기	254
1kg	255
1g	256
1t	257
무게의 합과 차	258
이상	259
이하	260
초과	261
미만	262
올림	263
버림	264
반올림	265
다각형의 둘레	266
직사각형의 둘레	267
원주	268
원주율	269
넓이의 비교	271
넓이와 둘레의 관계	272
$1cm^2$	273
$1m^2$	274
1a	275
1ha	276
$1km^2$	277
직사각형의 넓이	278
정사각형의 넓이	279
평행사변형의 넓이	280

삼각형의 넓이 —— 282	부피의 비교 —— 294
사다리꼴의 넓이 —— 284	$1cm^3$ —— 295
마름모의 넓이 —— 286	$1m^3$ —— 296
다각형의 넓이 —— 287	직육면체의 부피 —— 297
원의 넓이 —— 289	원기둥의 부피 —— 298
직육면체의 겉넓이 —— 291	부피와 들이의 관계 —— 299
원기둥의 겉넓이 —— 293	

규칙성

규칙 —— 302	비율 —— 310
쌓기나무 —— 304	할푼리 —— 311
x —— 306	백분율 —— 312
등식 —— 307	비례식 —— 313
방정식 —— 308	정비례 —— 314
비 —— 309	반비례 —— 315

확률과 통계

경우의 수 —— 318	막대그래프 —— 326
확률 —— 319	꺾은선그래프 —— 328
나뭇가지 그림 —— 320	물결선 —— 329
분류 —— 321	띠그래프 —— 330
표 —— 322	원그래프 —— 331
평균 —— 323	
그래프 —— 324	**초등 수학 공식 모음** —— 332
그림그래프 —— 325	**용어 찾아보기 및 교과 연계** —— 335
	퀴즈 정답 —— 340

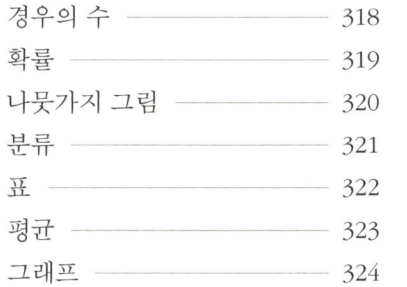

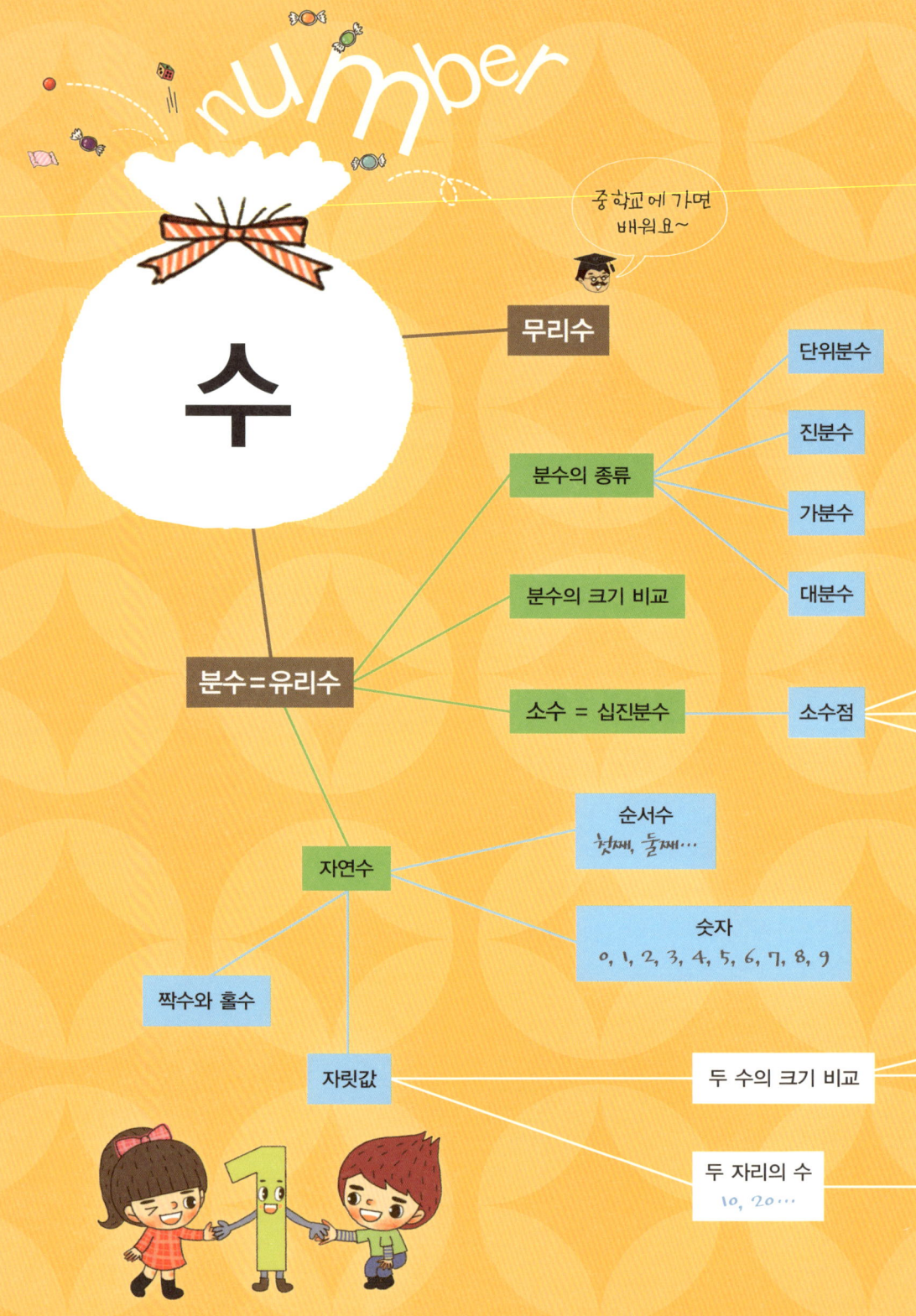

소수 두 자리의 수
0.56

소수 사이의 관계

작은 수의 단위
푼, 리, 모…

대소수
3.5

소수의 크기 비교

부등호
35 < 41

등호
4+6=10

큰 수의 단위
만, 억, 조…

| 수 | 연관 단어 **숫자**

수

● 물건의 다소(많고 적음), 대소(크고 작음), 위치, 순서 등을 나타내는 말

 수의 네 가지 의미를 살펴봐요.

① **기수** 물건의 개수를 나타내기 위해 양을 표시하는 수

사탕 4개를 누구에게 선물로 줄까?

② **측정수** 길이, 넓이, 부피, 체중, 시간 등을 측정한 값을 나타내는 수

101kg이라니 믿기지 않아!

③ **서수(순서수)** 위치나 순서를 나타내는 수

야호, 내가 1등이다!

④ **이름수** 전화번호, 차번호처럼 양의 의미 없이 물건을 구별하기 위해 사용하는 수

난 천사 같은 외모니까 전화번호 끝자리도 1004로 해야지!

퀴즈 전화번호 1234-1234는 1234만큼의 수를 나타냅니다. ○ ✕

원리 스토리

🧒 ⟶ 박사님, '3'은 어떨 때 숫자이고, 어떨 때 수예요? 헷갈려요.

👨‍🎓 ⟶ 3이 1, 2, 3…처럼 기호를 나타내면 숫자이고, 사과 3개처럼 개수나 양을 나타내면 수란다. 처음에 인류가 셈을 할 때 숫자가 없었어. 그래서 손가락을 이용하여 셈을 하기도 하고, 돌의 개수와 물건의 개수를 일대일 대응시키는 방법을 이용하기도 했어. 또 나뭇가지에 물건의 개수만큼 V자 모양의 표시를 하기도 하고, 매듭을 지어 셈을 하기도 했지. 그러다가 셈을 편하게 하는 기호로 숫자가 생겼어.

사과 3개, 공책 3개, 공 3개 등은 사물은 다르지만 이들 사이에 모두 3개라는 공통점이 있지. 사물의 개수가 '3'이라는 공통점을 추상화하여 숫자 3이라는 기호로 나타낸 것이 바로 '수 3'이란다.

퀴즈 바둑알 56, 공룡알 56, 메추리알 56에서 수 56을 찾을 수 있습니다. ○ ×

| 수 | 연관 단어 **수**

숫자

- 0, 1, 2, 3, 4, 5, 6, 7, 8, 9 열 개의 숫자는 수를 나타내는 기호(문자)
- 한글의 '가'가 'ㄱ'과 'ㅏ'가 만나는 것처럼 수 20은 숫자 2와 0으로 이루어진다.

36이라는 수는
3과 6이라는 숫자로 만들어진 수야.

원리 스토리

👧 ⋯▶ 열 개의 숫자로 세상에 있는 모든 수를 나타낼 수 있다고요?

👨‍🎓 ⋯▶ 인도에서 만들어진 0, 1, 2, 3, 4, 5, 6, 7, 8, 9 열 개의 숫자로 세상에 있는 모든 수를 쉽게 나타낼 수 있단다. 이 숫자 때문에 덧셈, 뺄셈, 곱셈, 나눗셈 등 어려운 계산도 가능해서 인류 문명이 더 발달하게 되었지. 숫자는 인류의 귀중한 발명품이란다.

퀴즈 456에서 4라는 숫자는 400을 말합니다. ○ ✕

| 수 | 연관 단어 **수**

순서수

- 첫째, 둘째, 셋째, 넷째 등의 순서를 나타내는 말
- 다른 말로 서수라고도 한다.

🎓 ⋯ 순서를 나타낼 때는 기준을 말하는 게 좋아요. 앞에서 첫째, 둘째, 혹은 뒤에서 첫째, 둘째라고 하면 더 정확하게 순서를 나타낼 수 있어요.

원리 스토리

👦 ⋯ 난 세 개와 셋째가 가끔 헷갈려요.

🎓 ⋯ 많이들 헷갈리는데 쉽게 구별하는 방법이 있단다.
앞 ●●●●● 뒤 이렇게 다섯 개의 공이 보이지?
이 가운데 세 개의 공을 꺼내 보렴. ●●●, ●●●, ●●● 등 순서에 관계없이 세 개의 공을 꺼내면 된단다. 그런데 앞에서 셋째 공을 꺼내라고 하면 노란 공 한 개만 꺼내야 해. 순서수는 순서를 꼭 지켜야 하지.

👧 ⋯ 저는 7층짜리 아파트에 살고 있는데 저희 집은 3층이에요. 3층은 순서를 나타내는 말이군요.

👦 ⋯ 저는 먹는 걸로 1등인데 이것도 순서를 나타내는 말이겠네요!

퀴즈 ●●●●● 다섯 개의 공 중에서 파란색 공은 앞에서 넷째입니다. ○ ×

| 수 | 연관 단어 **자릿값**

백

- 99보다 1 큰 수
- 수로 쓰면 100, 읽을 때는 백, 우리말로 '온'이라고 한다.
- 100이 2개이면 200이라고 쓰고 '이백'이라고 읽는다.

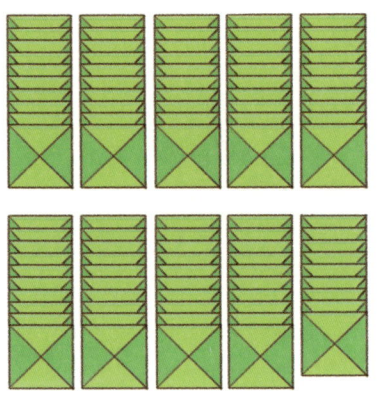

99개의 딱지를 모았는데 한 개를 더 따면 얼마지?

🎓 … 옛날에는 100이 아주 큰 수였어요. 그래서 100을 뜻하는 우리말의 '온'은 '모두의, 전부의'란 뜻이 있지요. 우리가 쓰는 온전히, 온갖, 온누리, 온 세상 같은 말의 '온'은 '백'에서 온 말입니다.

원리 스토리

👦 … 0은 아무것도 없는 건데, 100에서 0을 왜 쓰나요?

👦 … 0을 안 쓰면 100과 1을 어떻게 구별하니?

🎓 … 좋은 질문이구나! 100은 99보다 1 큰 수니까 99에 1을 더하면 일의 자리도 0, 십의 자리도 0이 되고, 백의 자리는 1이 되지. 0은 아무것도 없다는 뜻도 있지만 일의 자리와 십의 자리를 나타내어 1과 100을 구분하는 아주 큰 일을 하고 있단다.

퀴즈 1이 10개 있으면 100입니다. ○ ×

백의 자리	십의 자리	일의 자리
1	0	0

하나 더! '천'은 999보다 1 큰 수. 수로 쓰면 1000, 읽을 때는 천, 우리말로 '즈믄'이라고 합니다.

천의 자리	백의 자리	십의 자리	일의 자리
1	0	0	0

퀴즈 999보다 1 큰 수는 9999입니다. ○ ×

| 수 | 연관 단어 **자릿값**

큰 수의 단위

● 만, 억, 조, 경처럼 큰 수를 나타내는 단위

🎓… 큰 수를 읽을 때는 만 단위에서 끊어 읽어요.

예) 일만, 십만, 백만, 천만, 일억, 십억, 백억, 천억

일 = 10^0 = 1	1십 = 10^1 = 10	1백 = 10^2 = 100	1천 = 10^3 = 1000
1만 = 10^4 = 10000	1십만 = 10^5 = 100000	1백만 = 10^6 = 1000000	1천만 = 10^7 = 10000000
1억 = 10^8 = 100000000	1십억 = 10^9 = 1000000000	1백억 = 10^{10} = 10000000000	1천억 = 10^{11} = 100000000000

🎓… 0이 많아지면 자릿값을 셀 때 어려워요. 그럴 때 10을 여러 번 곱하는 10의 거듭제곱으로 나타내면 크거나 작은 수를 쉽게 표시할 수 있어요.

예) 10^8 = 100000000 → 0이 8개

🎓… 자릿값에 따라 부르는 큰 수의 이름을 계속 불러 볼까요?

1억 = 10^8	1정 = 10^{40}
1조 = 10^{12}	1재 = 10^{44}
1경 = 10^{16}	1극 = 10^{48}
1해 = 10^{20}	1항하사 = 10^{52}
1자 = 10^{24}	1아승기 = 10^{56}
1양 = 10^{28}	1나유타 = 10^{60}
1구 = 10^{32}	1불가사의 = 10^{64}
1간 = 10^{36}	1무량수 또는 1무량대수 = 10^{68}

퀴즈 1억은 10^8입니다. ○ ×

원리 스토리

👧 … 무량수보다 더 큰 수는 없나요?

👨‍🎓 … 문명이 발전하면서 큰 수는 더 생겼단다. 수는 끝이 없으니까!

예를 들어 1구골(googol)=10^{100}은 1 뒤에 무려 0이 100개나 달린 어마어마한 큰 수란다. 1938년 미국의 수학자 에드워드 카스너(Edward Kasner)가 9살짜리 조카에게 "10의 100제곱에 어떠한 이름을 붙이면 좋겠니?" 하고 묻자, 그 조카가 "구골"이라고 대답했다고 해. 그래서 구골이라는 이름이 탄생했지. 전 세계적으로 유명한 인터넷 검색엔진 업체 구글(Google)은 원래 회사 이름을 구골(Googol)로 등록하려다가 실수로 잘못 입력하는 바람에 구글이 되었다고 해.

퀴즈 100조는 10^{13}입니다. ◯ ✕

| 수 | 연관 단어 **큰 수의 단위, 두 자리의 수**

자릿값

● 숫자가 위치한 자리에 따라 정해지는 값. 같은 숫자라도 놓인 자리에 따라 값이 달라진다.

🎓 … 555를 살펴볼까요? 5라는 숫자가 어느 자리에 있느냐에 따라 값이 달라지지요.

백의 자리	십의 자리	일의 자리
5	5	5
↓	↓	↓
500	50	5

555 = 500 + 50 + 5

🎓 … 일의 자리에서 1이 10개가 모이면 십의 자리 1이 되고, 십의 자리에서 10이 10개가 모이면 백의 자리 1이 돼요. 이렇게 10씩 묶어 자릿값이 올라가는 것을 십진법이라고 합니다.

원리 스토리

🧒 … 수는 끝이 없는데 이러한 수를 모두 숫자로 나타낼 수 있나요?

🎓 … 0이 빈자리를 표시할 수 있기 때문에 0, 1, 2, 3, 4, 5, 6, 7, 8, 9 숫자 열 개로 일의 자리, 십의 자리, 백의 자리 등 세상에 있는 모든 수를 쓸 수 있어. 또 555처럼 자리에 따라 값이 10배, 100배씩 차이가 난단다.

🧒 … 아하! 이제 한 자리의 수, 두 자리의 수가 무엇인지 감이 와요. 9는 일의 자리 하나만 차지하고 있으니까 한 자리의 수이고, 37은 일의 자리와 십의 자리 두 개의 자리를 차지하고 있으니까 두 자리의 수라고 부르는군요.

🎓 … 그래, 맞아! 하나를 가르치면 열을 아는구나!

🧒 … 오호! 그 말은 한 자리를 가르치면 두 자리를 아는 거겠네요!

퀴즈 356에서 숫자 3은 300이라는 자릿값을 가집니다. ○ ✕

| 수 | 연관 단어 **수, 자릿값**

두 자리의 수

- 10, 68처럼 일의 자리와 십의 자리로 이루어진 수
- 10부터 99까지의 수를 말한다.

	백의 자리	십의 자리	일의 자리
9			9
68		6	8
187	1	8	7

⋯▶ 9는 일의 자리만 차지하는 수라서 한 자리의 수이고, 68은 일의 자리와 십의 자리 두 개의 자리를 차지해서 두 자리의 수가 되고, 187은 일의 자리와 십의 자리, 백의 자리라는 세 개의 자리를 차지해서 세 자리의 수가 됩니다.

원리 스토리

⋯▶ 두 자리의 수를 세고 읽는 방법을 살펴볼까요?

세어 보아요	수로 쓰면	수를 읽으면	개수를 세면
	10	십	열
	20	이십	스물
	30	삼십	서른

퀴즈 10은 두 자리의 수입니다. ○ ×

세어 보아요	수로 쓰면	수를 읽으면	개수를 세면
	40	사십	마흔
	50	오십	쉰
	60	육십	예순
	70	칠십	일흔
	80	팔십	여든
	90	구십	아흔

퀴즈 99는 아흔구라고 읽습니다. ○ ×

| 수 | 연관 단어 **수**

홀수, 짝수

- 2, 4, 6, 8, 10…과 같이 2로 나누어 떨어지는 수는 짝수
- 1, 3, 5, 7, 9…와 같이 2로 나누면 나누어 떨어지지 않고 1이 남는 수는 홀수
- 짝수는 2의 배수

🎓 … 짝수는 둘씩 짝을 지을 수 있으니까 2의 배수도 되고, 2로 나누어 떨어지지요. 홀수는 둘씩 짝을 만들면 꼭 한 개가 남고, 2로 나누면 언제나 1이 남아요.

원리 스토리

🧒 … 0은 홀수인가요? 짝수인가요?

🎓 … 그것 참 좋은 질문이구나! 이 이야기가 그 답이 될 수 있을까?
미국에서 허리케인 '샌디' 때문에 최악의 기름 대란이 생겨 주유소 홀짝제를 하게 되었단다. 뉴욕 시장은 "짝수 또는 0으로 끝나는 번호판의 차량은 짝수 날짜에만 기름을 넣을 수 있고, 홀수 또는 글자로 끝나는 번호판 차량은 홀수

퀴즈 4는 2의 배수이기 때문에 짝수입니다. ○ ×

날짜에만 기름을 넣을 수 있다"고 발표했지.

그런데 뉴욕 시장의 발언이 화제가 되면서 수학자들을 난처하게 했단다. 서양 수학계에서는 '0'을 특별한 숫자로 여겨 짝수도 홀수도 아닌 숫자로 생각했거든.

뉴욕대학교 수학과의 한 교수는 "0을 숫자로 여기는 것만으로도 충분히 흥미롭다"며 "0을 숫자로 보지 않는다면 홀짝에 대한 질문도 없을 것"이라고 말했고, 버나드칼리지 수학부의 학장은 "0을 2로 나누면 0이 되므로 짝수"라고 했다고 해.

수학자들 사이에서도 0이 짝수인지 홀수인지에 대해 합의가 되지 않았어. 그래서 초등학교 수학에서는 0을 제외하고 2, 4, 6, 8처럼 2의 배수인 수는 짝수, 1, 3, 5, 7 같이 2로 나누면 나누어 떨어지지 않고 1이 남는 수는 홀수로 약속하고 있단다.

퀴즈 10은 홀수입니다. ○ ×

| 수 | 연관 단어 **등호, 부등호**

두 수의 크기 비교

● 2개의 수를 비교하여 크기가 같은지 아니면 어느 쪽이 큰지, 작은지를 알아보는 것

원리 스토리

🧑 ⋯ 나는 딸기 51개를 땄어.

👧 ⋯ 나는 49개를 땄지. 누가 더 많은 딸기를 땄을까?

👨‍🎓 ⋯ 두 수의 크기를 비교할 때는 큰 자리의 수부터 비교하면 돼. 51과 49는 모두 두 자리의 수니까 십의 자리 수인 5와 4를 비교하면 된단다.

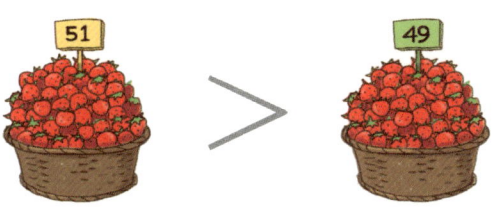

읽을 때는
51은 49보다 큽니다.
혹은 49는 51보다 작습니다.
라고 읽지.

⋯ 그럼 51, 53처럼 십의 자리 수가 같을 때는 어떡하지요?

⋯ 그럴 때는 일의 자리 수 1과 3을 비교하렴.

51은 53보다 작습니다.
혹은 53은 51보다 큽니다.
라고 읽으면 된단다.

퀴즈 200은 199보다 작습니다. ○ ×

| 수 | 연관 단어 **두 수의 크기 비교**

등호, 부등호

- 둘 이상의 수나 식이 서로 같거나 다를 때 크기를 나타내는 기호
- 같을 때는 '='를 사용, '~보다 크다, ~보다 작다'를 나타낼 때는 '>, <'를 사용한다.

```
4 + 6 = 10        →   4 더하기 6은 10과 같습니다.
5 + 5 = 1 + 9     →   5 더하기 5는 1 더하기 9와 같습니다.
```

🎓… 등호(=)는 둘 이상의 수나 식이 서로 같다는 것을 나타내는 기호입니다.

```
3 < 5             →   3은 5보다 작습니다.
4 + 5 > 3 + 3     →   4 더하기 5는 3 더하기 3보다 큽니다.
```

🎓… 부등호(>, <)는 크기가 서로 다름을 나타내는 기호입니다. 부등호의 방향을 보면 어느 쪽이 크고, 작은지 알 수 있지요.

원리 스토리

👧… 등호는 어떻게 생겨났나요?

🎓… 등호 '='는 1557년 영국 최초의 대수학책인 『지혜의 숫돌(Whetstone of Witte)』에서 처음 사용되었지. 그 모양은 우리가 지금 쓰는 것보다 옆으로 더 길었다고 해. 한 쌍의 평행선만큼 같은 것은 없기 때문에 같다는 기호로 사용한 것이지. 이후 길이가 점점 짧아져서 지금의 모양이 되었어.

퀴즈 4<5 4는 5보다 작습니다. ○ ✕

| 수 | 연관 단어 **가분수, 대분수, 단위분수**

분수

● 전체에 대한 부분을 나타내는 수

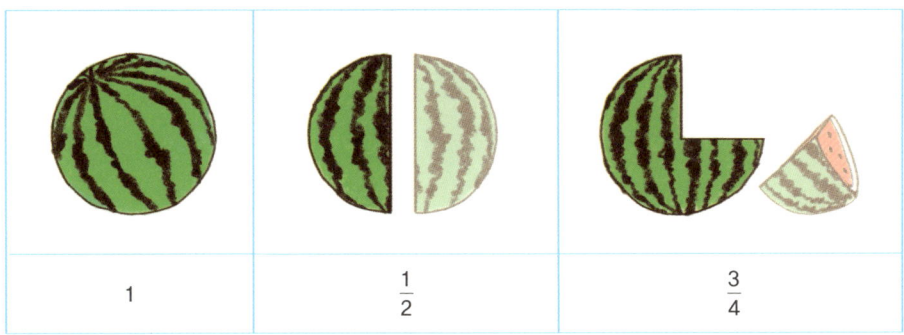

🎓 ⋯ $\frac{1}{2}$ 은 수박 1개를 2등분했을 때 한 쪽을 말합니다. $\frac{1}{2}$ ← 부분(분자) / ← 전체(분모) 이며, 2분의 1이라고 읽지요. 수박 1개를 4등분했을 때 세 쪽은 $\frac{3}{4}$ 이며, 4분의 3이라고 읽습니다.

🎓 ⋯ 분수는 똑같이 나누는 것(등분)이 가장 중요해요. 등분하지 않으면 분수로 나타낼 수 없지요.

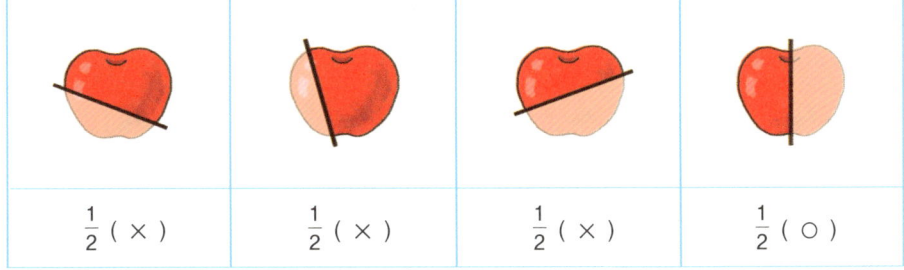

퀴즈 사과 1개를 2명이 똑같이 나누었을 때 한 사람이 먹는 양을 $\frac{1}{2}$ 이라고 합니다. ○ ×

원리 스토리

🎓 ⋯▶ 기원전 1650년경에 만들어진 이집트의 수학책 『린드 파피루스(Rhind Papyrus)』에는 '빵 3개를 4명에게 나누어 주어라.'라는 문제가 있어. 그럼 어떻게 공평하게 나누어 주어야 할까?

👧 ⋯▶ 빵 3개 중 우선 빵 2개를 반씩($\frac{1}{2}$) 나누어 4명에게 나누어 주고, 남은 빵 1개를 4등분($\frac{1}{4}$)하여 나누어 주면 되지 않을까요?

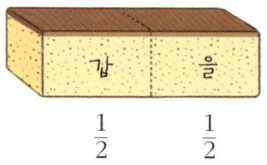
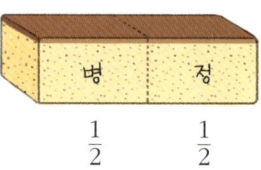
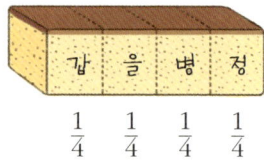

🎓 ⋯▶ 또 다른 방법으로는 빵 3개를 각각 4등분($\frac{1}{4}$)하여 똑같이 나누어 줄 수도 있단다.

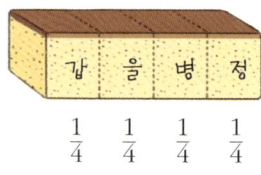
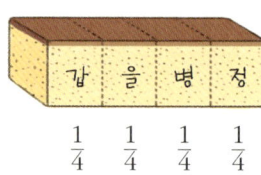
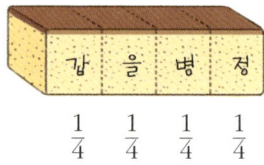

🎓 ⋯▶ 이처럼 똑같이 나누는 과정에서 1보다 작은 수의 필요성 때문에 분수가 생겨나게 되었지.

퀴즈 색칠된 양은 $\frac{3}{4}$입니다. ○ ×

| 수 | 연관 단어 **분수, 대분수**

가분수

● 분자가 분모와 같거나 큰 분수

$$\text{분자} \rightarrow \frac{7}{4}, \frac{4}{4} \leftarrow \text{분자}$$
$$\text{분모} \rightarrow \phantom{\frac{7}{4}} \phantom{\frac{4}{4}} \leftarrow \text{분모}$$

🎓⋯ 분자가 분모보다 같거나 큰 분수를 가분수라고 해요.

원리 스토리

🎓⋯ '가분수'를 한자로 쓰면 假分數야. 假(거짓 가)에는 '가짜'라는 뜻이 있으니까 '가짜 분수'를 뜻하지. 처음에는 1보다 작은 양을 나타내기 위해 분수를 사용했어. 이런 분수를 진짜 분수라고 해서 '진분수'라고 부르지. 그러다가 1 이상의 크기를 나타내는 분수, 즉 분자가 분모의 크기와 같거나 큰 분수도 많이 사용하게 되어 진분수와 구별하기 위해 가분수라고 부르게 되었단다.

퀴즈 $\frac{777}{777}$은 가분수입니다. ○ ×

| 수 | 연관 단어 **분수, 가분수**

대분수

● 자연수와 분수의 합으로 이루어진 분수

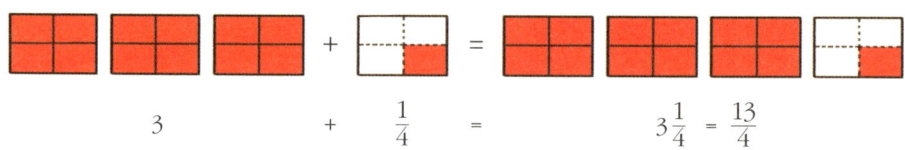

$3 \quad + \quad \frac{1}{4} \quad = \quad 3\frac{1}{4} = \frac{13}{4}$

🎓… 대분수 $3\frac{1}{4}$ 은 가분수 $\frac{13}{4}$ 과 크기가 같아요. 대분수는 가분수로, 가분수는 대분수로 변신할 수 있어요.

원리 스토리

🎓… 흔히들 대분수라고 하면 크다는 뜻의 大(큰 대)분수라고 알고 있지만 잘못된 상식이란다. 대분수의 대는 帶(띠 대) 자로, 분수가 자연수를 데리고 다닌다는 뜻이지. 일상생활에서는 $\frac{5}{4}, \frac{6}{4}$ 과 같은 가분수보다는 $1\frac{1}{4}, 1\frac{2}{4}$ 와 같은 대분수를 더 많이 사용해. 1시간 20분도 1시간과 1시간을 60으로 나눈 것 가운데 20분을 나타내는 대분수라고 할 수 있단다.

함께 가자! 나를 따르라~!

퀴즈 $\frac{201}{100}$ 은 대분수입니다. ○ ✕

| 수 | 연관 단어 **분수**

단위분수

- $\frac{1}{2}, \frac{1}{3}, \frac{1}{4}\cdots$ 등과 같이 분자가 1인 분수

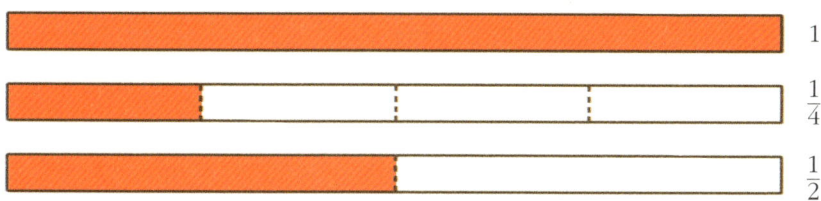

🎓⋯ 위의 막대 길이를 잴 때 $\frac{1}{4}$은 막대를 재는 단위가 돼요. $\frac{1}{2}$ 또한 막대를 재는 단위가 될 수 있지요. 위 막대 길이는 $\frac{1}{4}$이라는 단위분수가 4개 있는 것과 같고, $\frac{1}{2}$이라는 단위분수가 2개 있는 것과 같아요. 이처럼 분수에서는 단위분수가 중요해요.

원리 스토리

🎓⋯ 단위분수는 고대 이집트인이 사용해서 이집트 분수라고도 한단다. 호루스(태양의 신)의 눈은 파라오(고대 이집트 왕)와 왕권을 보호하는 상징이야. 이집트인들은 호루스의 눈 전체를 1로 하여 각 부분에 $\frac{1}{2}, \frac{1}{4}, \frac{1}{8}, \frac{1}{16}, \frac{1}{32}, \frac{1}{64}$을 적었는데, 분모를 64로 통분하여 모두 더하면 $\frac{63}{64}$이야.

퀴즈 $\frac{1}{888}$은 단위분수입니다. ○ ×

| 수 | 연관 단어 **통분**

분수의 크기 비교

● 2개의 분수를 비교하여 크기가 같은지, 혹은 어느 쪽이 큰지, 작은지를 비교하는 것

… 분모가 같은 분수의 크기는 어떻게 비교하나요?
… 분모가 같으니까 분자끼리 비교하면 된단다.

$\frac{2}{4}$? $\frac{3}{4}$ → 2 < 3 이니까 $\frac{2}{4} < \frac{3}{4}$

… 분모가 다른 분수의 크기는 어떻게 비교하나요?
… 통분한 후 분자의 크기를 비교하렴.

$\frac{3}{4}$? $\frac{5}{7}$ → $\frac{3}{4} = \frac{3 \times 7}{4 \times 7} = \frac{21}{28}$ $\frac{5}{7} = \frac{5 \times 4}{7 \times 4} = \frac{20}{28}$

$\frac{21}{28} > \frac{20}{28}$ 따라서 $\frac{3}{4} > \frac{5}{7}$

… 그럼, 분모가 다른 세 분수의 크기는 어떻게 비교하지요?
… 두 가지 방법이 있단다.

방법 1 두 분수씩 차례로 통분하여 크기를 비교한다.

$\frac{3}{4}, \frac{6}{7}, \frac{2}{3}$ 세 분수의 크기 비교

❶ $\frac{3}{4}$과 $\frac{6}{7}$을 먼저 비교한다.

$\frac{3}{4} = \frac{3 \times 7}{4 \times 7} = \frac{21}{28}, \frac{6}{7} = \frac{6 \times 4}{7 \times 4} = \frac{24}{28}$ → $\frac{21}{28} < \frac{24}{28}$ 따라서 $\frac{3}{4} < \frac{6}{7}$

퀴즈 분모가 다른 분수의 크기를 비교할 때는 통분을 해야 합니다. ○ ×

❷ $\frac{6}{7}$과 $\frac{2}{3}$를 비교한다.

$\frac{6}{7} = \frac{6 \times 3}{7 \times 3} = \frac{18}{21}$, $\frac{2}{3} = \frac{2 \times 7}{3 \times 7} = \frac{14}{21}$ → $\frac{18}{21} > \frac{14}{21}$ 따라서 $\frac{6}{7} > \frac{2}{3}$

❸ $\frac{2}{3}$와 $\frac{3}{4}$을 비교한다.

$\frac{2}{3} = \frac{2 \times 4}{3 \times 4} = \frac{8}{12}$, $\frac{3}{4} = \frac{3 \times 3}{4 \times 3} = \frac{9}{12}$ → $\frac{8}{12} < \frac{9}{12}$ 따라서 $\frac{2}{3} < \frac{3}{4}$

❶ $\frac{3}{4} < \frac{6}{7}$ ❷ $\frac{6}{7} > \frac{2}{3}$ ❸ $\frac{2}{3} < \frac{3}{4}$ 따라서 $\frac{2}{3} < \frac{3}{4} < \frac{6}{7}$

방법 2 세 분수의 분모를 한꺼번에 통분하여 크기를 비교한다.

분모의 수 4, 7, 3의 최소공배수로 통분하면, $4 \times 7 \times 3 = 84$. 분모는 84.

$\frac{3}{4} = \frac{3 \times 21}{4 \times 21} = \frac{63}{84}$, $\frac{6}{7} = \frac{6 \times 12}{7 \times 12} = \frac{72}{84}$, $\frac{2}{3} = \frac{2 \times 28}{3 \times 28} = \frac{56}{84}$ 따라서 $\frac{2}{3} < \frac{3}{4} < \frac{6}{7}$

퀴즈 분모가 다른 분수의 크기를 비교할 때 분모가 큰 수가 무조건 큽니다. ○ ×

| 수 | 연관 단어 **소수점**

소수

● 0.5나 0.34처럼 0보다 크고 1보다 작은 수

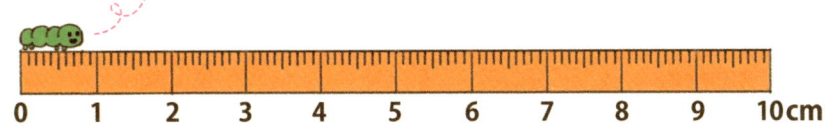

👧 … 0에서 1까지의 거리를 10등분해서 길이를 재면 너의 키를 더 정확하게 잴 수 있지. 자로 재어 보니까 0.8cm로군.

원리 스토리

👦 … 분수에서 소수가 태어났다고?

👧 … 분모가 10, 100, 1000…이면 분수를 소수로 바꾸기가 쉽지. 그래서 분수에서 소수가 태어났다고 하는데, 그것도 모르니?

🧑‍🎓 … 소수는 서양과 동양에서 서로 다르게 생겨났어. 동양과 서양의 소수 이야기를 들려줄까?

어느 날, 네덜란드의 수학자 스테빈(Simon Stevin)이 분수로 된 복잡한 이자를 계산하고 있었어. 그러다가 분모가 10,100,1000 등인 분수를 소수로 바꿔서 나타내니 계산이 훨씬 쉬워진다는 사실을 알게 되었단다. 이를 『10분의 1에 관하여』(1585)라는 책에 소개하면서 분수보다 소수가 편리하다는 사실이 일반인들에게도 알려졌지.

이에 반해 동양에서는 분수보다 소수가 먼저 발달했단다. 동양에서는 단위를

퀴즈 0.56은 소수입니다. ○ ×

재고 남은 부분을 잴 때 단위를 10등분하여 재었어. 그래도 남는 부분이 있으면 단위를 100등분, 1000등분하여 재었지.

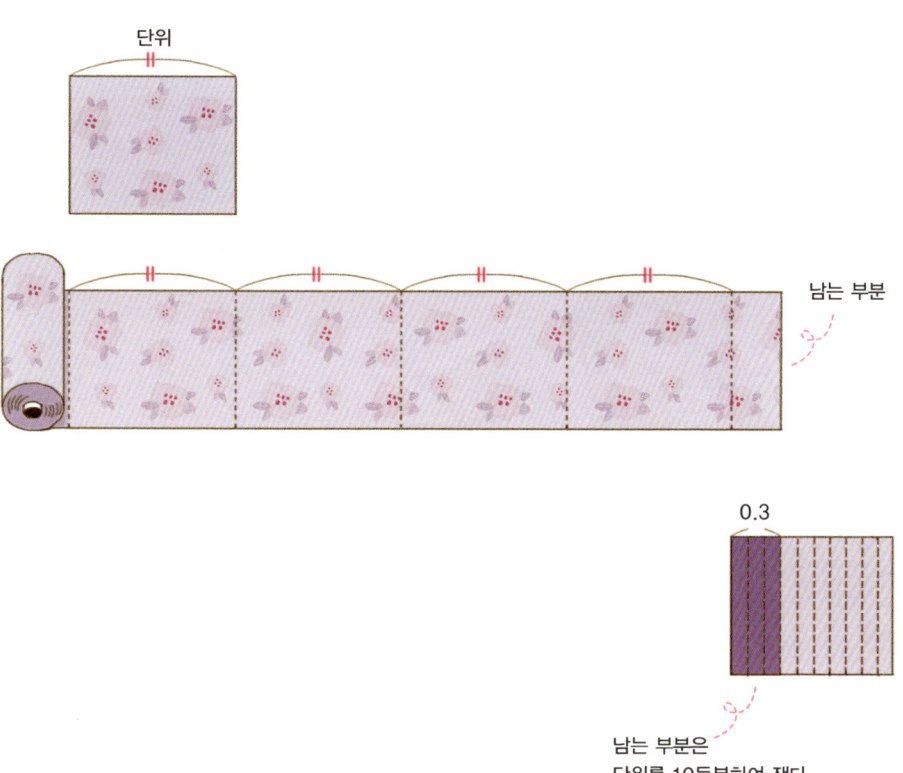

퀴즈 $\frac{13}{1000}$은 0.13과 같습니다. ○ ×

| 수 | 연관 단어 **소수**

소수점

● 소수 부분과 자연수 부분을 구별하기 위하여 소수 부분과 자연수 부분 사이에 찍는 부호 '.'

> 1.5는 '일 점 오'라고 읽는단다.
> 1과 5 사이에 있는 온점(.)이 바로 소수점이지.
> 소수점을 기준으로 앞에 있는 수는
> 0과 자연수이고 뒤에 있는 수는 소수야.

원리 스토리

🧒 …▶ 소수점의 모양은 나라마다 다 똑같나요?

👨‍🏫 …▶ 소수점은 0보다 크고 1보다 작은 부분인 소수를 구별하기 위해 쓴단다. 그리고 나라마다 약간 다르기 때문에 국제 표준은 온점(.)과 쉼표(,) 모두 인정하고 있어.

> 한국, 미국, 영국, 중국, 일본의 소수점 표기 : 온점(.)　예) 45.356
> 대부분 유럽 국가의 소수점 표기 : 쉼표(,)　예) 45,356

한때 영국에서 가운뎃점(·)을 써서 45·356처럼 표기했었어. 그런데 가운뎃점은 곱셈(×)기호로도 사용하기 때문에 혼동이 왔지. 그래서 가운뎃점은 소수점으로 인정하지 않는단다.

퀴즈 3.4에서 온점(.)을 소수점이라고 읽습니다. ○ ×

| 수 | 연관 단어 **소수**

대소수

- 2.4나 1.002처럼 소수 앞에 0이 아닌 자연수와 소수로 이루어진 소수
- 자연수와 소수의 합으로 이루어진 소수 3+0.56=3.56

🎓⋯▶ 원래 소수는 1보다 작은 수를 나타낼 때 쓰이다가, 이렇게 1보다 큰 수를 나타낼 때도 쓰이게 되었어요. 이런 소수를 대소수라고 합니다.

원리 스토리

🎓⋯▶ 대소수를 한자로 쓰면 帶小數야. 대분수와 같은 帶(띠 대)를 쓰는데, 소수점 앞에 자연수가 있는 소수란 뜻이지. 이에 반해 0 이외에 자연수가 없는 소수 즉 0.3, 0.034와 같은 소수는 대소수와 구분하여 순소수(純小數)라고 한단다.

북한에서는 대소수를 데림소수, 대분수를 데림분수라고 해. 북한말로 '데리다'는 데려오다(함께 거느리고 오다)의 뜻으로, 자연수를 데리고 다닌다는 것을 강조해서 만든 말이라는 것을 알 수 있단다.

퀴즈 7.09는 대소수가 아닙니다. ○ ×

| 수 | 연관 단어 **소수, 소수 사이의 관계**

소수의 크기 비교

● 2개의 소수를 비교하여 크기가 같은지, 혹은 어느 쪽이 큰지, 작은지를 비교하는 것
● 가장 자릿값이 큰 수부터 하나씩 비교한다.

불후의 명작이군! 어느 작품에 물감을 더 많이 썼을까?

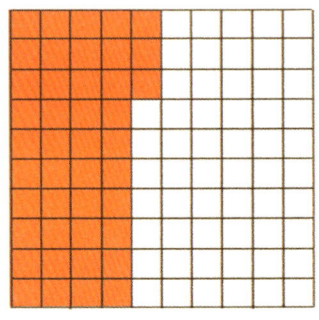
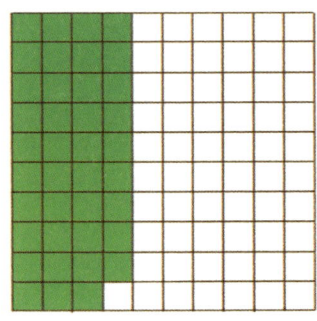

원리 스토리

🙎 ⋯ 자연수에서 두 수의 크기는 비교하기 쉬운데, 소수는 큰지 작은지 어떻게 비교할 수 있지요?

🎓 ⋯ 위 두 그림을 보고 색칠된 네모 칸 수를 세어 보렴. 어느 그림이 색칠된 네모 칸 수가 많니?

🙎 ⋯ 주황색은 43이고 초록색은 39니까 십의 자리를 비교하면 주황색인 43이 더 크네요.

🎓 ⋯ 소수도 마찬가지란다. 위 그림을 종이 1장을 100등분한 것으로 보면 주황색은 0.43이고 초록색은 0.39가 나오지.
소수 첫째 자리의 수를 비교해서 4가 3보다 크니까 0.43이 0.39보다 크다는 것을 알 수 있어. 소수의 크기를 비교할 때도 자연수의 크기를 비교할 때처럼 자릿값이 큰 수부터 차례대로 비교하면 된단다.

퀴즈 0.83은 0.59보다 큽니다. ○ ✕

| 수 | 연관 단어 **소수 사이의 관계**

작은 수의 단위

● 작은 수 또는 소수란 0보다 크고 1보다 작은 수의 단위를 이르는 말

 작은 수의 이름을 쭉 불러 볼까요?

분 = 0.1 = $\frac{1}{10}$ = 10^{-1}

리 = 0.01 = $\frac{1}{100}$ = 10^{-2}

호 = 0.001 = $\frac{1}{1000}$ = 10^{-3}

사 = 0.0001 = 10^{-4}

홀 = 0.00001 = 10^{-5}

미 = 0.000001 = 10^{-6}

섬 = 0.0000001 = 10^{-7}

사 = 0.00000001 = 10^{-8}

진 = 0.000000001 = 10^{-9}

애 = 0.0000000001 = 10^{-10}

묘 = 0.00000000001 = 10^{-11}

막 = 0.000000000001 = 10^{-12}

모호 = 0.0000000000001 = 10^{-13}

준순 = 0.00000000000001 = 10^{-14}

수유 = 0.000000000000001 = 10^{-15}

순식 = 0.0000000000000001 = 10^{-16}

탄지 = 0.00000000000000001 = 10^{-17}

찰나 = 0.000000000000000001 = 10^{-18}

순식간이 라는 말은
눈 한 번 깜짝하는 사이를
나타내는 말이지만
원래 순식이라는
작은 수에서 나온 말~

퀴즈 '찰나'는 10^{-18}입니다. ○ ×

육덕 = 0.0000000000000000001 = 10^{-19}

허공 = 0.00000000000000000001 = 10^{-20}

청정 = 0.000000000000000000001 = 10^{-21}

원리 스토리

 ⋯▶ 야구에서 타율을 나타낼 때 쓰는 할, 푼, 리와 소수는 어떤 관계가 있나요?

 ⋯▶ '할푼리'는 수가 아니라 야구에서의 타율과 같은 비율을 나타낼 때 사용하는 거란다. 그래서 0.125라는 수를 읽을 때는 '영 점 일이오' 또는 '1분 2리 5호이다'라고 읽고, 비율을 나타낼 때는 '1의 1할 2푼 5리'라고 읽지. 서양에서는 1보다 작은 수인 소수에 이름을 붙이지 않아. 반면 동아시아에서는 오래전부터 작은 수에 이름을 지어 불렀단다.

퀴즈 10^{-5}는 $\frac{1}{10000}$ 입니다. ○ ✕

| 수 | 연관 단어 소수, 작은 수의 단위

소수 두 자리의 수

- 0.13처럼 소수 둘째 자리까지 있는 수
- 분수 $\frac{13}{100}$을 0.13이라 쓰고 '영 점 일삼'이라고 읽는다.

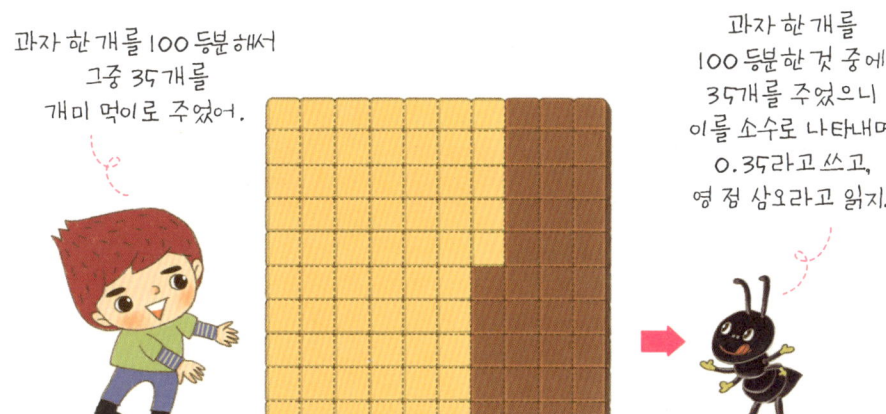

원리 스토리

👧 ⋯ 9.58은 소수 두 자리의 수인가요?

👨‍🎓 ⋯ 9.58을 분수로 고치면 $\frac{958}{100}$ 또는 $9\frac{58}{100}$이란다. 분모가 100인 분수는 소수 둘째 자리까지 나타낼 수 있으니 소수 두 자리의 수이지.

또한 $3.6 = \frac{36}{10}$ 또는 $3\frac{6}{10}$으로, 분모가 10인 분수는 소수 첫째 자리까지 나타낼 수 있으니 소수 한 자리의 수란다.

퀴즈 0.56은 영 점 오십육으로 읽습니다. ○ ✕

| 수 | 연관 단어 **자릿값, 소수**

소수 사이의 관계

- 자연수처럼 소수의 자릿값도 자리에 따라 10배씩 차이가 난다.
- 0.01←0.1←1은 왼쪽으로 한 칸씩 $\frac{1}{10}$배
- 0.01→0.1→1은 오른쪽으로 한 칸씩 10배

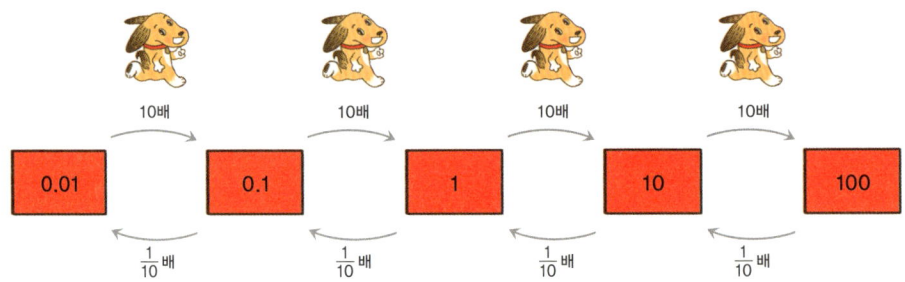

→ 소수는 자연수처럼 자릿값에 따라 왼쪽으로는 $\frac{1}{10}$배씩 작아지고 오른쪽으로는 10배씩 커집니다.

원리 스토리

→ 3.50은 3.5와 같아. 소수점 아래 오른쪽의 숫자 0은 생략하여 쓸 수 있단다.

예시   0.0300 = 0.03   2.0 = 2

→ 박사님, 그럼 0.305에서 숫자 0을 생략하여 0.35라고 쓸 수 있나요?

→ 아니, 0.305=0.35가 될 수 없어. $0.305 = \frac{305}{1000}$ 이고, $0.35 = \frac{350}{1000}$ 이니까.

퀴즈 7.08의 0을 생략하여 7.8로 쓸 수 있습니다. ○ ×

0.64로 소수 사이의 관계를 더 자세히 알아볼까?

	백의 자리	십의 자리	일의 자리	소수점	소수 첫째 자리	소수 둘째 자리	소수 셋째 자리	소수 넷째 자리	소수 다섯째 자리
$\frac{1}{1000}$배			0	.	0	0	0	6	4
$\frac{1}{100}$배			0	.	0	0	6	4	
$\frac{1}{10}$배			0	.	0	6	4		
1배			0	.	6	4			
10배			6	.	4				
100배		6	4	.					
1000배	6	4	0	.					

소수점이 한 자리씩 이동할 때마다 그 값이 열배씩 차이가 나는 것이 자연수와 닮았네!

퀴즈 0.1과 0.10은 같습니다. ○ ×

연산

자연수
- 자연수의 사칙 연산
  검산
- 약수
  공약수
  최대공약수
- 배수
  공배수
  최소공배수

소수
- 소수를 분수로 나타내기
  분수를 소수로 나타내기
- 소수의 사칙 연산

분수
- 약분 / 통분
- 분수의 사칙 연산
  - 분수의 덧셈
    분모가 같은 분수의 덧셈
    분모가 다른 분수의 덧셈
  - 분수의 뺄셈
    분모가 같은 분수의 뺄셈
    분모가 다른 분수의 뺄셈
  - 분수의 곱셈
    세 분수의 곱셈
  - 분수의 나눗셈
    대분수의 나눗셈

- 세 분수의 덧셈과 뺄셈

모으기
합
덧셈
받아올림

가르기
차
뺄셈
받아내림

덧셈식과 뺄셈식의 관계

묶어 세기
뛰어 세기
배
곱셈
곱셈구구

[{ ( ) }]

나눗셈
몫
나누어 떨어지다
나머지

소수의 덧셈

소수의 뺄셈

소수의 곱셈
소수와 자연수의 곱셈

분수와 소수의 곱셈과 나눗셈
0.1, 0.01, 0.001 곱하기
10, 100, 1000 곱하기

소수의 나눗셈
몫의 반올림

| 연산 | 연관 단어 **덧셈, 뺄셈**

가르기

- 어떤 수나 양을 둘 이상으로 나누는 것
- 하나의 수를 둘 이상의 수로 나누는 것

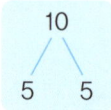 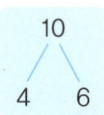 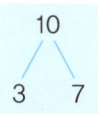 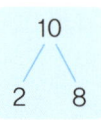 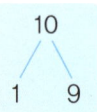

5마리는 2마리와 3마리로 가르기를 할 수 있구나!

원리 스토리

🌰 ⋯ 가르기는 어디에 이용할 수 있을까요?

🎓 ⋯ 받아올림이 있는 덧셈과 받아내림이 있는 뺄셈을 하는 데 매우 유용하단다.

받아올림이 있는 덧셈 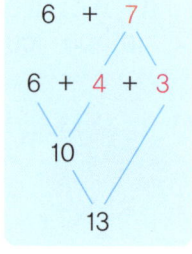 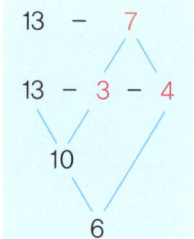 받아내림이 있는 뺄셈

퀴즈 9는 3과 7로 가르기를 할 수 있습니다. ○ ✕

| 연산 | 연관 단어 **덧셈**

모으기

- 둘 이상의 수나 양을 하나로 합치는 것
- 흩어져 있는 것들을 한데로 합치는 것

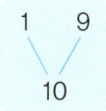 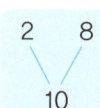 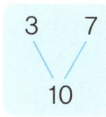 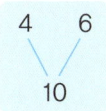 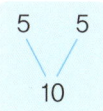

너의 물고기 4마리와 내 물고기 5마리를 합치니 모두 9마리가 되었네.

🎓… 우리 주변에서 모으기를 찾아볼까요?

퀴즈 꽃에 벌 4마리가 있는데 3마리가 더 날아온 것은 모으기 상황입니다. ○ ×

| 연산 | 연관 단어 **모으기, 합**

덧셈

- 둘 이상의 수를 더하는 계산 방법
- 몇 개의 수나 식을 합하는 것
- 덧셈은 기호 '+'로 나타내고 '더하기'라고 읽는다.

$$\underset{\text{더해지는 수}}{3} + \underset{}{\overset{\text{더하는 수}}{2}} = \underset{\text{계산 결과}}{5}$$

→ '3 더하기 2는 5입니다'라고 읽지요.

→ 덧셈에는 두 가지 의미가 있습니다.

너의 연필 3개와 내 연필 1개를 모으니 모두 4개가 되었어.

연필 4개가 있는 연필꽂이에 연필 3개를 더 넣으니 모두 7개가 되었어.

두 쪽을 한군데로 모으는 상황(합병)
3 + 1 = 4

이미 있는 것에 첨가하여 전체를 알아보는 상황(첨가)
4 + 3 = 7

퀴즈 사과 3개와 4개를 모으는 것은 덧셈 상황입니다. O X

| 연산 | 연관 단어 **모으기, 덧셈**

합

- 여러 수나 양을 한데 모음
- 여러 수나 식을 더한 결과

2와 6의 합은 8이다 → 2 + 6 = 8

원리 스토리

🧒 ⋯▶ 수는 합할수록 커지나요?

👨‍🎓 ⋯▶ 이 수와 합하면 커지지 않고 자기 자신이 될 수도 있단다. 그건 바로 0! 4와 0의 합은 4, 100과 0의 합은 100이지!

퀴즈 7과 8의 합은 7+8과 같습니다. ○ ×

| 연산 | 연관 단어 **가르기, 차**

뺄셈

- 둘 이상의 수에서, 앞의 수에서 뒤의 수를 빼는 계산 방법
- 뺄셈은 기호 '−'로 나타내고 '빼기'라고 읽는다.

```
            빼는 수
              ↓
      3  −   2  =  1
      ↑              ↑
    빼지는 수      계산 결과
```

🎓…▶ '3 빼기 2는 1입니다'라고 읽지요. 앞의 수에서 뒤의 수를 빼야 해요. 뺄셈에서 계산 순서는 꼭 지켜야 하지요.

원리 스토리

😊…▶ 뺄셈에는 두 가지 의미가 있어. 첫 번째는 전체에서 일부를 덜어 내고 남은 것을 알아보는 것이야.

4 − 2 = 2

😊…▶ 두 번째는 두 수의 크기를 비교하여 차이를 알아보는 것이지.

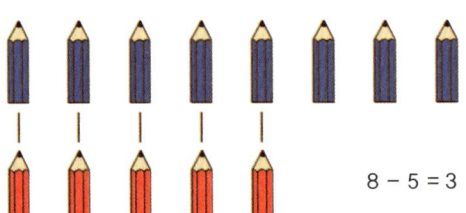

8 − 5 = 3

파랑 연필이 3개가 더 많네~.

퀴즈 5−2는 '오 빼기 이'라고 읽습니다. ○ ×

| 연산 | 연관 단어 **뺄셈**

차

- 두 수의 크기 차이
- 큰 수에서 작은 수를 뺀 값

6과 2의 차는 4이다 → 6 - 2 = 4

원리 스토리

🧒 … 차와 뺄셈은 같은 건가요?

👨‍🎓 … 뺄셈과 차를 구하는 것은 다르단다. 뺄셈은 수의 크기에 상관없이 앞의 수에서 뒤의 수를 빼는 것이고, 차는 두 수의 크기 차이를 알아보기 위해 둘 중 큰 수에서 작은 수를 빼는 것이지. 그래서 차는 항상 0보다 크거나 같단다.

예시　차 : 2와 8의 차는 6이다.
　　　뺄셈 : 8 - 2 = 6

퀴즈　7과 3의 차는 4입니다. ○ ×

| 연산 | 연관 단어 **덧셈, 뺄셈**

덧셈식과 뺄셈식의 관계

● 덧셈식을 보고 뺄셈식을, 뺄셈식을 보고 덧셈식을 만들 수 있다.

덧셈식을 보고 뺄셈식을 만들어 볼까요?

구슬 두 개와 구슬 세 개를 합한 덧셈식	2+3=5
빨간 구슬이 몇 개인지 나타내는 뺄셈식	5-2=3
파란 구슬이 몇 개인지 나타내는 뺄셈식	5-3=2

뺄셈식을 보고 덧셈식을 만들어 볼까요?

사탕 5개에서 3개를 먹고 남은 사탕의 개수를 나타내는 뺄셈식	5-3=2
사탕이 원래 모두 몇 개였는지 나타내는 덧셈식	2+3=5, 3+2=5

퀴즈 7+4=11을 보고 2개의 뺄셈식을 만들 수 있습니다. ○ ×

> 원리 스토리

👧 ⋯▶ 덧셈식 4+3=7을 가지고 뺄셈식 4-3=1을 만들 수는 없나요?

👨‍🏫 ⋯▶ 덧셈식의 결과인 7이 뺄셈식인 7-4=3, 7-3=4를 통해서 덧셈을 계산하기 전인 3과 4로 되돌아갈 수가 있어. 이것을 역연산 관계라고 하지. 하지만, 4-3=1은 7-4=3, 7-3=4처럼 전체와 부분의 관계를 알아보는 것이 아니라, 빨간 풍선과 파란 풍선의 개수 차이, 즉 부분끼리의 차를 알아보는 또 다른 식이란다.

역연산이란? 덧셈을 한 결과가 뺄셈을 통해 계산하기 전의 수로 되돌아갈 수 있고, 뺄셈을 한 결과가 덧셈을 통해 계산하기 전의 수로 되돌아갈 수 있는 계산을 말한다.

퀴즈 9-4=5를 보고 4+5=9, 5+4=9를 만들 수 있습니다. ○ ✕

| 연산 | 연관 단어 **덧셈, 합**

받아올림

● 덧셈을 할 때 같은 자리의 합이 10 이상이 되면, 10을 그 윗자리 수 1로 올려 계산하는 방법

🎓⋯▶ 16 + 8을 계산해 볼까요? 우선 수 모형으로 16과 8을 놓아 봐요.

🎓⋯▶ 자, 이제 덧셈을 해 볼까요? 일의 자리의 합이 10 이상이 되면 10을 윗자리 수 1로 받아올림해서 계산해요.

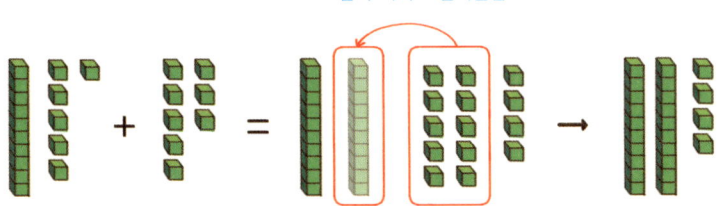

```
      1 ← 받아올림
      1  6
   +     8
   ─────────
      2  4
```

원리 스토리

👧⋯▶ 받아올림을 두 번 해야 할 땐 어떻게 해야 하나요?

👨⋯▶ 86 + 37을 한번 계산해 보자꾸나.

퀴즈 56+83은 받아올림을 해야 합니다. ○ ×

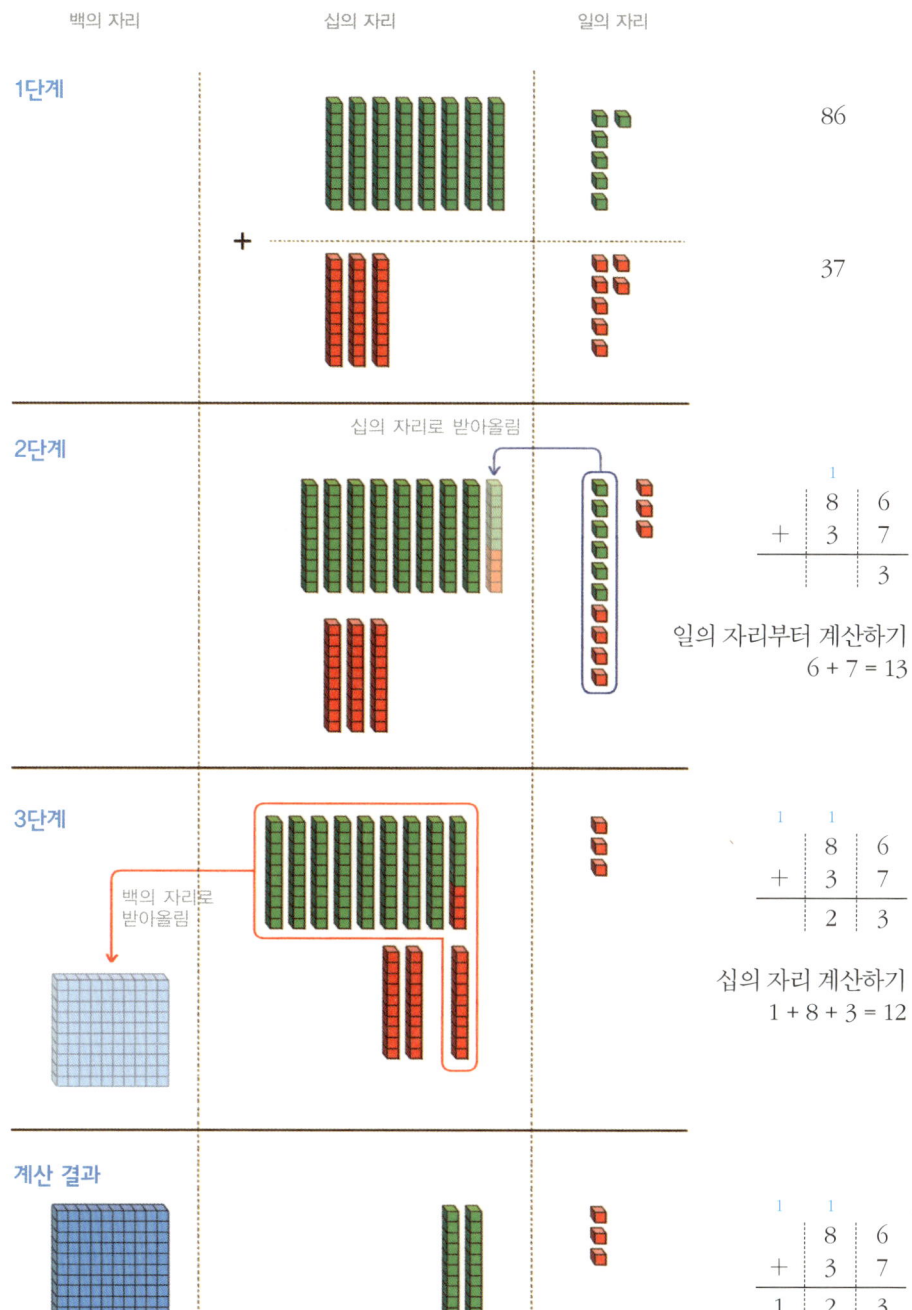

퀴즈 135+84는 십의 자리에서 받아올림을 해야 합니다. ○ ×

| 연산 | 연관 단어 **뺄셈, 차**

받아내림

● 뺄셈할 때 같은 자리에서 빼려는 수가 더 크면, 윗자리의 수를 아랫자리의 수로 바꾸어 계산하는 방법

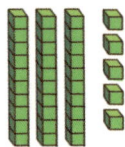 ⋯ 35-8을 계산해 볼까요? 우선 수 모형으로 35를 놓아 봐요.

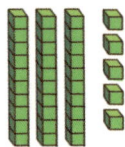 ⋯ 낱개 모형 8개를 덜어 낼 수 없으니, 받아내림을 하여 십 모형을 낱개 모형으로 만들어요.

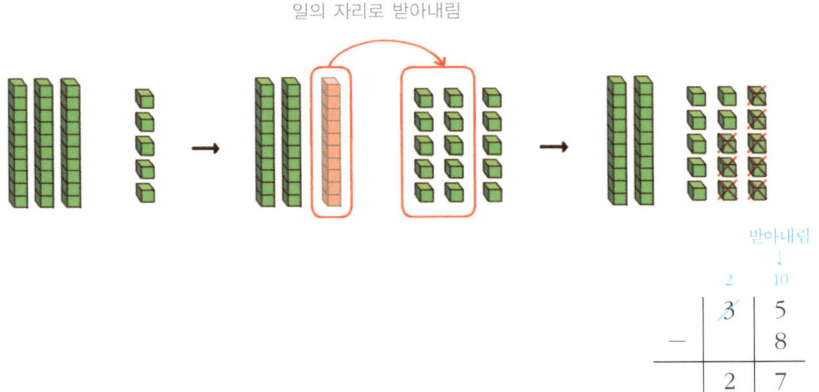

원리 스토리

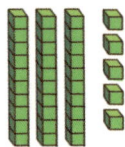 ⋯ 102-26처럼 받아내림을 해야 하는데 그 윗자리가 0이면 어떡하지요?

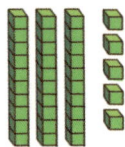 ⋯ 어디, 수 모형 그림을 그려 가면서 계산해 볼까?

퀴즈 56-34는 받아내림을 해야 합니다. ○ ×

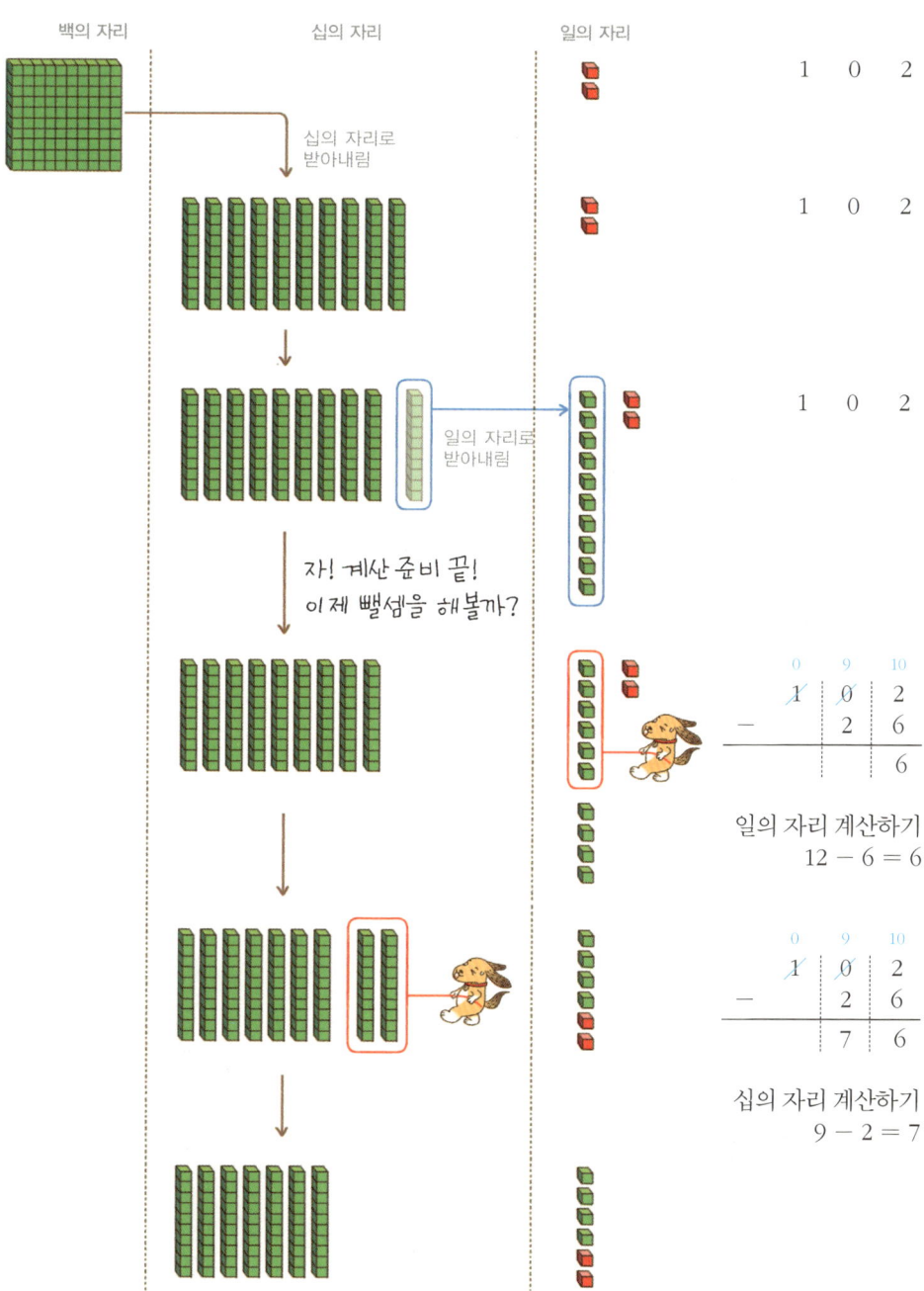

퀴즈 135-84는 받아내림을 해야 합니다. ○ ✕

| 연산 | 연관 단어 **뛰어 세기, 곱셈, 배**

묶어 세기

- 같은 양을 모아서 세는 것
- 같은 수를 여러 번 더함으로써 곱셈의 기초 개념을 형성한다.

원리 스토리

👧 … 묶어 세기는 어떤 경우에 사용하나요?

👨‍🎓 … 많은 양의 개수를 셀 때 묶음을 만들어 세면 낱개로 세는 것보다 빠르고 편리하지. 또한, 자신이 잘 세었는지 확인할 때도 편리하단다.

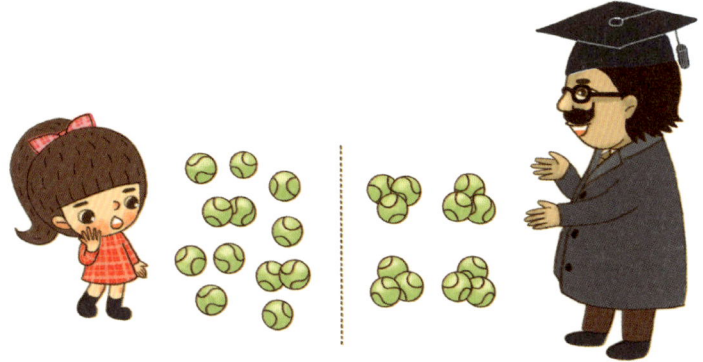

퀴즈 묶어 세기를 하면 많은 양의 개수를 더 정확하게 셀 수 있습니다. ○ ×

| 연산 | 연관 단어 **묶어 세기, 곱셈, 배**

뛰어 세기

● 얼마씩 건너 세는 것

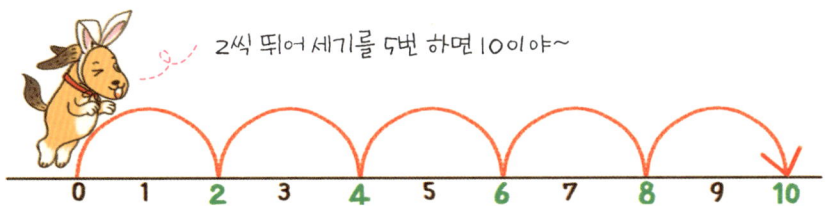

2씩 뛰어 세기를 5번 하면 10이야~

🎓 … 일정한 양의 개수만큼 앞으로 뛰어 세기는 곱셈의 기초 개념이 됩니다.

원리 스토리

👦 … 우리 주변에 뛰어 세기를 할 수 있는 것은 무엇이 있을까?

👦 … 음, 세발자전거의 바퀴 수랑, 손가락 개수를 뛰어 세기 할 수 있겠다.

세발자전거의 바퀴 수

    3   6   9   12

손가락 개수

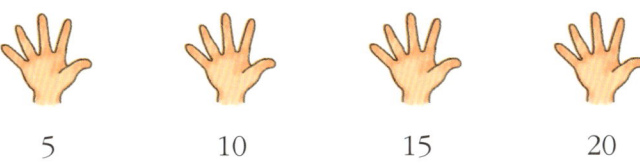

    5   10   15   20

퀴즈 5씩 뛰어 세기를 4번 하면 17보다 더 큰 수를 얻을 수 있습니다. ○ ×

| 연산 | 연관 단어 묶어 세기, 뛰어 세기, 곱셈, 배수

배

● 그 수만큼 어떤 수나 양을 거듭하여 더하는 것
● 곱셈에서는 어떤 수에 그 수만큼 곱한 것을 의미한다.

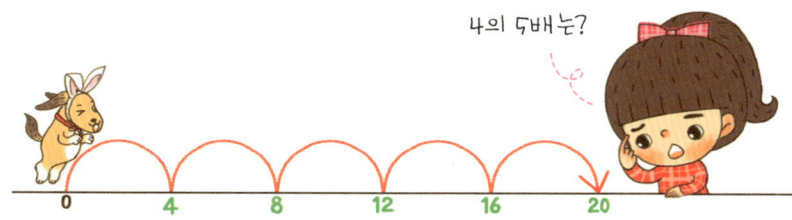

〈4의 몇 배〉　　4의 2배 → 4+4 → 4×2 → 8
　　　　　　　　4의 3배 → 4+4+4 → 4×3 → 12
　　　　　　　　4의 4배 → 4+4+4+4 → 4×4 → 16
　　　　　　　　4의 5배 → 4+4+4+4+4 → 4×5 → 20

원리 스토리

 4의 5배와 5의 4배는 같은 건가요?

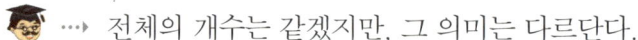 전체의 개수는 같겠지만, 그 의미는 다르단다.

4의 5배는 한 봉지에 사탕 4개인 봉지가 5봉지 있어 20개가 되는 것이고

5의 4배는 한 봉지에 사탕 5개인 봉지가 4봉지 있어 20개가 되는 것이지.

퀴즈 7의 4배와 4의 7배는 의미가 같습니다. ○ ×

| 연산 | 연관 단어 **묶어 세기, 뛰어 세기, 배**

곱셈

- 2개 이상의 수를 곱하는 계산
- 같은 수를 여러 번 더한 것과 같은 결과를 얻는다.
- 곱셈 기호 '×'를 사용하고, '곱하기'라고 읽는다.

원리 스토리

…▶ 4×3을 그림으로 어떻게 나타낼 수 있을까요?

…▶ 세 가지 방법으로 나타낼 수 있단다.

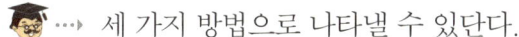

① 묶음 그림　　　② 배열 그림

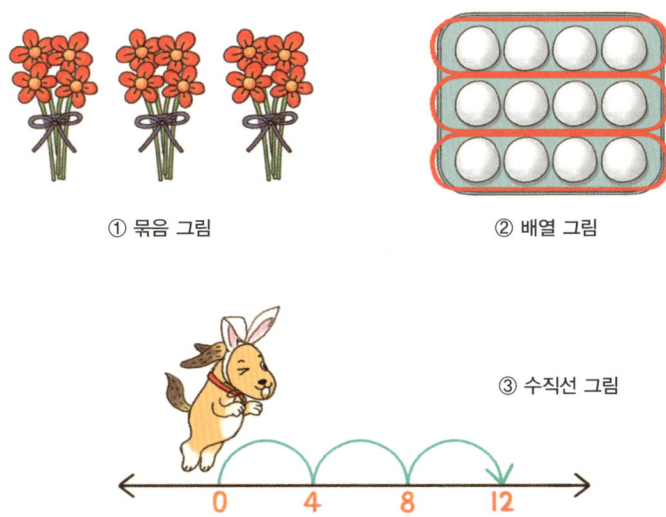

③ 수직선 그림

퀴즈 연필이 6개씩 4묶음이 있으면 6×4가 됩니다. ○ ×

| 연산 | 연관 단어 묶어 세기, 곱셈, 배수

곱셈구구

- 구구단의 다른 표현
- 1에서 9까지의 수를 서로 각각 곱한 값을 나타낸 것

1의 단 곱셈구구
1 × 1 = 1
1 × 2 = 2
1 × 3 = 3
1 × 4 = 4
1 × 5 = 5
1 × 6 = 6
1 × 7 = 7
1 × 8 = 8
1 × 9 = 9

2의 단 곱셈구구
2 × 1 = 2
2 × 2 = 4
2 × 3 = 6
2 × 4 = 8
2 × 5 = 10
2 × 6 = 12
2 × 7 = 14
2 × 8 = 16
2 × 9 = 18

3의 단 곱셈구구
3 × 1 = 3
3 × 2 = 6
3 × 3 = 9
3 × 4 = 12
3 × 5 = 15
3 × 6 = 18
3 × 7 = 21
3 × 8 = 24
3 × 9 = 27

4의 단 곱셈구구
4 × 1 = 4
4 × 2 = 8
4 × 3 = 12
4 × 4 = 16
4 × 5 = 20
4 × 6 = 24
4 × 7 = 28
4 × 8 = 32
4 × 9 = 36

5의 단 곱셈구구
5 × 1 = 5
5 × 2 = 10
5 × 3 = 15
5 × 4 = 20
5 × 5 = 25
5 × 6 = 30
5 × 7 = 35
5 × 8 = 40
5 × 9 = 45

6의 단 곱셈구구
6 × 1 = 6
6 × 2 = 12
6 × 3 = 18
6 × 4 = 24
6 × 5 = 30
6 × 6 = 36
6 × 7 = 42
6 × 8 = 48
6 × 9 = 54

7의 단 곱셈구구
7 × 1 = 7
7 × 2 = 14
7 × 3 = 21
7 × 4 = 28
7 × 5 = 35
7 × 6 = 42
7 × 7 = 49
7 × 8 = 56
7 × 9 = 63

8의 단 곱셈구구
8 × 1 = 8
8 × 2 = 16
8 × 3 = 24
8 × 4 = 32
8 × 5 = 40
8 × 6 = 48
8 × 7 = 56
8 × 8 = 64
8 × 9 = 72

9의 단 곱셈구구
9 × 1 = 9
9 × 2 = 18
9 × 3 = 27
9 × 4 = 36
9 × 5 = 45
9 × 6 = 54
9 × 7 = 63
9 × 8 = 72
9 × 9 = 81

퀴즈 ×를 사용하여 나타낸 식을 곱셈식이라고 합니다. ○ ×

원리 스토리

…왜 일일단이 아니고 구구단이지요?

…옛날 중국에서는 높은 자리에 있는 귀족이나 학식이 높은 사람들이 '구구단'을 사용했단다. 그러다가 점차 평범한 사람들에게도 보급되었지. 이때, 조금 어렵게 하기 위해 '9×9=81'부터 거꾸로 알려 주었다고 해. 그때부터 '구구단'이라고 불렀단다. 그 후 중국 원나라 때 '1×1=1'부터 순서대로 외우기 시작했고, 지금의 구구단이 되었지.

퀴즈 4×5와 5×4의 값은 같습니다. ○ ×

| 연산 | 연관 단어 **몫, 나머지**

나눗셈

● 어떤 수를 다른 수로 나누는 계산법
● 나눗셈 기호로 '÷'를 사용하고 '나누기'라고 읽는다.

```
       나누는 수(제수)
            ↓
    21   ÷   3   =   7              7  ← 몫
    ↑                ↑      나누는 수 → 3)‾21  ← 나뉘는 수
 나뉘는 수(피제수)      몫
```

원리 스토리

🌰 ⋯ 우리 생활에서 12÷4로 나타낼 수 있는 상황은 무엇이 있을까요?

🎓 ⋯ 나눗셈 상황은 두 가지로 생각할 수 있단다.

첫 번째는 같은 양이 몇 번 들어 있는지 알아보는 나눗셈(포함제) 상황이지.

사탕 12개를 봉지에 4개씩 담으면 몇 봉지가 나올까?

사탕 12개를 4개씩 덜어 내면 몇 번 덜어 내야 할까?

퀴즈 사탕 18개를 6개씩 덜어 내면 4번을 덜어 내야 합니다. ○ ✕

🎓 ⋯→ 두 번째는 양을 똑같이 나누는 경우의 나눗셈(등분제) 상황이란다.

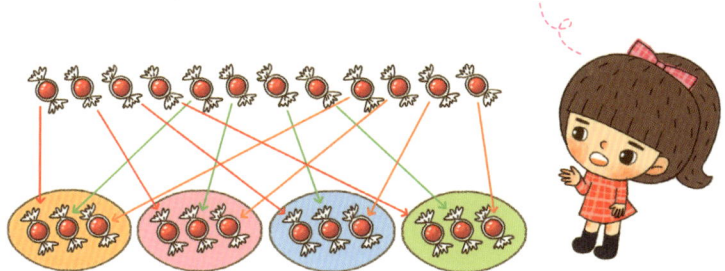

사탕 12개를 4개의 접시에 똑같이 나누어 담으려면 한 접시에 몇 개씩 놓아야 하지?

퀴즈 연필 20개를 4개씩 묶으면 5묶음이 됩니다. ○ ×

| 연산 | 연관 단어 **덧셈, 뺄셈, 곱셈, 나눗셈**

연산 기호

● 사칙 연산에서 사용하는 기호

덧셈 기호

🎓 ⋯▶ +를 사용하고, '더하기'라고 읽습니다. '더하다'라는 의미를 갖고 있지요.

$$4 + 5 = 9$$

뺄셈 기호

🎓 ⋯▶ −를 사용하고, '빼기'라고 읽습니다. '빼다'라는 의미를 갖고 있어요.

$$9 - 4 = 5$$

곱셈 기호

🎓 ⋯▶ ×를 사용하고, '곱하기'라고 읽습니다. '곱하다'라는 의미를 갖고 있답니다.

$$3 \times 5 = 15$$

나눗셈 기호

🎓 ⋯▶ ÷를 사용하고, '나누기'라고 읽습니다. '나누다'라는 의미를 갖고 있지요.

$$12 \div 4 = 3$$

퀴즈 +를 사용하여 나타낸 식을 덧셈식이라고 합니다. ○ ×

> 원리 스토리

🧒 ⋯▶ 연산 기호들은 어떻게 만들어졌나요?

👨‍🎓 ⋯▶ 덧셈 기호인 +는 '그리고'를 뜻하는 라틴어 'et'를 흘려 쓰다 만들어졌어. 뺄셈 기호인 -는 '모자라다'를 뜻하는 라틴어 'minus'의 약자 m을 간략하게 쓰다가 만들어졌고. +, - 기호는 1489년 독일의 수학자 비트만이 쓴 산술책에 처음 사용되었단다.

곱셈 기호인 ×는 1631년 영국의 수학자 윌리엄 오트레드가 『수학의 열쇠』라는 책에서 처음 사용하였는데, 십자가를 본떠 그 모양을 비스듬히 누여 만들었다고 해. 그리고 나눗셈 기호인 ÷는 1659년 스위스의 수학자 하인리히 란이 처음 쓰기 시작했단다. 이 기호를 사용하기 전에는 나눗셈을 분수로 표시했어. 그래서 ÷는 분수의 가로선은 그대로, 위아래의 수는 점으로 나타낸 것이라는 이야기도 있지.

퀴즈 덧셈과 뺄셈은 사칙 연산이 아닙니다. ○ ×

| 연산 | 연관 단어 **나눗셈, 나머지, 나누어 떨어지다**

몫

- 나눗셈에서 나뉘는 수(피제수)를 나누는 수(제수)로 나누어 얻는 수
- 어떤 양이나 수를 똑같이 나누었을 때 한 부분의 크기

```
            나누는 수(제수)
                 ↓
        12   ÷   3   =   4
         ↑                ↑
    나뉘는 수(피제수)       몫
```

```
                     4 ← 몫
  나누는 수 → 3 ) 12  ← 나뉘는 수
```

🎓→ 12를 3으로 나누면 몫이 4입니다.

원리 스토리

👧→ 몫이 0이 될 수 있나요?

🎓→ 사과 4개를 6개씩 나눠 보렴(4÷6). 한 묶음도 안 나오지?
이럴 경우 몫은 0이고, 나머지는 4란다.

$$4 \div 6 = 0 \cdots 4$$

퀴즈 35÷5는 몫이 7입니다. ○ ×

| 연산 | 연관 단어 **나눗셈, 몫, 나누어 떨어지다**

나머지

- 나눗셈에서 나누어 떨어지지 않고 남은 수
- 나머지는 나누는 수보다 항상 작다.

$$\text{나누는 수} \rightarrow 3 \overline{)16} \begin{array}{l} \leftarrow \text{몫} \\ \leftarrow \text{나뉘는 수} \end{array}$$
$$\underline{15}$$
$$1 \leftarrow \text{나머지}$$

원리 스토리

🧒 ⇢ 7÷2=3⋯1 이 나눗셈 식에서 나머지 1이 나타내는 의미를 알고 싶어요.

👨‍🎓 ⇢ 빵 7개를 2개의 접시에 똑같이 담는 경우를 생각해 보렴.

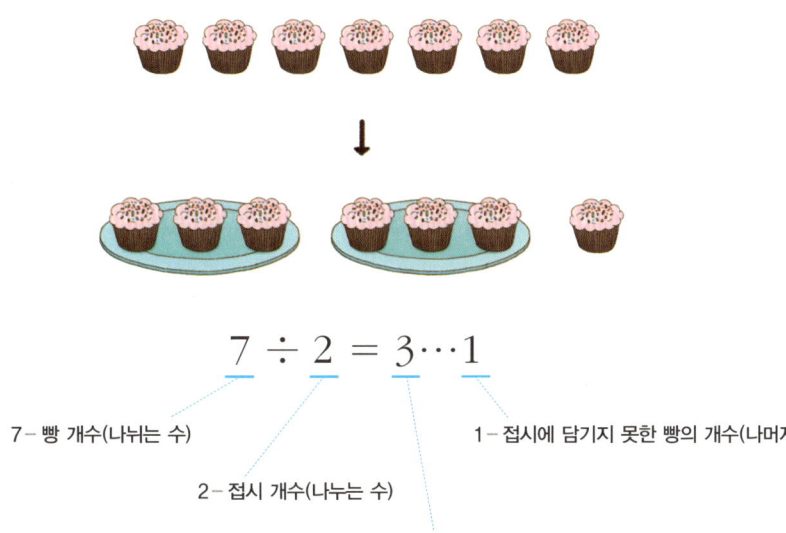

$$7 \div 2 = 3 \cdots 1$$

7 - 빵 개수(나뉘는 수)
2 - 접시 개수(나누는 수)
1 - 접시에 담기지 못한 빵의 개수(나머지)
3 - 접시 한 개에 담기는 빵의 개수(몫)

퀴즈 39÷5에서 나머지는 5보다 작습니다. ◯ ✕

| 연산 | 연관 단어 **나눗셈, 몫, 나머지**

나누어 떨어지다

● 나눗셈을 했을 때 나머지가 0이 되는 것

사탕 24개를 4명이 6개씩 나눠 가지니 나머지가 없어!

24를 6으로 나누면 몫이 4이고, 나머지는 0이니까!

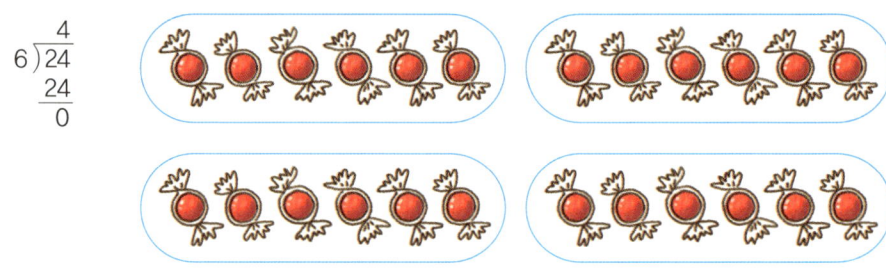

원리 스토리

모든 짝수를 나누어 떨어지게 하는 수가 있을까요?

짝수에는 2, 4, 6, 8, 10… 등이 있지. 사탕이 2, 4, 6, 8, 10…개가 있다면 접시 2개에 같은 양으로 나누어 담을 수 있어. 즉, 모든 짝수는 2로 나누어 떨어진단다.

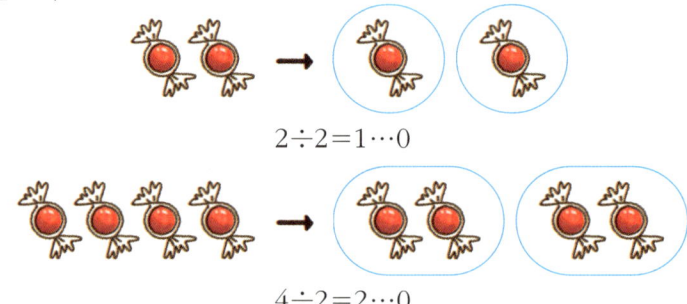

$2 \div 2 = 1 \cdots 0$

$4 \div 2 = 2 \cdots 0$

퀴즈 나눗셈을 하여 나누어 떨어진 경우 나머지는 0입니다. ○ ×

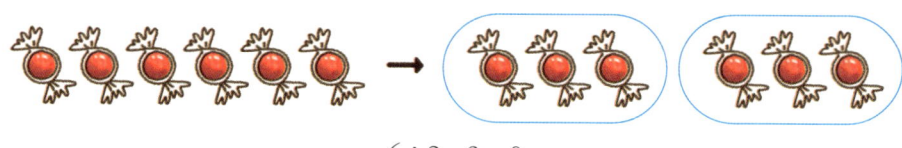

$6 \div 2 = 3 \cdots 0$

🎓⋯▸ 그러나 홀수를 2로 나누면 나누어 떨어지지 않고, 나머지가 1이 되지.

나머지

$3 \div 2 = 1 \cdots 1$

나머지

$5 \div 2 = 2 \cdots 1$

퀴즈 1434를 2로 나누면 나누어 떨어집니다. ○ ×

| 연산 | 연관 단어 **역연산, 덧셈, 뺄셈, 곱셈, 나눗셈**

검산

● 계산 결과가 맞았는지 틀렸는지를 알아보기 위한 계산
● 풀이 과정에서 한 실수를 다시 할 수 있기 때문에 앞서 한 것과 다른 계산 방법으로 알아본다.

덧셈 3+4=7 → 검산식 7-4= ?   3이 나오는지 확인해 봅니다.
뺄셈 7-4=3 → 검산식 4+3= ?   7이 나오는지 확인해 봅니다.
곱셈 3×4=12 → 검산식 12÷3= ?   4가 나오는지 확인해 봅니다.
나눗셈 12÷3=4 → 검산식 3×4= ?   12가 나오는지 확인해 봅니다.
나머지가 있는 경우 13÷3=4…1 → 검산식 3×4+1= ?   13이 나오는지 확인해 봅니다.

원리 스토리

… 검산에도 짝이 있네요?

… 덧셈은 뺄셈으로, 뺄셈은 덧셈으로, 곱셈은 나눗셈으로, 나눗셈은 곱셈으로 검산하는 경우가 일반적이란다.
즉, 검산에는 그 계산을 거꾸로 하는 역연산을 주로 사용하지.

퀴즈 나눗셈에서 나머지가 있는 경우 검산에서 곱셈과 뺄셈을 이용합니다. ○ ×

| 연산 | 연관 단어 **덧셈, 곱셈**

교환법칙

- 계산식에서 수의 순서를 바꾸어도 계산 결과가 같은 법칙
- 덧셈과 곱셈에서 교환법칙이 성립한다.

덧셈과 곱셈에서 순서를 바꾸어 계산해도 결과는 같습니다.

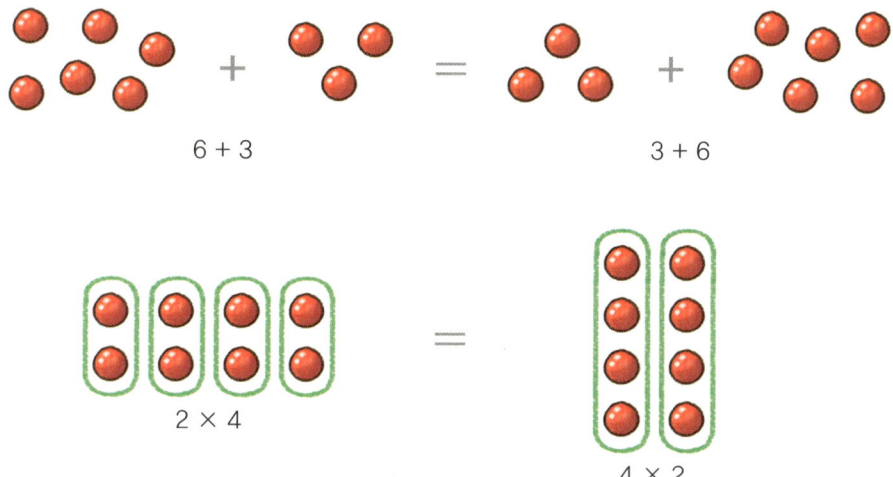

6 + 3 = 3 + 6

2 × 4 = 4 × 2

원리 스토리

뺄셈이나 나눗셈에서 순서를 바꾸어 계산해도 결과는 같나요?

뺄셈에서 7−4는 3이지만, 순서를 바꾸어 4−7은 −3이 된단다.
즉, 7−4 ≠ 4−7 교환법칙이 성립되지 않지.
나눗셈에서도, 10 ÷ 5는 2가 되지만, 순서를 바꾸어 5 ÷ 10은 0.5가 돼. 즉, 10 ÷ 5 ≠ 5 ÷ 10으로 교환법칙이 성립되지 않는단다.

퀴즈 4+5는 순서를 바꾸어 5+4로 계산해도 결과는 같습니다. ○ ✕

| 연산 | 연관 단어 **덧셈, 뺄셈, 곱셈, 나눗셈**

혼합계산

● 더하기, 빼기, 곱하기, 나누기가 섞여 있는 식을 계산하는 것

🎓⋯▶ 덧셈과 뺄셈이 섞여 있는 경우, 앞에서부터 차례로 계산해요.

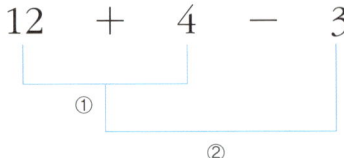

🎓⋯▶ 곱셈과 나눗셈이 섞여 있는 경우, 앞에서부터 차례로 계산합니다.

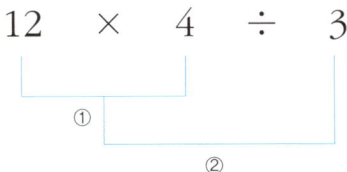

🎓⋯▶ 덧셈과 뺄셈, 곱셈과 나눗셈이 섞여 있는 경우,
곱셈과 나눗셈을 먼저 계산하고 앞에서부터 차례로 계산합니다.

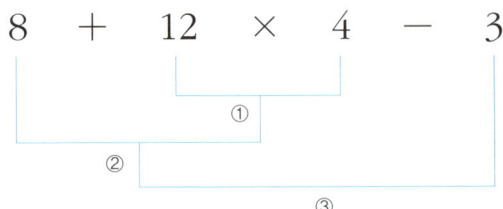

퀴즈 덧셈, 뺄셈, 나눗셈이 섞여 있는 경우 나눗셈부터 먼저 계산합니다. ○ ×

원리 스토리

🧒 …▸ 혼합계산에서 순서를 왜 지켜야 하나요?

👨‍🎓 …▸ 계산 순서가 달라지면 결과도 달라지기 때문이란다.

👨‍🎓 …▸ 위 식을 바른 순서대로 계산하면 26이 되지. 그러나, 순서를 어기고 다르게 계산하면 10이 돼.

틀린 식

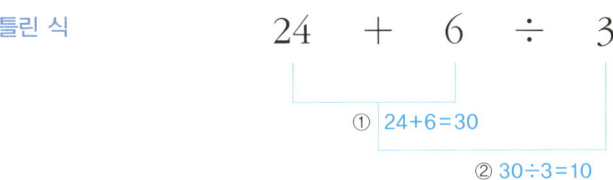

🧒 …▸ 순서를 지키지 않으면 한 가지 식에서 계산하는 경우마다 서로 다른 값이 나오는군요.

퀴즈 덧셈과 뺄셈이 섞여 있는 경우, 뺄셈부터 먼저 계산합니다. ○ ×

| 연산 | 연관 단어 **혼합계산**

괄호

● 숫자나 계산식을 한데 묶기 위하여 사용하는 기호
● 계산할 때 먼저 계산할 부분을 묶기 위하여 사용한다.

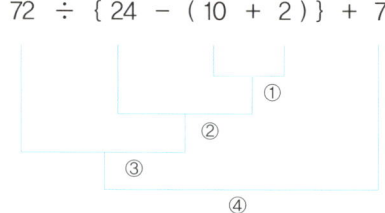

원리 스토리

👦 ⋯ 여는 괄호와 닫는 괄호를 꼭 지켜야 하나요?

👨‍🎓 ⋯ 우리가 집에 들어갈 때 문을 열고 들어갔다가 닫는 것과 같은 이치지. 40+{18−(13−4)×5와 40＋{18−(13−4)}×5를 계산해 보렴. 첫 번째 식의 경우 13이 나오고, 두 번째 식의 경우 85가 나오지. 이처럼 닫는 괄호를 잊으면 계산 결과가 다르게 나온단다.

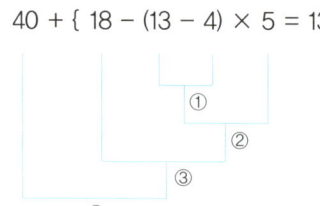

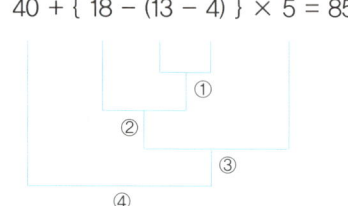

퀴즈 ( ), { }가 섞여 있는 경우 { }부터 먼저 계산합니다. ○ ×

| 연산 | 연관 단어 **최대공약수**

약수

- 어떤 수를 나누어 떨어지게 하는 수
- 어떤 수를 나머지 없이 나눌 수 있는 수

5는 20의 약수야.

원리 스토리

→ 약수는 어떻게 구하나요?

→ 두 가지 방법이 있단다.

방법 1 나눗셈을 하여 나누어 떨어지는지를 알아본다.

$18 \div 1 = 18$

$18 \div 2 = 9$

$18 \div 3 = 6$

$18 \div 6 = 3$

$18 \div 9 = 2$

$18 \div 18 = 1$

18의 약수는 1, 2, 3, 6, 9, 18

퀴즈 18을 18의 약수로 나누면 나누어 떨어집니다. ○ ×

방법 2 두 수의 곱으로 약수를 알아본다.

$1 \times 18 = 18$

$2 \times 9 = 18$

$3 \times 6 = 18$

18의 약수는 1, 2, 3, 6, 9, 18

⋯▶ 모든 수의 약수가 되는 수와 어떤 수에도 약수가 안 되는 수가 있나요?

⋯▶ 1은 모든 수를 나누어 떨어지게 하므로($18 \div 1 = 18$) 모든 수의 약수이고, 어떤 수도 0으로 나눌 수 없기 때문에 0은 어떤 수의 약수도 아니란다. 또한, 어떤 수는 자기 자신의 약수이기도 해. 위의 예에서도 알 수 있듯이 18은 18의 약수란다.($18 \div 18 = 1$)

퀴즈 12의 약수는 4개입니다. ○ ×

| 연산 | 연관 단어 **최소공배수**

배수

● 어떤 수를 1배, 2배, 3배…한 수
● 어떤 수의 몇 배가 되는 수

🎓 ⋯ 25는 5의 배수입니다.

원리 스토리

👧 ⋯ 배수는 어떻게 구하나요?

🎓 ⋯ 어떤 수에 몇을 곱하면 된단다.
예를 들어, 4의 배수는 4에 1, 2, 3…을 곱하면 되지.
4에 1배한 수 : 4×1=4, 4에 2배한 수 : 4×2=8,
4에 3배한 수 : 4×3=12, 4의 배수는 4, 8, 12, 16…

🎓 ⋯ 어떤 수의 배수는 무수히 많아. 4의 배수를 4의 1배, 10배, 100배, 1000배…와 같이 끝없이 곱할 수 있기 때문이야.

👧 ⋯ 그럼 가장 작은 배수는 뭔가요?

🎓 ⋯ 4×1=4에서 보듯 어떤 수의 배수 중 가장 작은 배수는 자기 자신이야. 그리고 1의 배수는 모든 자연수야. 1×1=1, 1×2=2, 1×3=3, 1×4=4…

퀴즈 8의 배수는 100개입니다. ○ ×

| 연산 | 연관 단어 **약수, 최대공약수**

공약수

- 둘 이상의 수에 공통되는 약수
- 각각의 약수 중에 공통된 수

12의 약수 : 1, 2, 3, 4, 6, 12
18의 약수 : 1, 2, 3, 6, 9, 18

→ 12와 18의 공약수는 1, 2, 3, 6입니다.

원리 스토리

→ 공약수에 항상 포함되는 수는 무엇이지요?
→ 바로 1이란다. 모든 수의 약수가 1이기 때문이지.

퀴즈 13과 8의 공약수는 1입니다. ○ ×

| 연산 | 연관 단어 **배수, 최소공배수**

공배수

- 둘 이상의 수에 공통되는 배수
- 각각의 배수 중에 공통된 수

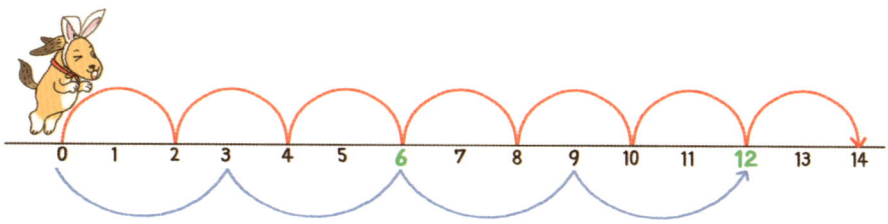

🎓 ⋯▸ 2와 3의 공배수는 6, 12, 18…입니다.

원리 스토리

👦 ⋯▸ 2, 4, 6, 8, 10…

👧 ⋯▸ 뭐 하고 있는 거야?

👦 ⋯▸ 2의 공배수의 개수를 세고 있어.

👧 ⋯▸ 일주일을 꼬박 세어도 다 못 셀걸?

🎓 ⋯▸ 공배수의 개수는 무한대란다. 배수가 끝없이 많기 때문이지.

퀴즈 15와 30의 공배수는 30, 60, 90…입니다. ○ ×

| 연산 | 연관 단어 **약수, 공약수**

최대공약수

● 둘 이상의 수에 공통되는 약수 중 가장 큰 수

원리 스토리

🙋 ⋯▶ 최대공약수는 어떻게 구하나요?

👨‍🎓 ⋯▶ 24와 36의 최대공약수를 세 가지 방법으로 구해 볼까?

방법 1 각각의 약수를 구하고 서로 겹치는 것을 찾기

24의 약수 : 1, 2, 3, 4, 6, 8, 12, 24

36의 약수 : 1, 2, 3, 4, 6, 9, 12, 18, 36

24와 36의 공약수 : 1, 2, 3, 4, 6, 12 ➡ 최대공약수는 12

방법 2 각각을 작은 수의 곱셈으로 나타내어 겹치는 부분 찾기

$24 = 2 \times \boxed{2 \times 2 \times 3}$ $36 = \boxed{2 \times 2 \times 3} \times 3$

   ↓   ↓

   12   12

방법 3 공약수를 구하는 세로셈

$\boxed{4}\,)\,\underline{24\quad 36}$
$\boxed{3}\,)\,\underline{6\quad9}$
$\quad\quad\ \ 2\quad\ 3$

$4 \times 3 = 12$

🙋 ⋯▶ 최소공배수처럼 최소공약수는 알아보지 않나요?

👨‍🎓 ⋯▶ 최소공약수는 모두 1이기 때문에 굳이 알아볼 필요가 없단다.

퀴즈 24와 12의 최대공약수는 12입니다. ○ ×

👧⋯▶ 최대공약수를 이용하여 공약수를 알아볼 수 있나요?

👨‍🎓⋯▶ 최대공약수의 약수가 바로 공약수야.

예를 들어, 24와 36의 최대공약수는 12이지?

12의 약수는 1, 2, 3, 4, 6, 12이고, 24와 36의 공약수 또한 1, 2, 3, 4, 6, 12란다. 이처럼 최대공약수를 이용하면 공약수를 쉽게 알아볼 수가 있지.

퀴즈 13과 9의 최대공약수는 1입니다. ○ ×

| 연산 | 연관 단어 **배수, 공배수**

최소공배수

● 공배수 중에 가장 작은 수

> 4의 배수 : 4, 8, 12, 16, 20, 24, 28, 32, 36, 40, 44, 48 …
>
> 6의 배수 : 6, 12, 18, 24, 30, 36, 42, 48, 54 …

🎓 ⟶ 4와 6의 공배수는 12, 24, 36 48…입니다. 그중 가장 작은 수인 12는 4와 6의 최소공배수이지요.

원리 스토리

🧒 ⟶ 최소공배수는 어떻게 구하나요?

🎓 ⟶ 우선 24와 36의 공배수를 세 가지 방법으로 구해 보자.

방법 1 각각의 배수를 구하고 서로 겹치는 것을 찾기

24의 배수 : 24, 48, 72, 96, 120, 144 …

36의 배수 : 36, 72, 108, 144, 180 …

24와 36의 공배수 : 72, 144, 216 … → 최소공배수는 72

방법 2 각각을 작은 수의 곱셈으로 나타내어 겹치는 부분을 한 번 쓰고, 겹치지 않는 각각의 수를 써 넣은 후 곱셈하기

$$24 = 2 \times 2 \times 2 \times 3 \qquad 36 = 2 \times 2 \times 3 \times 3$$

24와 36의 최소공배수 $2 \times 2 \times 3 \times 2 \times 3 = 72$

퀴즈 2와 3의 최소공배수는 6입니다. ○ ×

방법 3 세로셈으로 공배수를 구한 후 각각의 수를 곱하기

```
4 ) 24   36
3 )  6    9
     2    3
```

4×3×2×3= 72 ← 최소공배수

🎓… 참고로, 두 수의 곱은 최대공약수와 최소공배수의 곱과 같단다.
　　24×36 = 12(최대공약수) × 72(최소공배수)

🧒… 최대공약수처럼 최대공배수는 알아보지 않나요?

🎓… 배수는 끝없이 많기 때문에 최대공배수를 알아볼 수 없지.

🎓… 최소공배수를 이용하여 공배수를 알아볼 수 있나요?

🎓… 최소공배수의 배수가 바로 공배수란다.

예를 들어, 4와 6의 공배수를 구해 보자. 4와 6의 최소공배수는 12이지? 12의 배수는 12, 24, 36, 48…이고. 이처럼 최소공배수를 이용하면 공배수를 쉽게 구할 수가 있단다.

퀴즈 24와 12의 최소공배수는 24입니다. ○ ×

| 연산 | 연관 단어 **분수, 최소공배수, 분수의 덧셈**

통분

- 분모가 다른 분수들의 분모를 같게 하는 것
- 각 분수의 크기는 변함없이 분수들의 분모를 같게 한다.

 ···· $\frac{2}{3}$ 와 $\frac{1}{2}$ 을 통분해 보아요.

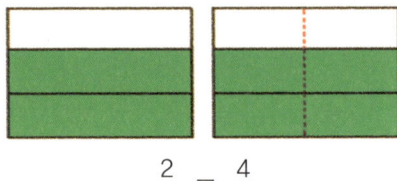

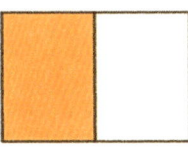

원리 스토리

 ···· 통분은 어떻게 하나요?

 ···· 세 가지 방법이 있단다. $\frac{5}{6}$ 와 $\frac{6}{8}$ 을 통분해 볼까?

방법 1 크기가 같은 분수 만들기

각각 크기가 같은 분수 중에서 두 분수의 분모가 같은 분수를 찾는다.

$\frac{5}{6} = \frac{10}{12} = \frac{15}{18} = \frac{20}{24}$

$\frac{6}{8} = \frac{12}{16} = \frac{18}{24}$ 　　$(\frac{5}{6}, \frac{6}{8}) = (\frac{20}{24}, \frac{18}{24})$

방법 2 분모의 곱을 공통분모로 하기

한쪽의 분모를 다른 쪽 분수의 분모와 분자에 각각 곱한다.

$(\frac{5}{6}, \frac{6}{8})$ $6 \times 8 = 48$

퀴즈 $(\frac{4}{7}, \frac{2}{6})$ 를 통분하면 $(\frac{24}{42}, \frac{14}{42})$ 가 됩니다. ○ ×

$$\frac{5\times 8}{6\times 8} = \frac{40}{48} \qquad \frac{6\times 6}{8\times 6} = \frac{36}{48}$$

$$\left(\frac{5}{6},\ \frac{6}{8}\right) = \left(\frac{40}{48},\ \frac{36}{48}\right)$$

방법 3 분모의 최소공배수를 공통분모로 하기

$$\begin{array}{r|cc} 2 & 6 & 8 \\ \hline & 3 & 4 \end{array} \quad 2\times 3\times 4 = 24\ (6\text{과 }8\text{의 최소공배수})$$

$$\frac{5\times 4}{6\times 4} = \frac{20}{24} \qquad \frac{6\times 3}{8\times 3} = \frac{18}{24}$$

$$\left(\frac{5}{6},\ \frac{6}{8}\right) = \left(\frac{20}{24},\ \frac{18}{24}\right)$$

퀴즈 통분하면 분수의 크기가 달라집니다. ○ ×

| 연산 | 연관 단어 **공약수, 기약분수**

약분

- 분모와 분자를 그들의 공약수로 나누는 것
- 분수를 간단히 하기 위하여 약분을 활용한다.

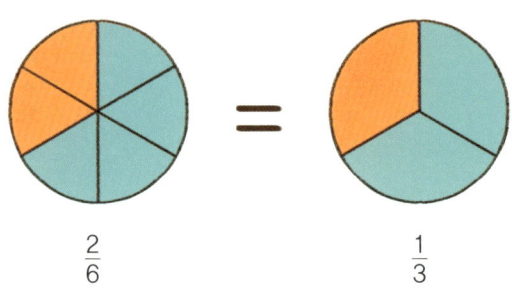

$$\frac{2}{6} \qquad \frac{1}{3}$$

🎓 ⋯ $\frac{2}{6}$를 분모 6과 분자 2의 공약수인 2로 나누면 $\frac{2}{6} = \frac{2 \div 2}{6 \div 2} = \frac{1}{3}$ 입니다.

원리 스토리

🧒 ⋯ $\frac{24}{36}$를 약분해 보았어요.

$\frac{24}{36} = \frac{24 \div 2}{36 \div 2} = \frac{12}{18}$, $\frac{24}{36} = \frac{24 \div 3}{36 \div 3} = \frac{8}{12}$, $\frac{24}{36} = \frac{24 \div 4}{36 \div 4} = \frac{6}{9}$, $\frac{24}{36} = \frac{24 \div 6}{36 \div 6} = \frac{4}{6}$

🎓 ⋯ 24와 36의 공약수인 2, 3, 4, 6을 잘 이용했구나! 약분할 때는 분자와 분모를 모두 나눌 수 있는 공약수를 활용해야 해. 한쪽만 나누어지는 수는 사용하면 안 되기 때문에 꼭 공약수를 사용해야 하지. 또한, 최대공약수인 12를 이용하면 한 번에 기약분수를 만들 수 있단다.

$\frac{24}{36} = \frac{24 \div 12}{36 \div 12} = \frac{2}{3}$

퀴즈 $\frac{12}{36}$를 약분할 때 분자만 나누어지는 수를 사용해도 됩니다. ◯ ✕

| 연산 | 연관 단어 **분수, 소수**

소수를 분수로 나타내기

● 수의 크기는 변함없이 소수를 분수로 나타내는 것

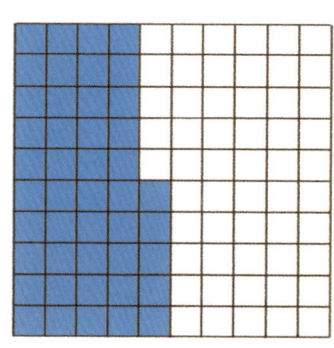

소수 둘째자리까지 있으니 분모를 100으로 해야지.

$$0.45 = \frac{45}{100}$$

원리 스토리

 ⋯ 소수를 분수로 어떻게 바꾸나요?

⋯ 소수점 이하의 자릿수만큼 분모를 10, 100, 1000으로 하고 소수점 이하의 수를 분자로 하면 된단다. 0.328을 분수로 바꾸려면, 소수점 이하의 자릿수가 3개이니 분모를 1000, 분자는 328을 써 주면 되지.

$$0.328 = \frac{328}{1000}$$

만약, 512.34같이 소수점 앞 자릿수로 수가 있다면 대분수로 만들면 돼.

$$512.34 = 512\frac{34}{100}$$

퀴즈 3.12를 분수로 나타내면 $3\frac{12}{1000}$가 됩니다. ○ ✕

| 연산 | 연관 단어 **분수, 소수**

분수를 소수로 나타내기

● 수의 크기는 변함없이 분수를 소수로 나타내는 것

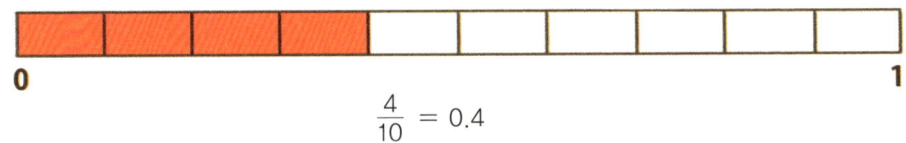

$\frac{4}{10} = 0.4$

원리 스토리

🧒 … 분수를 소수로 어떻게 바꾸나요?

👨‍🎓 … 우선, 분모를 10, 100, 1000으로 만들어서 소수로 바꿀 수 있지.

5에 어떤 수를 곱하면 10이 될까?

$\frac{1}{5} = \frac{1 \times 2}{5 \times 2} = \frac{2}{10} = 0.2$

4에 어떤 수를 곱하면 100이 될까?

$\frac{1}{4} = \frac{1 \times 25}{4 \times 25} = \frac{25}{100} = 0.25$

8에 어떤 수를 곱하면 1000이 될까?

$\frac{1}{8} = \frac{1 \times 125}{8 \times 125} = \frac{125}{1000} = 0.125$

👨‍🎓 … 다른 방법으로 나눗셈을 이용할 수 있단다.

3÷12의 몫을 분수로 나타내면 $\frac{3}{12}$이 되고,

3÷12의 몫을 소수로 나타내면 0.25가 된단다. $\frac{3}{12} = 3 \div 12 = 0.25$

퀴즈 $\frac{12}{100}$를 소수로 나타내면 0.12가 됩니다. ○ ×

🙂 ⋯▶ 그럼 $1\frac{3}{4}$을 소수로 나타내 볼게요.

$1\frac{3}{4} = \frac{7}{4} = \frac{7 \times 25}{4 \times 25} = \frac{175}{100} = 1.75$

🎓 ⋯▶ 소수로 잘 바꾸었구나. 더 간편한 방법을 알려 줄게. 대분수의 자연수 부분은 소수점 앞에 그대로 옮겨 주고 분수 부분만 소수로 고쳐 합하면 간단하지.

$1\frac{3}{4} = 1 + \frac{3 \times 25}{4 \times 25} = 1\frac{75}{100} = 1.75$

퀴즈 대분수를 소수로 나타낼 때 꼭 가분수로 고친 후 소수로 바꿔야 합니다. ○ ✕

| 연산 | 연관 단어 **진분수, 가분수, 대분수**

분모가 같은 분수의 덧셈

● 분모가 같은 진분수+진분수($\frac{1}{3}+\frac{2}{3}$), 진분수+대분수($\frac{1}{3}+1\frac{1}{3}$), 대분수+대분수($1\frac{4}{6}+2\frac{1}{6}$)의 합 구하기

🎓 ··· $\frac{4}{6}+\frac{1}{6}$ 처럼 분모가 같은 경우를 그림으로 살펴볼까요?

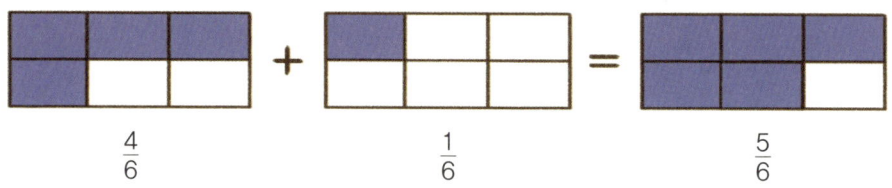

$$\frac{4}{6} \qquad \frac{1}{6} \qquad \frac{5}{6}$$

🎓 ··· 4조각과 1조각을 더하니 전체 6조각 중에 5조각을 차지한 그림이 나오죠?
$\frac{4}{6}+\frac{1}{6}=\frac{4+1}{6}=\frac{5}{6}$ 입니다.
따라서 분모가 같은 분수의 덧셈에서는 분자끼리의 합을 구하면 됩니다.

원리 스토리

👩 ··· 박사님, 분수끼리의 합이 가분수가 나오는 대분수의 합은 어떻게 구하나요?

🎓 ··· $1\frac{3}{4}+2\frac{2}{4}$의 경우처럼 분수끼리의 합이 가분수가 나오는 대분수의 합을 구하는 방법을 그림을 통해 알아볼까?

퀴즈 $\frac{2}{5}+\frac{1}{5}=\frac{3}{5}$입니다. ○ ✕

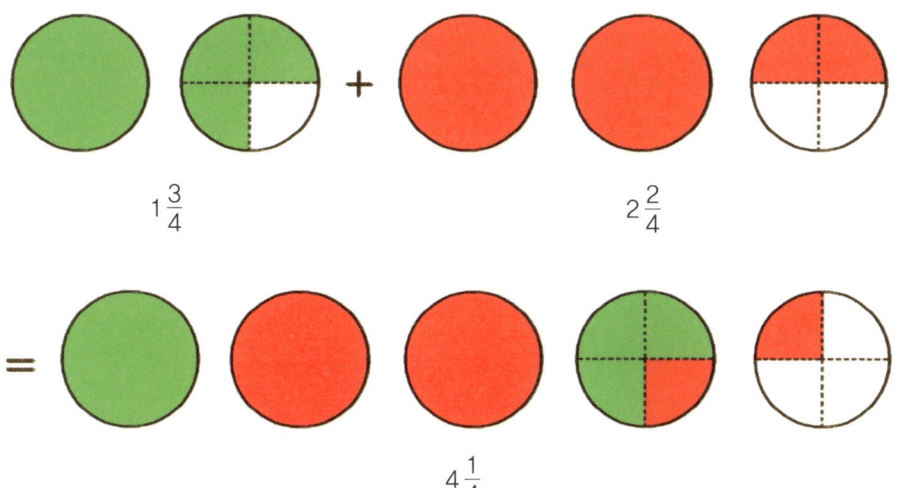

📖⋯ 대분수의 덧셈은 자연수끼리 먼저 더하고, 분수끼리의 합이 가분수인 경우에 가분수를 대분수로 바꾸어 계산한단다.

$1\frac{3}{4} + 2\frac{2}{4} = (1+2) + \frac{3+2}{4} = 3 + \frac{5}{4} = 3 + \frac{4}{4} + \frac{1}{4} = 3 + 1 + \frac{1}{4} = 4\frac{1}{4}$

퀴즈 분수끼리의 합이 가분수인 경우 대분수로 계산 결과를 나타냅니다. ○ ×

| 연산 | 연관 단어 **진분수, 가분수, 대분수**

분모가 같은 분수의 뺄셈

● 분모가 같은 진분수−진분수($\frac{2}{3}-\frac{1}{3}$), 대분수−진분수($1\frac{1}{3}-\frac{2}{3}$), 대분수−대분수($2\frac{1}{3}-1\frac{2}{3}$)의 차 구하기

🎓… $\frac{4}{6}-\frac{1}{6}$ 처럼 분모가 같은 경우를 그림으로 살펴볼까요?

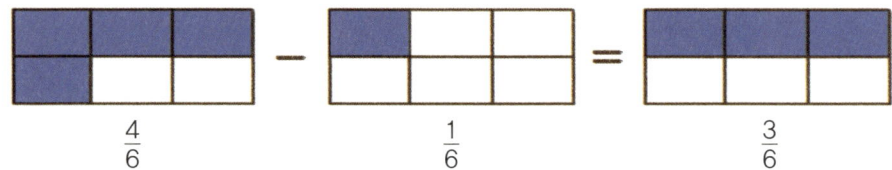

🎓… 4조각에서 1조각만큼 빼니 전체 6조각 중에 3조각을 차지한 그림이 나오지요?
$\frac{4}{6}-\frac{1}{6}=\frac{4-1}{6}=\frac{3}{6}$ 입니다.
따라서 분모가 같은 진분수의 뺄셈에서는 분자끼리의 차를 구하면 됩니다.

원리 스토리

🧒… 그럼 $2\frac{1}{4}-1\frac{3}{4}$ 처럼 앞에 있는 분수가 빼야 하는 분수의 크기보다 작을 경우에는 어떻게 하나요?

🎓… $2\frac{1}{4}-1\frac{3}{4}$의 경우를 그림을 통해 알아볼까?

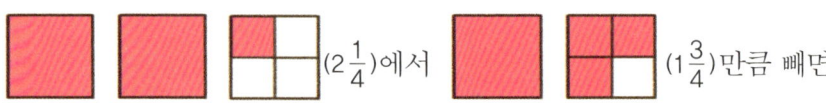

자연수 2−1을 빼니 1개 남고

퀴즈 분수끼리 뺄 수 없을 경우에는 자연수 부분의 1을 가분수로 고쳐서 뺍니다. ○ ×

분수 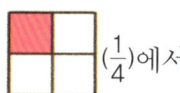($\frac{1}{4}$)에서 ($\frac{3}{4}$)을 뺄 수 없어 곤란해진단다.

🎓⋯ 그럴 때 자연수의 뺄셈에서 받아내림을 하는 것처럼 $\frac{1}{4}$에서 $\frac{3}{4}$을 뺄 수 없으니 자연수 1을 분수 부분으로 가져오렴. $1 = \frac{4}{4}$니까 $\frac{1}{4} + \frac{4}{4} = \frac{5}{4}$가 되어 $\frac{5}{4} - \frac{3}{4}$을 할 수 있겠지?

이 과정을 식으로 간단하게 나타내 볼까?

$2\frac{1}{4} - 1\frac{3}{4}$

$= 1 + (\frac{4}{4} + \frac{1}{4}) - 1\frac{3}{4}$

$= (1-1) + \frac{5}{4} - \frac{3}{4}$

$= \frac{2}{4}$

🎓⋯ 또 다른 방법으로 둘 다 가분수로 고쳐 간단하게 뺄셈을 할 수도 있단다.

$2\frac{1}{4} - 1\frac{3}{4}$

$= \frac{9}{4} - \frac{7}{4}$

$= \frac{2}{4}$

퀴즈 $\frac{2}{5} - \frac{1}{5}$은 $\frac{1}{5}$입니다. ○ ×

| 연산 | 연관 단어 **통분, 진분수, 가분수, 대분수**

분모가 다른 분수의 덧셈

- $\frac{1}{3}+\frac{1}{2}$, $1\frac{2}{3}+1\frac{1}{2}$ 같은 분모가 다른 분수의 합 구하기

🎓… $\frac{1}{3} + \frac{1}{2}$ 을 계산하기 위해서는 우선 통분을 해야 합니다. $\frac{1}{3}$과 $\frac{1}{2}$을 겹치면 6조각이 나옵니다. 그런데 주황색 부분에는 노란색과 빨간색 두 조각이 겹칩니다.

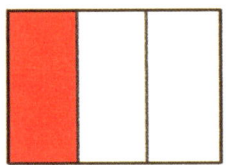  

🎓… 주황색 부분에 있는 노란색 1조각을 다른 곳으로 옮기면 모두 6조각 중 5조각에 색을 칠하게 됩니다. 색칠된 조각을 분수로 나타내면 $\frac{5}{6}$가 되겠지요?

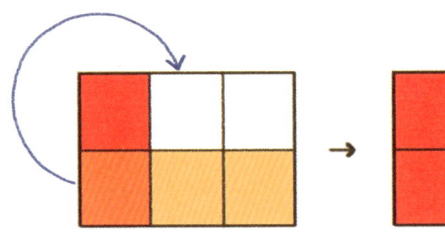

$\frac{1}{3} + \frac{1}{2}$ 을 통분하면 $\frac{1\times2}{3\times2} + \frac{1\times3}{2\times3} = \frac{2}{6} + \frac{3}{6} = \frac{5}{6}$

퀴즈 분모가 다른 분수끼리 더할 때에는 통분해서 구합니다. ○ ×

원리 스토리

🧒 ⋯ 분모가 다른 대분수는 어떻게 더하나요?

👨‍🎓 ⋯ 두 가지 방법으로 알아보자꾸나.

방법 1   자연수는 자연수끼리 더하고 분모를 통분해서 계산하기

$$1\frac{2}{3} + 1\frac{1}{2} = (1+1) + \frac{2}{3} + \frac{1}{2}$$

$$= 2 + \frac{2\times 2}{3\times 2} + \frac{1\times 3}{2\times 3}$$

$$= 2 + \frac{4}{6} + \frac{3}{6}$$

$$= 2 + \frac{7}{6}$$

$$= 2 + \frac{6}{6} + \frac{1}{6}$$

$$= 3\frac{1}{6}$$

방법 2   대분수를 가분수로 고친 후 통분해서 계산하기

$$1\frac{2}{3} + 1\frac{1}{2} = \frac{5}{3} + \frac{3}{2}$$

$$= \frac{5\times 2}{3\times 2} + \frac{3\times 3}{2\times 3}$$

$$= \frac{10}{6} + \frac{9}{6}$$

$$= \frac{19}{6}$$

$$= 3\frac{1}{6}$$

👨‍🎓 ⋯ 대분수의 덧셈을 하는 방법은 다양하니 자신이 편한 방법으로 더하면 된단다.

퀴즈 대분수를 가분수로 바꾸어 덧셈할 수 없습니다. ○ ✕

| 연산 | 연관 단어 **통분, 진분수, 가분수, 대분수**

분모가 다른 분수의 뺄셈

● $\frac{2}{3}-\frac{1}{4}$, $2\frac{1}{3}-1\frac{1}{4}$ 같은 분모가 다른 분수의 차 구하기

$\frac{2}{3}-\frac{1}{4}$에서 먼저, 통분하기 위해 2개의 투명종이를 겹쳐 보세요. 12개의 조각이 나옵니다.

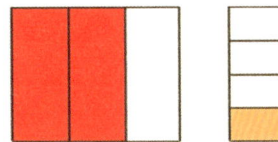 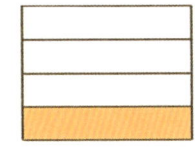 →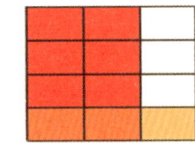

그럼 2개의 투명종이를 12조각으로 각각 나누어 보겠습니다.(통분)

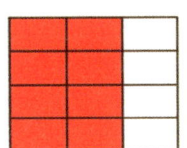 $\frac{2}{3}=\frac{8}{12}$ 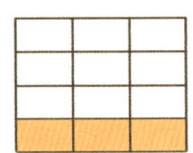 $\frac{1}{4}=\frac{3}{12}$

$\frac{2}{3}-\frac{1}{4}=\frac{8}{12}-\frac{3}{12}$ 은
빨간 조각 8개에서 노란 조각 3개만큼 빼면 됩니다. 남은 것은 5조각이고 이를 분수로 나타내면 $\frac{5}{12}$ 가 됩니다.

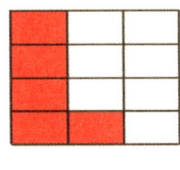 

$\frac{2}{3}-\frac{1}{4}$ 을 통분하여 계산하면 $\frac{2\times 4}{3\times 4}-\frac{1\times 3}{4\times 3}=\frac{8}{12}-\frac{3}{12}=\frac{5}{12}$ 입니다.

퀴즈 대분수를 가분수로 바꾸어 뺄셈할 수 있습니다. ◯ ✕

원리 스토리

🧒 ⋯▶ 분모가 다른 대분수는 어떻게 빼나요?

👨‍🎓 ⋯▶ 두 가지 방법으로 알아보자꾸나.

방법 1 자연수는 자연수끼리 빼고 분모를 통분해서 계산하기

$$2\frac{1}{3} - 1\frac{1}{2} = (2-1) + (\frac{1}{3} - \frac{1}{2})$$

$$= 1 + (\frac{1 \times 2}{3 \times 2} - \frac{1 \times 3}{2 \times 3})$$

$$= 1 + (\frac{2}{6} - \frac{3}{6}) \rightarrow \text{2가 3보다 작으므로 자연수 1을 분수로 바꾸어 뺀다.}$$

$$= \frac{6}{6} + \frac{2}{6} - \frac{3}{6}$$

$$= \frac{8}{6} - \frac{3}{6}$$

$$= \frac{5}{6}$$

방법 2 대분수를 가분수로 고친 후 통분해서 계산하기

$$2\frac{1}{3} - 1\frac{1}{2} = \frac{7}{3} - \frac{3}{2}$$

$$= \frac{7 \times 2}{3 \times 2} - \frac{3 \times 3}{2 \times 3}$$

$$= \frac{14}{6} - \frac{9}{6}$$

$$= \frac{5}{6}$$

퀴즈 $\frac{3}{7} - \frac{1}{3} = \frac{2}{4}$ 입니다. ○ ×

| 연산 | 연관 단어 **통분, 혼합계산**

세 분수의 덧셈과 뺄셈

● $\frac{2}{3}-\frac{1}{2}+\frac{3}{4}$ 같은 세 분수의 합과 차가 섞여 있는 혼합계산

🎓⋯ 덧셈과 뺄셈이 섞여 있는 경우, 혼합계산을 할 때처럼 앞에서부터 차례로 계산합니다.

분모도 다르고, 분수가 세 개나 되다니!

🎓⋯ $\frac{2}{3}-\frac{1}{2}+\frac{3}{4}$ 의 경우 앞에서부터 차례로 두 분수씩 통분하여 계산하면 되지요.

$$\frac{2}{3}-\frac{1}{2}+\frac{3}{4}=(\frac{2\times2}{3\times2}-\frac{1\times3}{2\times3})+\frac{3}{4}$$

$$=(\frac{4}{6}-\frac{3}{6})+\frac{3}{4}$$

$$=\frac{1}{6}+\frac{3}{4}$$

$$=\frac{1\times4}{6\times4}+\frac{3\times6}{4\times6}$$

$$=\frac{4}{24}+\frac{18}{24}$$

$$=\frac{22}{24}{}^{\,11}_{\,12}$$

$$=\frac{11}{12}$$

퀴즈 세 분수의 공통분모를 한 번에 구할 수 없습니다. ○ ×

원리 스토리

… 세 개의 분수를 한 번에 통분해서 계산하면 안 되나요?

… 물론 가능하단다. 2개씩 차례로 통분하는 방법이 번거로울 수 있을 거야. 그래서 또 다른 방법은 세 분수의 공통분모를 구해서 통분한 후에 계산하는 거란다.

$$\frac{2}{3} - \frac{1}{2} + \frac{3}{4} = \frac{2\times 4}{3\times 4} - \frac{1\times 6}{2\times 6} + \frac{3\times 3}{4\times 3}$$

$$= \frac{8}{12} - \frac{6}{12} + \frac{9}{12}$$

$$= \frac{11}{12}$$

퀴즈 세 분수의 덧셈과 뺄셈을 할 때는 항상 덧셈부터 합니다. ○ ×

| 연산 | 연관 단어 **세 분수의 곱셈**

분수의 곱셈

● $\frac{2}{3} \times \frac{3}{4}$, $1\frac{3}{4} \times 2\frac{2}{3}$, $\frac{1}{2} \times \frac{1}{3}$ 등과 같은 분수의 곱 구하기

🎓 … $\frac{2}{3} \times \frac{3}{4}$ 의 경우를 살펴볼까요?

$$\frac{2}{3} \times \frac{3}{4} = \frac{2 \times 3}{3 \times 4} = \frac{6}{12}$$

이처럼 분자는 분자끼리, 분모는 분모끼리 곱하면 됩니다.

원리 스토리

🧑 … 대분수끼리의 곱셈은 어떻게 하나요?

🎓 … 대분수와 대분수의 곱셈도 진분수와 진분수의 곱과 같은 방법으로 한단다. 단지 대분수를 가분수로 고치는 과정이 더 있을 뿐이지.

$1\frac{3}{5} \times 2\frac{2}{3}$ 의 경우, 대분수를 먼저 가분수로 고친 후, 분자는 분자끼리 분모는 분모끼리 곱하면 된단다.

$$1\frac{3}{5} \times 2\frac{2}{3} = \frac{8}{5} \times \frac{8}{3}$$

$$= \frac{8 \times 8}{5 \times 3}$$

$$= \frac{64}{15}$$

$$= 4\frac{4}{15}$$

퀴즈 진분수의 곱셈을 할 때는 분자는 분자끼리 분모는 분모끼리 곱합니다. ○ ×

| 연산 | 연관 단어 **약분, 분수의 곱셈**

세 분수의 곱셈

● $\frac{2}{3} \times 1\frac{3}{4} \times \frac{1}{4}$ 같은 세 분수의 곱 구하기

🎓⋯ 대분수가 있다면 대분수는 가분수로 고치고, 약분을 할 수 있다면 약분도 하고 그런 후에 분자는 분자끼리, 분모는 분모끼리 곱하면 됩니다.

$$\frac{3}{5} \times 1\frac{2}{3} \times \frac{1}{4} = \frac{3}{5} \times \frac{5}{3} \times \frac{1}{4}$$

$$= \frac{\cancel{3}^1}{\cancel{5}_1} \times \frac{\cancel{5}^1}{\cancel{3}_1} \times \frac{1}{4}$$

$$= \frac{1 \times 1 \times 1}{1 \times 1 \times 4}$$

$$= \frac{1}{4}$$

🎓⋯ 세 분수의 곱셈을 여러 가지 방법으로 할 수 있습니다.

방법 1 앞의 두 분수를 먼저 곱셈하면서 약분한 후, 나머지 한 분수를 곱하면서 약분

$$\frac{3}{4} \times \frac{4}{5} \times \frac{2}{9} = \left(\frac{3}{\cancel{4}_1} \times \frac{\cancel{4}^1}{5} \right) \times \frac{2}{9} = \frac{\cancel{3}^1}{5} \times \frac{2}{\cancel{9}_3} = \frac{2}{15}$$

방법 2 분자는 분자끼리, 분모는 분모끼리 곱셈한 후에 약분

$$\frac{3}{4} \times \frac{4}{5} \times \frac{2}{9} = \frac{\cancel{24}^2}{\cancel{180}_{15}} = \frac{2}{15}$$

방법 3 약분한 후 분자, 분모 각각의 세 수를 곱함

$$\frac{\cancel{3}^1}{\cancel{4}_1} \times \frac{\cancel{4}^1}{5} \times \frac{2}{\cancel{9}_3} = \frac{2}{15}$$

퀴즈 세 분수의 곱셈을 할 때 약분한 후 곱하면 계산하기 편리합니다. ○ ×

|연산 | 연관 단어 **대분수의 나눗셈**

분수의 나눗셈

● $\frac{2}{3} \div \frac{1}{2}$, $1\frac{4}{6} \div \frac{2}{3}$ 등과 같은 분수의 나눗셈 구하기

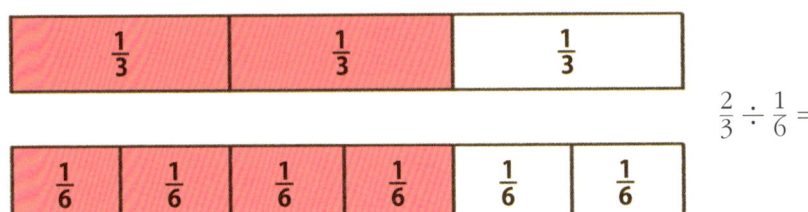

$\frac{2}{3} \div \frac{1}{6} = 4$

🎓 ⋯ $\frac{2}{3} \div \frac{1}{6}$ 을 풀기 위해서는 $\frac{2}{3}$ 안에 $\frac{1}{6}$ 이 몇 개가 들어가는지 생각해 보세요.

원리 스토리

👧 ⋯ 분수의 나눗셈은 어떻게 하나요?

🎓 ⋯ 각각의 경우로 나누어서 생각해 보자꾸나.

1) (분수) ÷ (자연수) $\frac{3}{4} \div 2 = \frac{3}{8}$

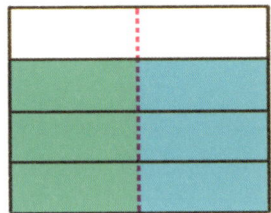

👧 ⋯ $\frac{3}{4}$ 을 2로 나누면 $\frac{3}{8}$ 이 되네요!

퀴즈 $\frac{10}{12} \div \frac{2}{12}$ 를 계산하면 5가 됩니다. ○ ✕

2) (자연수) ÷ (분수)　　　$6 \div \dfrac{3}{4} = 8$

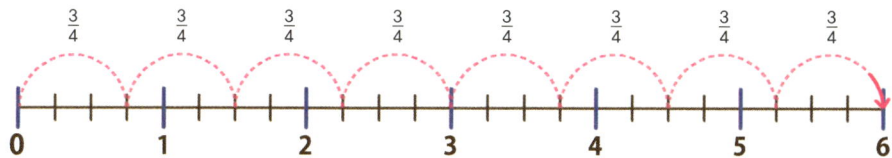

3) 분모가 같은 (분수) ÷ (분수)　　　$\dfrac{6}{8} \div \dfrac{2}{8} = 6 \div 2 = 3$

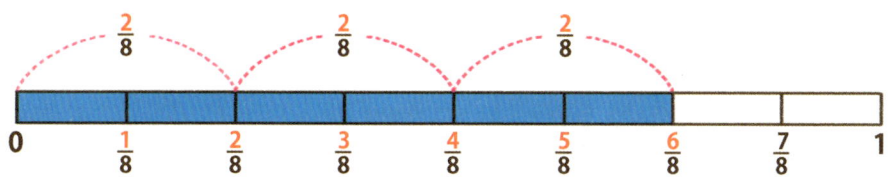

→ 분자들의 나눗셈과 같군요!

4) 분모가 다른 (분수) ÷ (분수)

$\dfrac{7}{8} \div \dfrac{2}{5} = \dfrac{7 \times 5}{8 \times 5} \div \dfrac{2 \times 8}{5 \times 8} = (7 \times 5) \div (2 \times 8) = \dfrac{7 \times 5}{2 \times 8} = \dfrac{7 \times 5}{8 \times 2} = \dfrac{7}{8} \times \dfrac{5}{2}$

즉, $\dfrac{7}{8} \div \dfrac{2}{5} = \dfrac{7}{8} \times \dfrac{5}{2}$

→ 꼭 기억하렴~. 분수의 나눗셈은 분수의 곱셈으로 바꾸어 계산한단다. 이때, 나누어지는 수는 그대로! 나누는 수는 분모와 분자를 거꾸로(역수)! 나누기(÷)는 곱하기(×)로 바꾼다는 걸!

나누어지는 수는 그대로!

$\dfrac{7}{8} \div \dfrac{2}{5} = \dfrac{7}{8} \times \dfrac{5}{2}$

나누는 수는 분모와 분자를 거꾸로(역수)

퀴즈 (분수)÷(분수)에서 두 분수 모두 거꾸로(역수) 만들어 곱셈으로 계산합니다. ○ ×

| 연산 | 연관 단어 **대분수, 분수의 나눗셈**

대분수의 나눗셈

- 나눗셈식에 대분수가 있는 나눗셈
- 대분수를 가분수로 바꾼 후 계산하여 구한다.

$3\frac{3}{10} \div 1\frac{1}{10}$ 을 계산해 봐요.

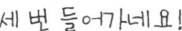

$3\frac{3}{10}$ 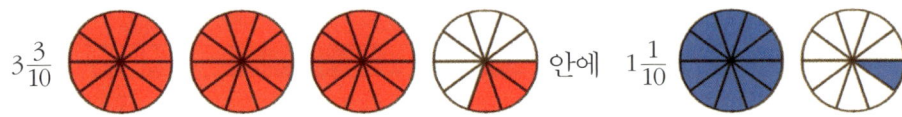 안에 $1\frac{1}{10}$

이 몇 개가 들어가는지 생각해 보세요.

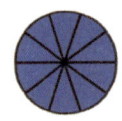  

세 번 들어가네요!

$$3\frac{3}{10} \div 1\frac{1}{10} = 3$$

원리 스토리

대분수의 나눗셈을 세 가지 방법으로 계산할 수 있단다.

방법 1 곱셈식으로 고쳐 계산을 마치고 약분하기

$$1\frac{3}{5} \div 1\frac{2}{10} = \frac{8}{5} \div \frac{12}{10} = \frac{8}{5} \times \frac{10}{12} = \frac{\overset{4}{\cancel{80}}}{\underset{3}{\cancel{60}}} = \frac{4}{3} = 1\frac{1}{3}$$

방법 2 곱셈식으로 고쳐 계산 중간에 약분하기

$$1\frac{3}{5} \div 1\frac{2}{10} = \frac{8}{5} \div \frac{12}{10} = \frac{\overset{2}{\cancel{8}}}{\underset{1}{\cancel{5}}} \times \frac{\overset{2}{\cancel{10}}}{\underset{3}{\cancel{12}}} = \frac{4}{3} = 1\frac{1}{3}$$

방법 3 분모를 같게 하여, 분모가 같을 때 분자끼리 나눗셈하기

$$1\frac{3}{5} \div 1\frac{2}{10} = \frac{8}{5} \div \frac{12}{10} = \frac{8 \times 2}{5 \times 2} \div \frac{12}{10} = \frac{16}{10} \div \frac{12}{10} = 16 \div 12 = \frac{16}{12} = \frac{4}{3} = 1\frac{1}{3}$$

퀴즈 (대분수)÷(대분수)에서 두 분수 모두 가분수로 만들어 나눗셈을 계산합니다. ○ ×

| 연산 | 연관 단어 **소수, 덧셈, 소수점**

소수의 덧셈

● 둘 이상의 소수를 더하는 계산

$$0.25 + 0.48 = 0.73$$

→ 0.25는 0.01이 25개,
0.48은 0.01이 48개,
0.25 + 0.48은 0.01이 73개,
0.01이 73개이면 0.73입니다.

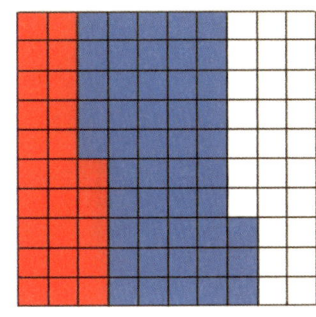

원리 스토리

→ 소수는 어떻게 세로셈으로 더하지요?

 → 가장 중요한 것은 소수점을 맞추는 거란다.

$$3.21 + 4.5 = 7.71$$

```
    3 . 2  1              3 . 2  1
+       4 . 5          +   4 . 5
                           7 . 7  1
```

자연수의 덧셈처럼   소수점을 맞추고
끝을 맞추면 안 돼요!   각 자리의 수끼리 더합니다.

퀴즈 소수의 덧셈에서 가장 먼저 해야 하는 것은 소수점을 맞추는 것입니다. ○ ×

| 연산 | 연관 단어 **소수, 뺄셈**

소수의 뺄셈

● 둘 이상의 소수에서 앞의 소수에서 뒤의 소수를 빼는 계산

$$0.73 - 0.48 = 0.25$$

 0.73은 0.01이 73개,
0.48는 0.01이 48개,
0.73 - 0.48은 0.01이 25개,
0.01이 25개이면 0.25입니다.

원리 스토리

 소수의 뺄셈에서도 받아내림을 할 수 있나요?

우선 1과 0.1의 관계를 알아보면, 1은 0.1이 10개가 있는 것이지. 그럼 아래와 같이 받아내림을 할 수 있단다.

```
   4 10              4 10              4 10
   5̸ . 2             5̸ . 2             5̸ . 2
 - 3 . 4      →    - 3 . 4      →    - 3 . 4
 ─────             ─────             ─────
                       . 8             1 . 8
```

퀴즈 3.5-1.9는 0.6입니다. ○ ✕

| 연산 | 연관 단어 **소수, 자연수, 곱셈**

소수와 자연수의 곱셈

● 소수와 자연수를 곱하는 것

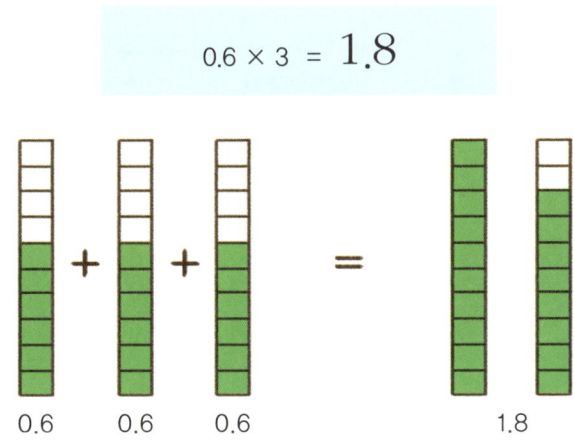

$0.6 \times 3 = 1.8$

원리 스토리

🧒 … $4 \times 0.5 = 2$ 곱셈을 했는데 왜 수가 작아지지요?

👨‍🎓 … 곱하는 수가 1보다 작은 소수일 경우 곱셈을 할수록 그 값은 작아진단다. 이 셈을 분수로 고쳐서 계산하면 더 잘 이해할 수 있지.

$4 \times 0.5 = 4 \times \dfrac{5}{10} = \dfrac{20}{10} = 2$

👨‍🎓 … $\dfrac{5}{10} = \dfrac{1}{2}$ 즉, 4의 $\dfrac{1}{2}$ 은 2란다.

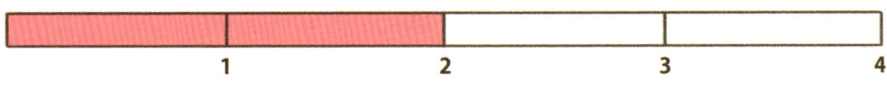

퀴즈 9×0.345의 계산 결과는 9보다 작습니다. ○ ×

| 연산 | 연관 단어 **소수, 곱셈, 소수점**

소수의 곱셈

● 소수를 곱하는 것

$4.56 \times 1.7 = 7.752$

두 수를 곱한 후, 두 수의 소수점 아래 자릿수를 더한 만큼(2+1) 소수점을 왼쪽으로 옮기면 되는구나~!

원리 스토리

... 소수의 곱셈은 두 가지 방법으로 계산할 수 있단다.

방법 1 소수를 분수로 바꾸어 계산

$0.12 \times 0.4 = \dfrac{12}{100} \times \dfrac{4}{10} = \dfrac{48}{1000} = 0.048$

방법 2 세로셈으로 계산(소수점을 맞추지 않아도 돼요.)

```
   0.12            0.12             0.12
 × 0.4      →    × 0.4      →    × 0.4
                    48             0.048
```

퀴즈 소수의 곱셈을 세로셈으로 할 때 소수점의 위치를 맞추어야 합니다. ○ ×

| 연산 | 연관 단어 **소수, 곱셈, 소수점**

0.1 0.01 0.001 곱하기

● 0.1, 0.01, 0.001을 곱할 경우, 소수점 자리를 곱하는 수의 소수점 아래 자릿수만큼 왼쪽으로 옮긴다.

$5 \times 1 = 5$

$5 \times 0.1 = 0.5$

$5 \times 0.01 = 0.05$

$5 \times 0.001 = 0.005$

$5 \times 0.0001 = 0.0005$

소수점 아래 자릿수만큼 왼쪽으로 출발~!

원리 스토리

→ 0.1, 0.01, 0.001을 곱하는 것은 분수에서 $\frac{1}{10}, \frac{1}{100}, \frac{1}{1000}$을 곱하는 것과 같단다.

$123 \times 0.1 = 123 \times \frac{1}{10} = \frac{123}{10} = 12.3$

$123 \times 0.01 = 123 \times \frac{1}{100} = \frac{123}{100} = 1.23$

$123 \times 0.001 = 123 \times \frac{1}{1000} = \frac{123}{1000} = 0.123$

$123 \times 0.0001 = 123 \times \frac{1}{10000} = \frac{123}{10000} = 0.0123$

퀴즈 4.5 × 0.01은 4.5의 소수점을 왼쪽으로 두 칸 옮기면 됩니다. ○ ×

| 연산 | 연관 단어 **소수, 곱셈, 소수점**

10, 100, 1000 곱하기

● 10, 100, 1000을 곱할 경우, 그 곱은 본래의 소수점 자리를 곱하는 수의 0의 개수만큼 오른쪽으로 옮긴다. 단, 옮길 자리가 없으면 오른쪽으로 0을 채우면 된다.

$0.005 \times 1 = 0.005$

$0.005 \times 10 = 0.05$

$0.005 \times 100 = 0.5$

$0.005 \times 1000 = 5$

$0.0050 \times 10000 = 50$

0.005에 10을 곱하면, 소수점을 한 자리 오른쪽으로 옮겨야 해.

원리 스토리

→ 10, 100, 1000을 곱하는 경우는 분수에 10, 100, 1000를 곱하는 것과 같아.

$0.123 \times 10 = \frac{123}{1000}_{100} \times 10^{1} = \frac{123}{100} = 1.23$

$0.123 \times 100 = \frac{123}{1000}_{10} \times 100^{1} = \frac{123}{10} = 12.3$

$0.123 \times 1000 = \frac{123}{1000}_{1} \times 1000^{1} = 123$

$0.123 \times 10000 = \frac{123}{1000}_{1} \times 10000^{10} = 1230$

퀴즈 4.5×1000은 4.5의 소수점을 오른쪽으로 세 칸 옮기고 빈 곳에 0을 두 번 채우면 됩니다. ○ ×

| 연산 | 연관 단어 **소수, 나눗셈, 소수점**

소수의 나눗셈

- 나눗셈식에 소수가 있는 나눗셈
- 나누는 수의 소수점에 맞춰 나누어지는 수의 소수점을 옮긴 후 나눗셈을 한다.

원리 스토리

→ 소수의 나눗셈은 어떻게 하나요?

→ 소수의 나눗셈을 분수의 나눗셈으로 고쳐서 계산할 수 있지.

$4.5 \div 1.5 = \frac{45}{10} \div \frac{15}{10} = 45 \div 15 = 3$

위와 같은 원리로 세로셈을 해보면,

$1.5 \overline{)4.5}$ → $1.5 \overline{)4.5}$ → $15 \overline{)45} \quad \begin{array}{r} 3 \\ \underline{45} \\ 0 \end{array}$

→ 또 다른 소수의 나눗셈을 해 볼까?

$4.35 \div 1.5 = \frac{43.5}{10} \div \frac{15}{10} = 43.5 \div 15 = 2.9$

세로셈을 할 때, 먼저 나누는 수의 소수점을 오른쪽으로 한 칸을 보내고, 이에 맞게 나누어지는 수도 소수점을 오른쪽으로 한 칸 옮긴 후 계산한단다.

$1.5 \overline{)4.35}$ → $1.5 \overline{)4.35}$ → $15 \overline{)43.5} \quad \begin{array}{r} 2.9 \\ \underline{30} \\ 135 \\ \underline{135} \\ 0 \end{array}$

퀴즈 2.4 ÷ 0.2를 계산하면 12가 됩니다. ○ ×

| 연산 | 연관 단어 **소수, 나눗셈, 반올림**

소수의 나눗셈에서 몫의 반올림

● 소수의 나눗셈에서 몫을 반올림하여 구할 경우, 구하려고 하는 자리의 아래 자리에서 반올림한다.
● 나누어 떨어지지 않는 소수의 나눗셈에서 몫을 반올림하여 나타낼 수 있다.

🎓⋯ 몫을 반올림하여 소수 첫째 자리까지 나타낼 경우, 몫을 소수 둘째 자리까지 구하고, 소수 둘째 자리에서 반올림합니다.

3.65 ······ ≒ 3.7

2.56 ÷ 0.7 ≒ 3.7

3.65를 소수 둘째 자리에서 반올림하면 3.7

원리 스토리

👧⋯ 소수의 나눗셈에서 몫을 반올림하여 구할 때는 언제인가요?
🎓⋯ 몫을 정확하게 구할 필요가 없을 경우 반올림하여 가까운 값을 알아본다. 또는, 나누어 떨어지지 않을 경우 반올림하여 몫을 나타내지.

하나 더!

소수의 나눗셈에서 나머지는 나뉘는 수의 원래 소수점 자리에 찍습니다.

```
          2
    1.5 ) 3.5
          3 0
          ‾‾‾
          0.5
```

퀴즈 2.5÷0.3에서 몫을 반올림하여 소수 둘째 자리까지 나타내려면 소수 셋째 자리까지 계산해야 합니다. ○ ✕

| 연산 | 연관 단어 **분수, 소수, 곱셈, 나눗셈**

분수와 소수의 곱셈과 나눗셈

● 곱셈식 또는 나눗셈식에 분수와 소수가 있을 경우, 둘 중 하나를 바꾸어 둘 다 소수로 또는 분수로 하여 계산한다.

🎓⋯ 분수와 소수의 곱셈을 살펴볼까요?

방법 1 소수를 분수로 고쳐서 분수의 곱셈으로 계산하기

$1.5 \times \dfrac{1}{4} = \dfrac{15}{10} \times \dfrac{1}{4} = \dfrac{15}{40} = \dfrac{3}{8}$

방법 2 분수를 소수로 고쳐서 소수의 곱셈으로 계산하기

$1.5 \times \dfrac{1}{4} = 1.5 \times 0.25 = 0.375$

🎓⋯ 분수와 소수의 나눗셈을 살펴볼까요?

방법 1 소수를 분수로 고쳐서 분수의 나눗셈으로 계산하기

$1.5 \div \dfrac{1}{4} = \dfrac{15}{10} \div \dfrac{1}{4} = \dfrac{15}{10} \times \dfrac{4}{1} = \dfrac{60}{10} = 6$

방법 2 분수를 소수로 고쳐서 소수의 나눗셈으로 계산하기

$1.5 \div \dfrac{1}{4} = 1.5 \div 0.25 = 6$

$$0.25 \overline{)1.50} \begin{array}{c} 2 \end{array} \quad \rightarrow \quad 25 \overline{)150} \begin{array}{c} 6 \\ \underline{150} \\ 0 \end{array}$$

퀴즈 $2.4 \times \dfrac{5}{6}$의 계산 결과는 2입니다. ○ ×

점대칭도형
점대칭의 위치에 있는 도형

합동 ─── 대응점, 대응변, 대응각

도형 밀기
도형 뒤집기
도형 돌리기

무늬 만들기 ─── 테셀레이션
칠교

꼭짓점

직선 / 변 / 대각선
모선 / 모서리

옆면 / 밑면 ─── 평행
평행선

예각 / 둔각
직각 / 수직

원의 중심
반지름 / 지름

삼각형 ─── 이등변삼각형
정삼각형

예각삼각형
직각삼각형
둔각삼각형

사각형 ─── 사다리꼴 ─── 평행사변형

오각형
육각형

정다각형

마름모   직사각형

정사각형

| 도형 | 연관 단어 **꼭짓점, 선**

점

● 위치는 있지만 부분(길이, 넓이, 두께 등)은 없다.

점을 연속하여 놓으면 선이 됩니다.

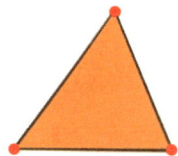

평면도형을 만들 수 있는
점의 최소 개수는 3개이며
삼각형을 만들 수 있습니다.

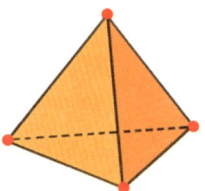

입체도형을 만들 수 있는
점의 최소 개수는 4개이며
삼각뿔을 만들 수 있습니다.

원리 스토리

- 점이 넓이가 없다고? 내 발등에 있는 점은 넓이가 있는데?
- 수학에서 말하는 점은 네가 말하는 점과 달라. 위치만 나타내는 거야. 영어로 포인트(point)라고 하지.
- 그런데 우리는 점을 동그라미로 나타내는걸?
- 머릿속에 있는 것을 그렇게 표현만 하는 거야. 점이 있는 위치만 알아 두면 된다고.
- 내 발등에 있는 큰 점도 넓이 말고 위치만 있으면 좋겠네.

퀴즈 점은 넓이는 없고, 길이는 있습니다. ○ ×

| 도형 | 연관 단어 **직선, 곡선**

선

- 점이 연속되어 이루는 도형
- 넓이는 없고 길이가 있으며, 위치와 방향을 가지고 있다.

🎓… 선은 곡선과 직선으로 나눌 수 있는데, 곡선은 그 길이를 한눈에 알기 어렵지요.

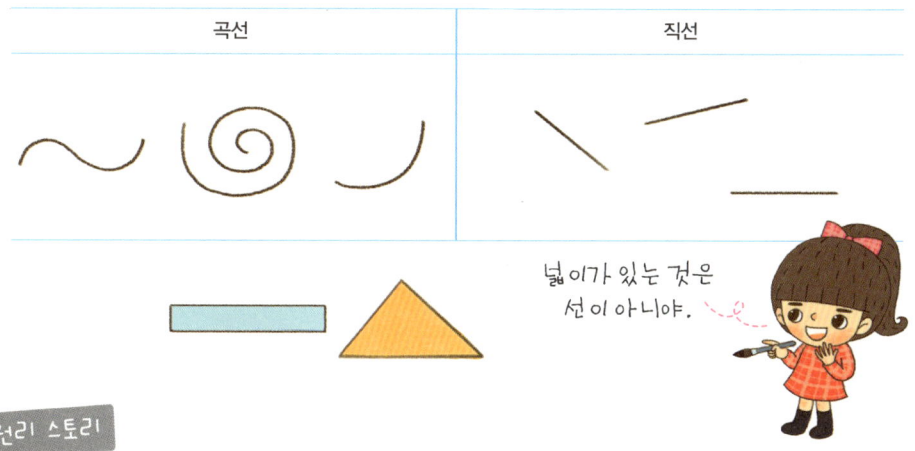

넓이가 있는 것은 선이 아니야.

원리 스토리

… 직선과 곡선이 섞여 있는 이 그림을 연필을 떼지 않고 그려 볼래?

… 먼저, 곡선을 따라 한 바퀴 돌고, 안에 있는 직선을 나비 모양으로 따라가 볼까? ①

… 제법인걸? 곡선과 직선을 번갈아 따라가며 그리는 방법도 있어. ②

… 와~, 이것 참 신기하네!

  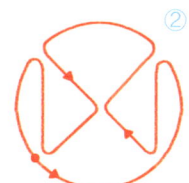

퀴즈 선은 2개의 점이 모여서 된 것입니다. ○ ×

| 도형 | 연관 단어 점, 변, 모서리

꼭짓점

● 각을 이루는 변과 변, 모서리와 모서리가 만나는 점

🎓⋯ 하나의 점에서 출발한 2개의 반직선은 하나의 각을 만들게 되는데, 이때 두 반직선의 출발점이 바로 꼭짓점이 됩니다.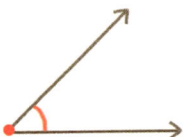

🎓⋯ 평면도형에서는 두 변이 만나는 지점에 있는 점이 꼭짓점이고, 입체도형에서는 모서리와 모서리가 만나는 점이 꼭짓점이지요.

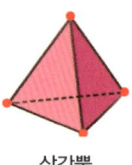

삼각형   직육면체   삼각뿔

🎓⋯ 다각형에는 각 변의 수만큼 꼭짓점이 있습니다.

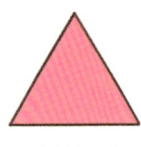 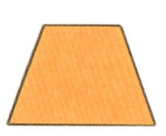  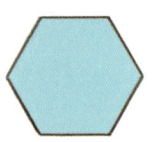

삼각형 3개   사각형 4개   오각형 5개   육각형 6개

🎓⋯ 각기둥에는 **밑면의 변의 수×2**만큼의 꼭짓점이 있습니다.

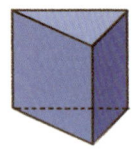 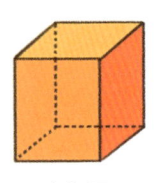 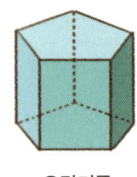 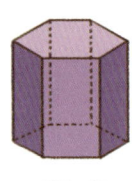

삼각기둥   사각기둥   오각기둥   육각기둥
3×2=6개   4×2=8개   5×2=10개   6×2=12개

퀴즈 삼각형에는 3개의 꼭짓점이 있습니다. ○ ×

🎓 ⋯▶ 각뿔에는 **밑면의 변의 수 +1**만큼의 꼭짓점이 있습니다.

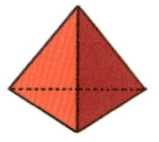 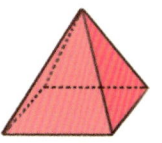 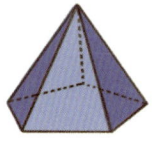 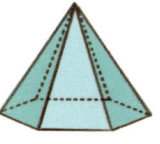

삼각뿔　　　　　사각뿔　　　　　오각뿔　　　　　육각뿔
3+1=4개　　　　4+1=5개　　　　5+1=6개　　　　6+1=7개

원리 스토리

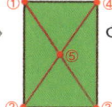 ⋯▶ 이 도형은 꼭짓점이 모두 5개야.

⋯▶ 어? 난 4개밖에 못 찾았는데?

⋯▶ 봐. 여기①, 여기②, 여기③, 여기④, 여기⑤. 5개 맞지?

⋯▶ 어쩐지……. 가운데 있는 점은 꼭짓점이 아니야.

⋯▶ 왜? 선과 선이 만났잖아.

⋯▶ 각을 이루는 변과 변이 만난 것이 아니잖아. 그건 대각선끼리 만났으니까 교점이라고 해.

퀴즈 직사각형 안의 두 대각선이 만나면 하나의 꼭짓점이 생깁니다. ○ ×

| 도형 | 연관 단어 **선분**

직선

● 선분을 양쪽으로 끝없이 늘인 곧은 선. 양 끝점을 알 수 없어 길이를 잴 수 없다.

🎓⋯▶ 두 점을 지나는 직선은 하나밖에 없어요. 그렇지만, 한 점을 지나는 직선은 수없이 많답니다.

🎓⋯▶ 직선 위에 점을 찍어서 몇 개의 선분을 나타낼 수 있습니다. 선분은 두 점을 곧게 이은 선입니다.

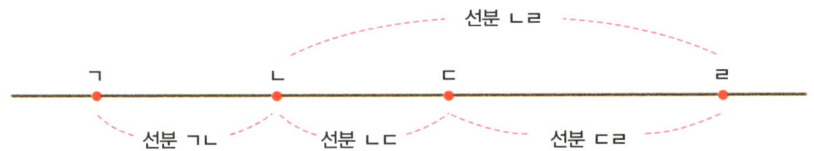

원리 스토리

👦⋯▶ 내 키가 너보다 크니까 좀 더 긴 줄넘기를 선택해야겠지? 근데 어느 줄넘기의 길이가 더 길까?

👧⋯▶ 그야 당연히 왼쪽 줄넘기겠지?

👧⋯▶ 왜? 왼쪽은 구부러져 있잖아.

👧⋯▶ 구부러진 줄넘기를 직선이 되게 곧게 펴 봐. 어때? 이제 길이를 한눈에 비교하기 쉽지?

퀴즈 두 점을 지나는 직선은 하나밖에 없습니다. ○ ×

| 도형 | 연관 단어 **선분, 모서리**

변

- 각을 이루는 두 반직선
- 다각형을 이루는 각 선분

🎓 ⋯▶ 각을 이루는 두 반직선을 각의 변이라고 하며, 다각형을 이루는 선분 역시 변입니다. 다각형은 변의 수에 따라서 삼각형, 사각형 등이 있습니다.

🎓 ⋯▶ 입체도형에서는 면과 면이 만나서 생기는 선분을 '변'이라 하지 않고 '모서리'라고 합니다.

원리 스토리

- ⋯▶ 삼각형을 그려 봤어. 변과 꼭짓점이 3개씩 있네?
- ⋯▶ 사각형은 변이 4개이고, 꼭짓점도 4개지.
- ⋯▶ 오각형을 그려 봤더니, 변이 5개, 꼭짓점도 5개야.
- ⋯▶ 그럼 백각형은?
- ⋯▶ 백각형을 언제 그리지……?
- ⋯▶ 직접 그리지 않아도 알 수 있어. 다각형의 이름은 변의 수와 관련이 있거든. 백각형은 변이 100개, 꼭짓점도 100개야.

퀴즈 오각형에는 변이 5개 있습니다. ○ ×

| 도형 | 연관 단어 **선분, 변, 모서리**

대각선

● 다각형에서 이웃하지 않은 두 꼭짓점을 이은 선분

다각형	다면체
	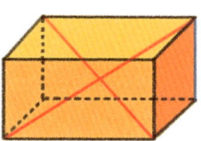
다각형에서 대각선은, 같은 변 위에 있지 않은 2개의 꼭짓점을 잇는 선분으로 '변'과는 다릅니다.	다면체에서 대각선은, 같은 면 위에 있지 않은 2개의 꼭짓점을 잇는 선분으로 '모서리'와는 다릅니다.

 삼각형과 삼각기둥은 대각선이 없습니다.

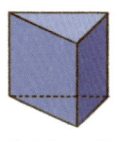   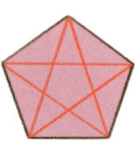 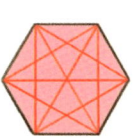

삼각기둥 없음   삼각형 없음   사각형 2개   오각형 5개   육각형 9개

 직사각형과 정사각형은 대각선의 길이가 같습니다.

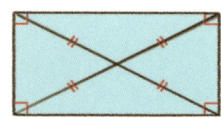 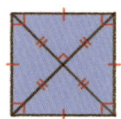

정사각형과 마름모의 두 대각선은 서로 수직입니다.

 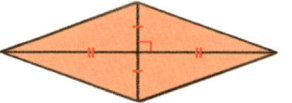

퀴즈 정사각형은 두 대각선의 길이가 같고 서로 수직입니다. ○ ×

🎓⋯▶ 평행사변형, 마름모, 직사각형, 정사각형은 대각선이 만나는 점에서 각각의 대각선이 이등분됩니다.

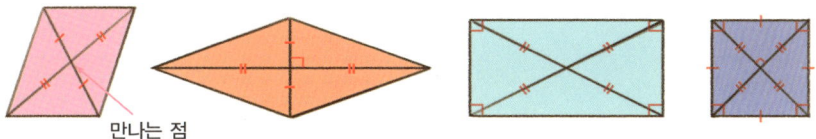

만나는 점

원리 스토리

⋯▶ 한 칸만 더 차지하면 내가 이긴다. 킥킥.

⋯▶ 와! 내가 이겼다.

⋯▶ 무슨 말이야? 넌 아직 한 줄을 차지하지 못했잖아.

⋯▶ 빙고 게임에서는 대각선도 된다고. 정사각형에는 대각선이 2개 있지.

⋯▶ 대각선도 된다는 걸 진작 말해 주지. 잉~.

퀴즈 삼각형에는 대각선이 없습니다. ○ ×

| 도형 | 연관 단어 **다면체, 변, 면**

모서리

● 다면체에서 각 면의 경계를 이루고 있는 선분

🎓⋯▶ 면과 면이 맞닿은 부분 즉, 면에 공통인 선을 다면체의 모서리라고 하지요. 평면도형에서는 '변'이라 한답니다.

🎓⋯▶ 모서리는 면과 면이 만나야 생기는 부분이기 때문에 원기둥과 원뿔에는 없습니다.

원리 스토리

🎓⋯▶ 이마가 왜 그러니?

⋯▶ 모서리에 꽝 하고 부딪혔대요.

⋯▶ 모서리에 부딪히고 나니, 모서리의 개수가 궁금해졌지 뭐예요? 박사님, 각기둥과 각뿔의 모서리는 몇 개나 되나요?

🎓⋯▶ 밑면의 모양에 따라 다르단다. 각기둥은 밑면의 변의 수에 3을 곱하고, 각뿔은 밑면의 변의 수에 2를 곱하면 쉽게 구할 수 있단다.

⋯▶ 그럼 직육면체의 모서리 개수는 밑면의 모양이 사각형이니까 4에 3

퀴즈 직육면체의 모서리 개수는 모두 12개입니다. ○ ×

을 곱하면 12개네요.

🧒 ⋯➤ 사각뿔은 밑면의 변이 4개니까 2를 곱하면 8개 맞죠?

👨‍🏫 ⋯➤ 이 녀석들 금방 배웠네. 이젠 모서리에 부딪히지 않게 조심하렴.

〈각기둥의 모서리 개수〉

각기둥의 종류	삼각기둥	사각기둥	오각기둥	육각기둥	⋯	n각기둥
모서리의 개수	3×3=9	4×3=12	5×3=15	6×3=18	⋯	n×3=3n

〈각뿔의 모서리 개수〉

각뿔의 종류	삼각뿔	사각뿔	오각뿔	육각뿔	⋯	n뿔
모서리의 개수	3×2=6	4×2=8	5×2=10	6×2=12	⋯	n×2=2n

퀴즈 삼각뿔의 모서리 개수는 9개입니다. ○ ×

| 도형 | 연관 단어 **원뿔**

모선

● 원뿔의 꼭짓점과 밑면인 원 둘레의 한 점을 이은 선분

🎓 ⋯ 원뿔의 모선은 꼭짓점과 밑면 위의 점을 연결한 선분입니다.

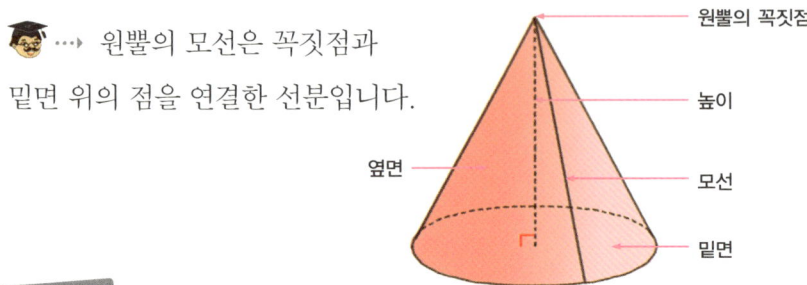

원리 스토리

👦 ⋯ 고깔모자가 너무 커서 좀 줄이고 싶은데, 어디를 줄여야 하지?

👧 ⋯ 고깔모자를 펴서 모선 부분을 고쳐.

👦 ⋯ 모선?

👧 ⋯ 원뿔을 폈을 때 부채꼴의 반지름이 모선 중 하나야. 모선을 빨간색 선까지 옮겨서 가위로 잘라 낸 후 한번 써 봐. 어때?

👦 ⋯ 오호, 이제 딱 맞네~!

원뿔의 모선은 수없이 많아.
또한 한 원뿔에서
모선의 길이는 모두 같지.

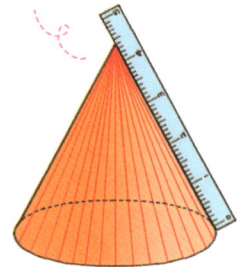

퀴즈 모선은 밑면의 크기에 따라서 개수가 다릅니다. ○ ✕

| 도형 | 연관 단어 **밑면, 옆면**

면

- 선이 여러 개 겹쳐 모여서 이루는 표면
- 입체도형을 둘러싸고 있는 평면

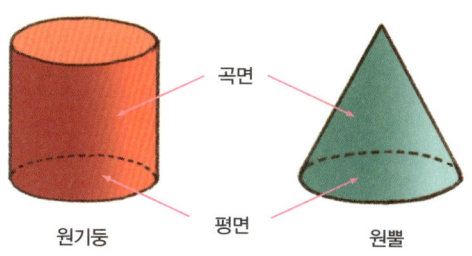

원기둥 — 곡면, 평면
원뿔 — 곡면, 평면

원리 스토리

→ 와, 선물 상자에 하늘색 색종이를 붙이니까 시원해졌네. 마주 보는 평행인 면에도 하늘색으로 붙이자.

→ 마주 보는 평행? 어디를 말하는 거야?

→ 직육면체는 서로 평행인 면과 수직인 면이 있지. 자, 여기 마주 보는 반대쪽에 하늘색을 붙이면 서로 평행이 되는 거야.

→ 알겠어. 그럼, 수직인 면은 녹색으로 붙이자!

마주 보는 면끼리는 서로 평행
이웃하는 면끼리는 서로 수직

퀴즈 직육면체는 면이 6개 있습니다. ○ ×

| 도형 | 연관 단어 **옆면, 평행, 수직**

밑면

- 각기둥, 원기둥 등과 같은 입체도형에서 평행이 되는 두 면
- 각뿔, 원뿔 등과 같은 입체도형에서 뿔의 꼭짓점과 이웃하지 않은 면

🎓 ⋯▶ 아래에 있어 밑면이 아니라, 기준이 되는 면이기 때문에 밑면이라고 합니다. 각기둥과 원기둥은 밑면이 2개, 각뿔과 원뿔은 밑면이 1개입니다.

각기둥	원기둥	각뿔

원리 스토리

⋯▶ 주사위를 만들어 볼까?

⋯▶ 와! 다 만들었다. 던져 봐야지! 어? 그런데 주사위가 책상 위에 제대로 세워지질 않네.

⋯▶ 여길 봐. 밑면을 제대로 접지 않아서 똑바로 서지 않는 거야. 주사위를 만들 때는 내 것처럼 밑면을 정확하게 접어야 이렇게 잘 세워지는 거야.

밑면은 계속 늘여도 서로 만나지 않는 평행인 관계이며, 옆면과 수직이야.

퀴즈 각기둥은 밑면이 모두 사각형입니다. ○ ×

| 도형 | 연관 단어 **밑면, 평행, 수직**

옆면

- 각기둥이나 원기둥 등과 같은 입체도형에서 밑면에 수직인 면
- 각뿔이나 원뿔 등과 같은 입체도형에서 옆으로 둘러싸인 면

→ 각기둥이나 각뿔의 옆면은 다각형인 평면으로 이루어져 있습니다. 원기둥과 원뿔의 옆면은 곡면으로 이루어져 있습니다.

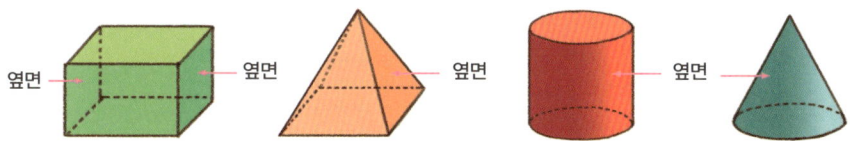

→ 각기둥의 옆면의 개수는 밑면의 모양과 관계 있습니다.

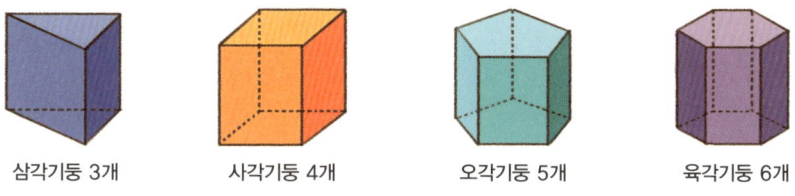

삼각기둥 3개　　사각기둥 4개　　오각기둥 5개　　육각기둥 6개

원리 스토리

→ 아유~. 더워. 목마른데 냉장고에서 주스나 꺼내 먹어야겠다.

→ 유통기한은 확인했어?

→ 아니. 어디에 있지?

→ 밑면에 없다면 옆면을 살펴봐.

→ 옆면? 아하, 찾았다!

→ 유통기한을 확인하고 먹어야 안심이라고.

→ 알았어. 옆면을 확인하는 습관!

퀴즈 직육면체는 옆면이 모두 사각형입니다. ○ ×

| 도형 | 연관 단어 **예각, 둔각, 직각**

각

● 한 점에서 그은 2개의 반직선에 의하여 이루어진 도형

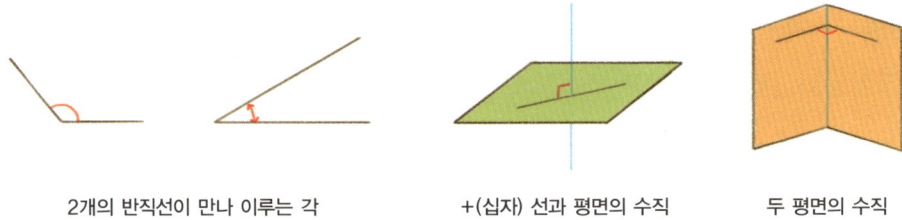

2개의 반직선이 만나 이루는 각 　　+(십자) 선과 평면의 수직 　　두 평면의 수직

🎓 … 각은 2개의 반직선, 2개의 직선, 2개의 평면이 만나서 이루는 도형이지요. 각의 크기는 변의 길이와 관계없이 두 변이 벌어진 정도에 따라 다릅니다. 두 변이 벌어진 정도가 큰 쪽이 더 큰 각입니다.

원리 스토리

👦 … 와~ 피자다! 나 먹어도 되지?

👧 … 잠깐! 각과 피자 조각의 관계에 대해 말하면 먹게 해 줄게.

👦 … 각과 피자 조각…… 어, 그러니까…….

👧 … 중심각이 클수록 피자 조각이 더 크단 말씀. 이 피자는 내가 먹어야겠다~.

👦 … 각 공부 좀 해 둘걸…….

중심각

퀴즈 각을 만들려면 2개의 직선(또는 반직선)이나 2개의 평면이 필요합니다. ○ ×

| 도형 | 연관 단어 **각, 직각, 둔각, 예각삼각형**

예각

● 0°보다 크고, 직각(90°)보다 작은 각

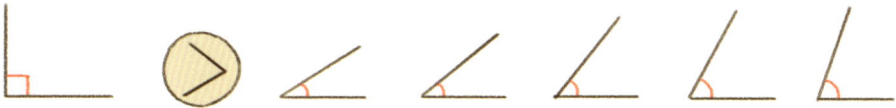

👨‍🎓 ⋯▶ 예각의 '예'는 한자로 '날카롭다, 예리하다'는 뜻이지요. 예각은 90°보다 작아서 각의 모양이 뾰족하고 날카롭지요.

원리 스토리

👦 ⋯▶ 왜 퍼즐이 맞지 않지?

👧 ⋯▶ 삼각형의 둔각 쪽을 맞추려고 하니까 그렇지. 벌어진 각이 90°보다 작아 보이는걸?

👦 ⋯▶ 아하. 정말 그렇구나! 예각 부분을 넣어 맞추니까 딱 맞네!

퀴즈 0°는 예각입니다. ○ ×

| 도형 | 연관 단어 **각, 예각, 직각, 둔각삼각형**

둔각

● 직각(90°)보다 크고, 180°보다 작은 각

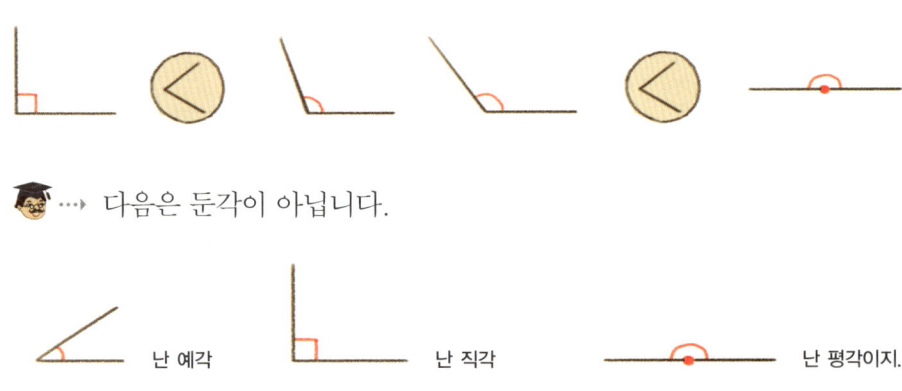

🎓⋯▶ 다음은 둔각이 아닙니다.

난 예각   난 직각   난 평각이지.

원리 스토리

👦⋯▶ 흥. 너는 성격이 너무 예민해.

👧⋯▶ 치! 너는 너무 둔하잖아.

🎓⋯▶ 예민한 성격도 있고 둔한 성격도 있는 것처럼, 각에도 예각과 둔각이 있단다. 직선 사이에 선을 그으면, 예각과 둔각을 한꺼번에 만들 수 있지. 너희들도 함께하며 사이좋게 지내렴.

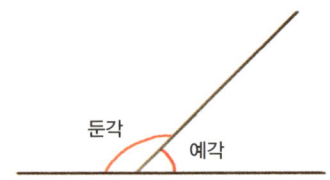

퀴즈 180°는 둔각입니다. ○ ×

| 도형 | 연관 단어 **각, 예각, 둔각, 직각삼각형**

직각

● 두 직선이 만나서 이루는 각이 90°인 각

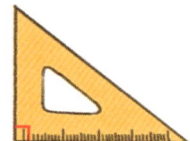

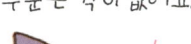

둥근 부분은 각이 없어요.

🎓 ⋯ 여러분이 보고 있는 책의 모서리 부분은 대부분 직각이랍니다. 직각은 'ㄱ'으로 표시하지요. 각도기를 이용하거나 삼각자를 사용하면 직각인 곳을 알 수 있어요.

원리 스토리

⋯ 선생님께서 색종이에서 직각을 찾으라고 하셨는데……. 찾았다! 색종이 꼭짓점의 중심각이 4개 모두 직각이야!

⋯ 난 색종이 안에 더 많은 직각을 만들 수 있는걸?

⋯ 어떻게?

⋯ 색종이를 접어 보면 많은 직각을 만들 수 있어. 날 따라해 봐.

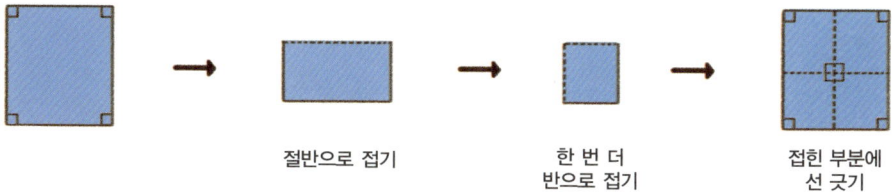

절반으로 접기 → 한 번 더 반으로 접기 → 접힌 부분에 선 긋기

퀴즈 시계가 3시를 가리키면 두 바늘 사이에 90°인 직각이 생깁니다. ○ ×

| 도형 | 연관 단어 **직각, 수선**

수직

● 두 직선(또는 두 면)이 만나서 이루는 각이 직각일 때 두 직선(또는 두 면)을 서로 수직이라고 한다.

🎓 ⋯ 수직이 되는 경우는 다음과 같습니다.

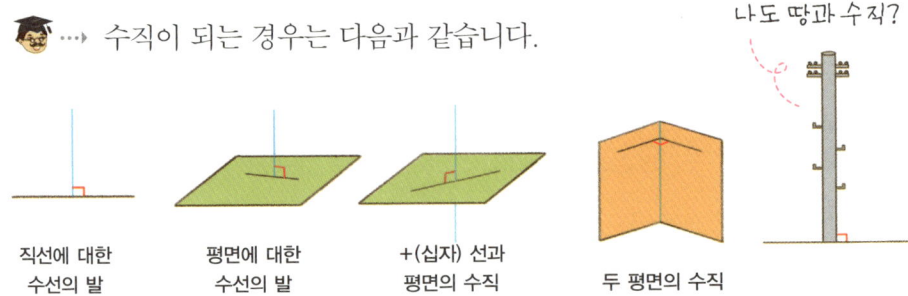

직선에 대한 수선의 발 / 평면에 대한 수선의 발 / +(십자) 선과 평면의 수직 / 두 평면의 수직

나도 땅과 수직?

🎓 ⋯ 수직인 두 직선은 항상 직각으로 만납니다. 수직인 두 직선 중 한 직선을 다른 직선에 대한 수선이라고 하지요. 수직을 그리는 방법은 여러 가지가 있습니다.

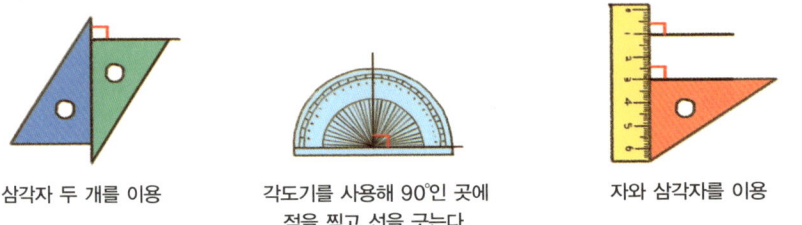

삼각자 두 개를 이용 / 각도기를 사용해 90°인 곳에 점을 찍고 선을 긋는다. / 자와 삼각자를 이용

원리 스토리

⋯ 놀이 기구를 타니까 심장이 두근두근 터질 것 같아.

"곧 수직으로 하강하오니, 손잡이를 꼭 잡아 주세요."

⋯ 어? 수직으로 내려간다고?

⋯ 땅과 기둥이 직각이니까, 하늘에서 땅으로 내려간다는 거지.

⋯ 으악! 수직 하강 놀이 기구, 다시는 안 탈 거야.

퀴즈 두 직선이 만나서 이루는 각이 직각일 때 한 직선을 다른 직선에 대한 수선이라고 합니다.

○ ×

| 도형 | 연관 단어 **평행선**

평행

● 한 평면 위의 두 직선이나, 두 평면이 서로 만나지 않고 나란한 것

🎓 ⋯▶ 평행인 두 직선이나 두 평면은 아무리 길게 늘여도 만나지 않아요.

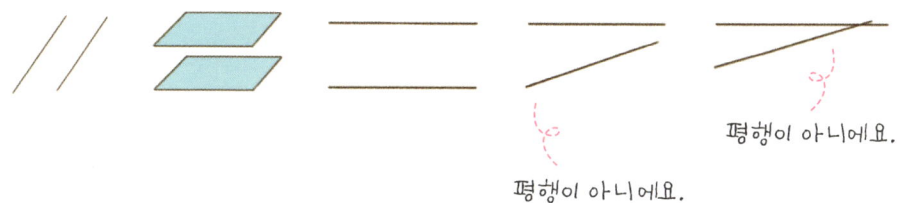

평행이 아니에요.   평행이 아니에요.

원리 스토리

🧒 ⋯▶ 하나, 둘……. 어휴~, 철봉에서 운동하기 힘들다.

🧒 ⋯▶ 팔이 철봉의 기둥과 평행하지 않으니까 더 힘들어 보이는걸?

🧒 ⋯▶ 평행? 철봉이랑 무슨 관계가 있어?

🧒 ⋯▶ 철봉의 양쪽 두 기둥은 서로 만나지 않아. 내가 지금 타고 있는 그네의 줄도 평행이야. 철봉과 그네 외에도 기찻길과 횡단보도도 평행이야. 만약 기찻길이 평행이 아니라면……, 생각만 해도 끔찍한걸!

🧒 ⋯▶ 정말 그렇네. 평행아, 고마워~~.

퀴즈 평행인 두 선이 계속 나아가면 결국 만나게 됩니다. ○ ×

| 도형 | 연관 단어 **평행, 수직**

평행선

● 평행한(평면 위에서 서로 만나지 않는) 두 직선

👨‍🎓… 한 직선에 수직인 두 직선을 그으면 평행선을 쉽게 만들 수 있지요.

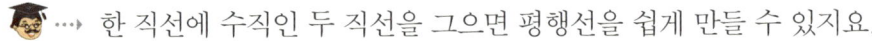

👨‍🎓… 평행선을 잇는 선분 중 수직인 선분의 길이가 가장 짧습니다. 그리고 수직인 선분의 길이는 모두 같습니다.

평행선과 수직이 아닌 선분은 거리가 될 수 없습니다.

평행인 여러 직선과 한 직선이 만날 때 생기는 같은 쪽 각의 크기는 모두 같아.

원리 스토리

👦… 어우, 4개의 각을 언제 다 재지?

👧… 4개 다 60도야.

👦… 어? 어떻게 그렇게 빨리 쟀어?

👧… 평행인 네 직선과 한 직선이 만날 때 생기는 각의 크기는 모두 같으니까 하나만 재면 되겠지?

퀴즈 한 직선에 평행인 직선을 무수히 많이 그릴 수 있습니다. ○ ✕

|도형| 연관 단어 **입체도형, 선, 다각형, 원**

평면도형

● 직선, 곡선, 원, 다각형과 같이 길이나 폭만 있고 두께가 없는 도형

평면도형은 평면 위에 있는 도형으로 부피가 없습니다.

다각형이 아닌 평면도형	다각형인 평면도형
	△ △ ◆ ■ ●

원리 스토리

⋯ 선도 평면도형일까?

⋯ 물론이지. 평면 위에 있는 도형들은 모두 평면도형이야.

⋯ 아하. 그렇구나. 그럼 사람은 입체도형이야?

⋯ 당연하지. 피카소는 입체인 사람을 평면에 나타내기 위해 오른쪽과 왼쪽을 모두 볼 수 있는 독특한 그림을 그렸지.

퀴즈 원은 평면도형입니다. ○ ×

| 도형 | 연관 단어 **평면도형, 다각형**

삼각형

● 3개의 선분으로 둘러싸인 도형

👨‍🎓… 두 점 사이를 곧게 이은 선을 선분이라고 하는데, 3개의 선분으로 둘러싸인 삼각형에는 3개의 꼭짓점과 3개의 변이 있지요.

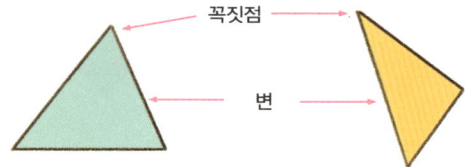

👨‍🎓… 삼각형에 있는 세 변은 모두 밑변이 될 수 있으며, 밑변에 수직인 변을 높이라고 합니다.

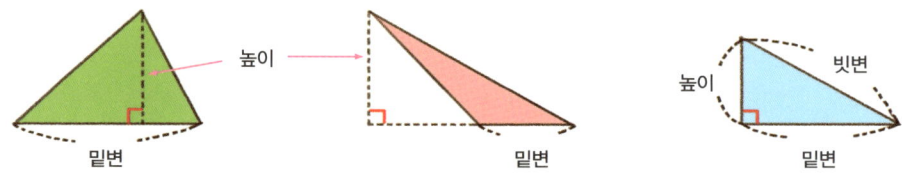

👨‍🎓… 삼각형의 이름은 반시계 방향으로 꼭짓점의 이름을 붙여요.

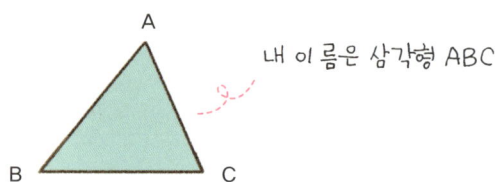

내 이름은 삼각형 ABC

퀴즈 삼각형에는 3개의 변과 3개의 꼭짓점이 있습니다. ○ ✕

🎓⋯▶ 삼각형의 내각의 합은 180°임을 다음 방법으로 알 수 있습니다.

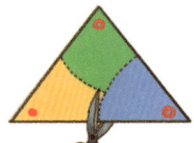  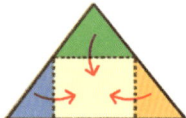 

삼각형을 3조각으로 나눠서
가운데 각을 모으면 180°입니다.

삼각형을 직사각형 모양으로
접으면 모인 각이 180°입니다.

원리 스토리

⋯▶ 김밥 모양이 동그랗지 않네?

⋯▶ 삼각형 모양이라 삼각김밥이라고 하잖아.

⋯▶ 알아, 삼각형……. 이 피자도 삼각형이잖아.

⋯▶ 어휴~, 피자는 둥근 부분이 있으니까 삼각형이 아니지.

세 선분 중 한 선분이라도
떨어져 있거나, 교차하면 삼각형이 아니야.
또, 곡선이 있어도 삼각형이 될 수 없어.

퀴즈 3개의 선으로 둘러싸인 도형은 모두 삼각형이라고 합니다. ○ ×

| 도형 | 연관 단어 **평면도형, 다각형**

사각형

● 4개의 선분으로 둘러싸인 도형

🎓⋯▶ 4개의 선분으로 둘러싸인 사각형에는 4개의 꼭짓점과 4개의 변이 있지요. 네 선분 중 한 선분이라도 떨어져 있거나, 교차하는 경우는 사각형이 아닙니다. 또, 곡선으로 이루어진 경우도 사각형이 될 수 없습니다.

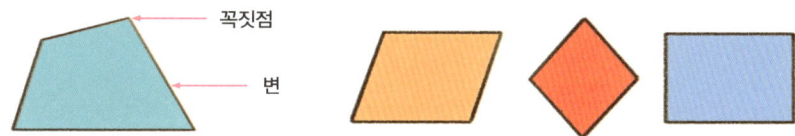

🎓⋯▶ 평행한 두 변 사이의 거리를 높이라고 합니다.

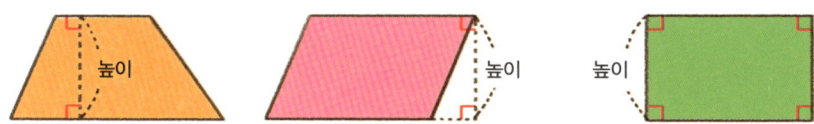

🎓⋯▶ 사각형의 내각의 합은 360°임을 다음 방법으로 알 수 있습니다.

방법 1

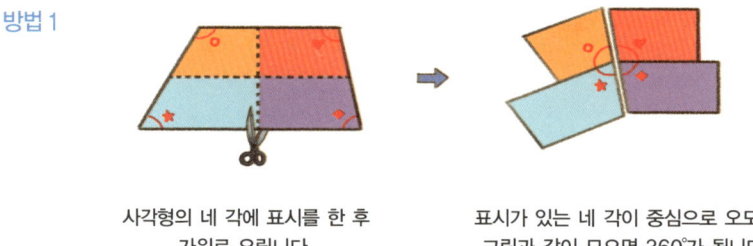

사각형의 네 각에 표시를 한 후 가위로 오립니다.

표시가 있는 네 각이 중심으로 오도록 그림과 같이 모으면 360°가 됩니다.

퀴즈 사각형의 내각의 합은 360°입니다. ○ ×

방법 2

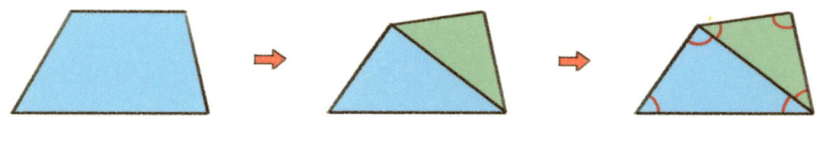

사각형을 두 개로 쪼개면 삼각형 두 개가 나옵니다.

삼각형의 내각의 합은 180°이므로, 사각형의 내각은 180°의 두 배인 360°입니다.

> **원리 스토리**

👦 ⋯▶ 박사님 이것도 사각형인가요? 꼭짓점이 4개, 변이 4개인데, 모양이 이상하게 생겼어요.

오목사각형　　　　　　　볼록사각형

👨‍🎓 ⋯▶ 사각형 맞단다. 왼쪽 것은 오목사각형이고, 오른쪽 것은 볼록사각형이란다. 사각형 위의 어느 변을 연장시켜도 사각형 안을 지나지 않을 때 볼록사각형이라고 하고, 변을 연장시켰을 때 사각형 안을 지나면 오목사각형이라고 하지. 우리가 보는 사각형은 대부분 볼록사각형이란다.

퀴즈 변을 연장시켰을 때 사각형 안을 지나면 볼록사각형이라고 합니다. ○ ×

| 도형 | 연관 단어 **평면도형, 다각형**

오각형

● 5개의 선분으로 둘러싸인 도형

🎓 … 5개의 선분으로 둘러싸인 오각형에는 5개의 꼭짓점과 5개의 변이 있지요. 한 선분이라도 떨어져 있거나, 교차하거나, 곡선으로 이루어진 경우에는 오각형이 될 수 없겠죠?

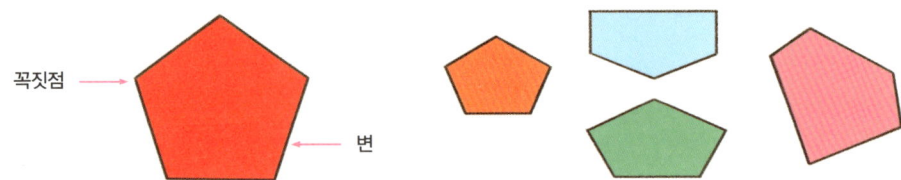

원리 스토리

👦 … 어? 축구공에 오각형이 있네?
👧 … 축구공에는 12개의 오각형과 20개의 육각형이 있어.
👦 … 다른 도형들도 많은데 왜 오각형이지?
👧 … 빈틈없이 바닥을 채우는 육각형만으로는 둥근 원이 될 수 없으니까 육각형에 가장 가까운 오각형을 함께 넣어서 만든 거래.
👦 … 오호~ 놀라운걸? 축구공 속에 수학이 숨어 있었군.

퀴즈 오각형에는 변이 5개, 꼭짓점이 5개 있습니다. ○ ×

| 도형 | 연관 단어 **평면도형, 다각형**

육각형

● 6개의 선분으로 둘러싸인 도형

🎓⋯ 6개의 선분으로 둘러싸인 육각형에는 6개의 꼭짓점과 6개의 변이 있지요.

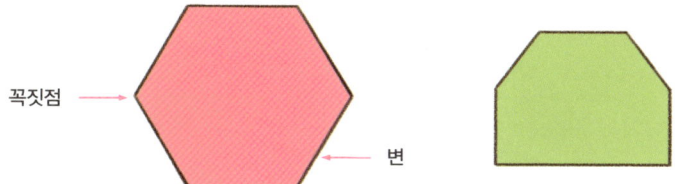

꼭짓점 / 변

원리 스토리

👦⋯ 벌집 모양은 왜 육각형이지? 삼각형, 사각형, 원도 있는데.
👧⋯ 원은 가장 안정적이고 튼튼한 도형이래. 그렇지만, 원끼리 만나면 빈 공간이 생겨.
👦⋯ 정말 원을 여러 개 그려서 놓으니 빈틈이 생기네?
👧⋯ 바닥을 빈틈없이 채우면서 원에 가장 가까운 모양은 육각형이야.
👦⋯ 꿀벌은 수학 박사!

원끼리 만나면 빈 공간이 생기네~.

퀴즈 육각형은 변의 수와 꼭짓점의 수가 다릅니다. ○ ✕

| 도형 | 연관 단어 **사각형**

사다리꼴

● 마주 보는 한 쌍의 변이 서로 평행인(나란한) 사각형

🎓… 사다리꼴에서 평행인 두 변을 밑변이라고 하는데, 길이와 관계없이 위쪽을 윗변, 아래쪽을 아랫변이라고 하지요. 윗변과 아랫변 사이의 거리는 높이라고 합니다.

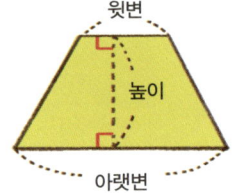 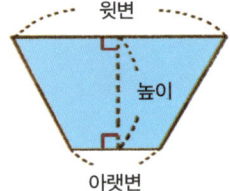

원리 스토리

👦… 이 종이 한 장으로 사다리꼴을 10개나 만들어 오라니……! 선생님도 너무해서.

👧… 방법을 알려 주면 과자 줄 거야?

👦… 좋아.

👦… 종이의 위와 아래는 서로 평행이야. 그러니까 어느 곳을 잘라도 사다리꼴이 되지. 봐, 벌써 10개를 다 만들었지? 그럼 과자는 모두 내 거다~!

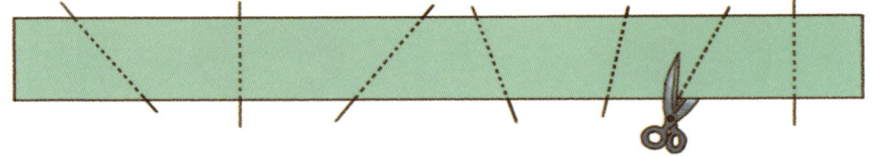

마주 보는 두 변이 평행할 때 두 변을 잇는 어느 곳을 잘라도 모두 사다리꼴이 됩니다.
평행사변형, 마름모, 직사각형, 정사각형은 모두 사다리꼴입니다.

퀴즈 사다리꼴은 두 쌍의 변이 평행입니다. ○ ×

| 도형 | 연관 단어 **사각형**

평행사변형

● 마주 보는 두 쌍의 변이 서로 평행한 사각형

→ 평행사변형은 마주 보는 두 쌍의 변이 평행이며, 길이가 같고, 마주 보는 각의 크기도 같아요.

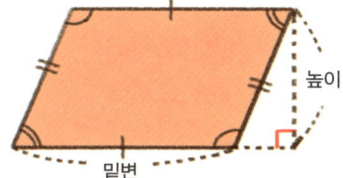

원리 스토리

→ 평행사변형의 한 대각선이 다른 대각선을 2등분한다고 하던데 무슨 뜻이야?

→ 내가 설명해 줄게. 대각선은 마주 보는 두 꼭짓점을 이은 선분이야. 평행사변형에서 두 대각선을 표시하면 아래 그림과 같지.
대각선①은 대각선②의 정 가운데를 지나게 되어 있어. 그래서 한 대각선이 다른 대각선을 2등분하게 된다는 말씀!

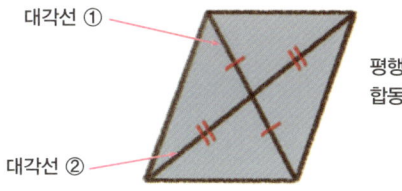

평행사변형은 대각선에 의해 합동인 2개의 삼각형으로 나눌 수 있습니다.

퀴즈 마름모, 직사각형, 정사각형은 평행사변형이 됩니다. ○ ×

| 도형 | 연관 단어 **사각형, 평행사변형, 정사각형**

마름모

● 네 변의 길이가 모두 같은 사각형

마름모는 마주 보는 두 쌍의 변이 서로 평행하고, 마주 보는 각의 크기도 같은 평행사변형의 특수한 경우랍니다. 즉, 네 변의 길이가 같은 평행사변형을 마름모라고 하지요.

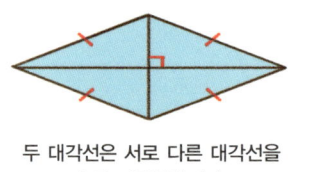
두 대각선은 서로 다른 대각선을 수직 이등분합니다.

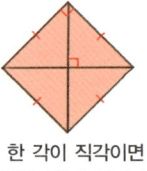
한 각이 직각이면 정사각형이 됩니다.

원리 스토리

사각형, 사다리꼴, 평행사변형, 직사각형, 정사각형을 배웠는데, 마름모는 어느 곳에 속하는지 모르겠네. 어휴~, 복잡해.

사각형을 정리하고 싶구나? 내가 정리한 것 한번 볼래? 짜잔~!

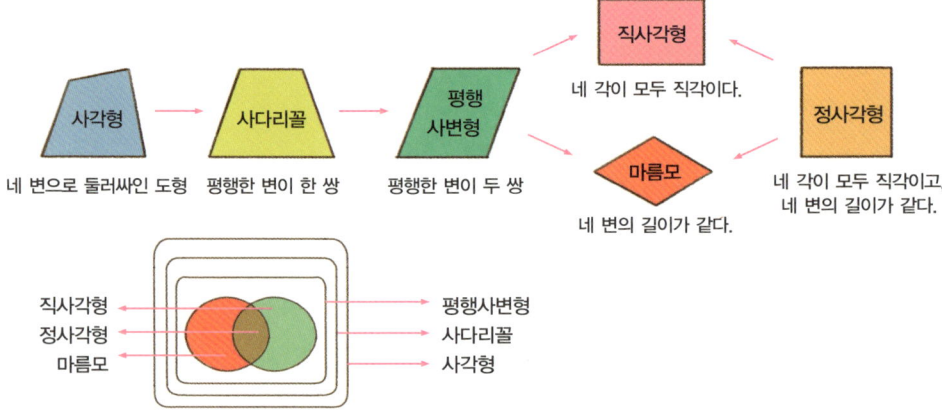

퀴즈 마름모는 정사각형입니다. ○ ×

| 도형 | 연관 단어 **사각형, 사다리꼴, 평행사변형**

직사각형

● 네 각이 모두 직각인 사각형

🎓 ⋯▶ 직사각형은 네 각이 모두 직각이고 마주 보는 두 변의 길이가 같습니다. 직사각형의 두 대각선의 길이는 같으며 중점에서 서로 만나지요.

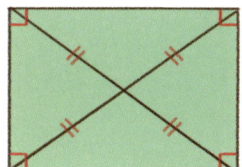

원리 스토리

- ⋯▶ 마주 보는 두 변의 길이가 같으면 마름모도 직사각형이겠네?
- ⋯▶ 아니지. 마름모는 네 개의 각이 직각이 아닐 수도 있잖아.
- ⋯▶ 아, 맞다! 그럼, 직사각형은 마름모가 될 수 있을까?
- ⋯▶ 직사각형은 네 변의 길이가 다를 수 있으니까 마름모가 될 수 없어.
- ⋯▶ 마름모와 직사각형은 친해지기 힘들겠다. 너랑 나처럼…….
- ⋯▶ 뭐라고? 다음엔 안 가르쳐 줄 거야!

직사각형에서 마주 보는 두 쌍의 변은 서로 평행이며 길이가 같으므로 사다리꼴과 평행사변형이라 할 수 있어. 하지만 네 변의 길이는 다를 수 있으므로 마름모나 정사각형은 아니야.

퀴즈 직사각형에서 네 변의 길이는 같습니다. ○ ×

| 도형 | 연관 단어 사각형, 사다리꼴, 평행사변형, 마름모, 직사각형, 정다각형

정사각형

● 네 각이 모두 직각이고, 네 변의 길이가 모두 같은 사각형

정사각형은 두 쌍의 마주 보는 변이 서로 평행이고, 두 대각선의 길이가 같고, 서로를 수직 이등분합니다.

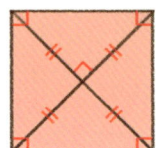

원리 스토리

⋯ 정사각형은 네 각이 모두 직각이니 직사각형이라고 할 수 있어.

⋯ 오호~, 이제 잘 아는걸?

⋯ 그리고…… 마름모는 아니야.

⋯ 엥? 정사각형은 마름모야. 잘 봐. 네 변의 길이가 같잖아.

⋯ 잘 알고 있구나! 정사각형은 사각형, 사다리꼴, 평행사변형, 마름모, 직사각형 모두에 해당된단다.

퀴즈 정사각형은 마름모입니다. ○ ×

🎓⋯ 정사각형은 마주 보는 두 쌍의 변이 서로 평행이므로 사다리꼴, 평행사변형이라 할 수 있어. 또 네 변의 길이가 모두 같으므로 마름모, 네 각이 모두 직각이니 직사각형이라고 할 수 있지.

평행사변형과 직사각형은 두 변의 길이가 같아.

마름모와 정사각형은 네 변의 길이가 같아.

평행사변형 직사각형 마름모 정사각형

퀴즈 정사각형은 네 변의 길이가 같고, 네 각이 직각입니다. ○ ×

| 도형 | 연관 단어 **삼각형, 밑각**

이등변삼각형

● 두 변의 길이가 같은 삼각형

🎓⋯ 이등변삼각형은 두 밑각의 크기는 같고, 꼭지각의 이등분선은 밑변을 수직 이등분한답니다.

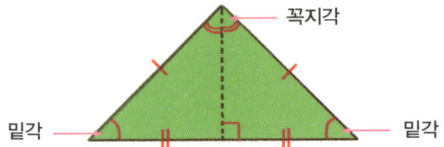

원리 스토리

👦⋯ 색종이로 이등변삼각형을 만들 수 있을까?

👦⋯ 이 도형 박사에게 물어보라고. 먼저 색종이를 반으로 접고, 선을 그어. 그다음 가위로 오려서 펼치면 짜잔~. 어때? 이등변삼각형이 됐지?

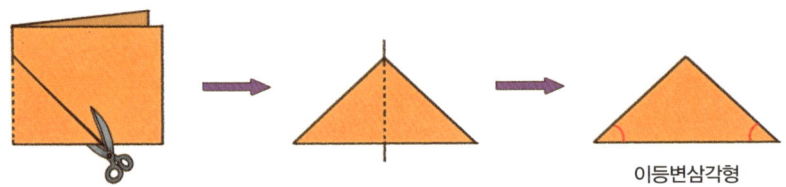

👦⋯ 쉽구나! 어? 그런데, 내가 만든 것은 꼭지각이 직각이 되었어.

👧⋯ 그걸 직각이등변삼각형이라고 해. 한 각이 직각이고 두 변의 길이가 같은 삼각형이지.

| 도형 | 연관 단어 **삼각형, 직각**

직각삼각형

● 한 각이 직각인 삼각형

직각삼각형은 한 각이 직각이므로 직각을 제외한 다른 두 각의 합은 직각이 됩니다. 즉, 나머지 두 각은 예각입니다.

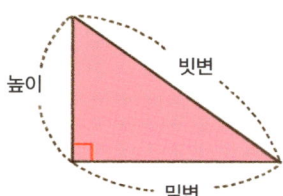

원리 스토리

우리가 쓰는 삼각자는 직각삼각형이래.

맞아. 이등변삼각형과 정사각형을 반으로 나누면 직각삼각형이 돼. 또한 직사각형을 반으로 나누어도 직각삼각형을 만들 수 있지.

  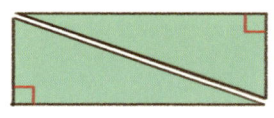
이등변삼각형   정사각형   직사각형

고대 그리스의 피타고라스는 정사각형을 이용해서 직각삼각형의 변의 길이를 구한 걸로 유명하단다. 직각삼각형의 밑변과 높이로 이루어진 정사각형의 넓이를 합하면 직각삼각형의 빗변으로 이루어진 정사각형의 넓이와 같다는 것을 이용했지.

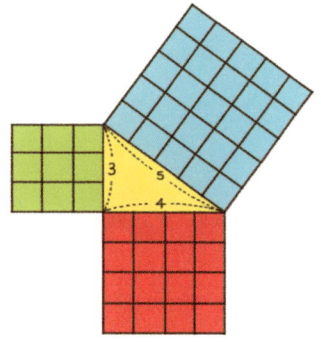

퀴즈 직각삼각형은 이등변삼각형입니다. ○ ×

| 도형 | 연관 단어 **삼각형, 정다각형**

정삼각형

● 세 변의 길이가 모두 같고, 세 각의 크기가 60°인 삼각형

🎓 ⋯ 정삼각형의 세 각의 크기는 각각 60°이므로 예각삼각형이라 할 수 있습니다.

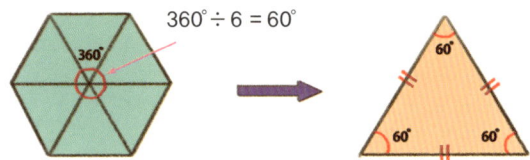

원리 스토리

👧 ⋯ 저기 다리에서 정삼각형을 볼 수 있어.

👩 ⋯ 정삼각형은 꼭짓점을 위에서 누르면 크기와 모양이 변하지 않아서 건축물에 이용하면 안전하대.

👦 ⋯ 정삼각형 모양의 다리를 그리고 싶은데, 정삼각형을 어떻게 그릴 수 있을까?

👨 ⋯ 크기가 같은 2개의 원만 있으면 그릴 수 있지. 자. 어때?

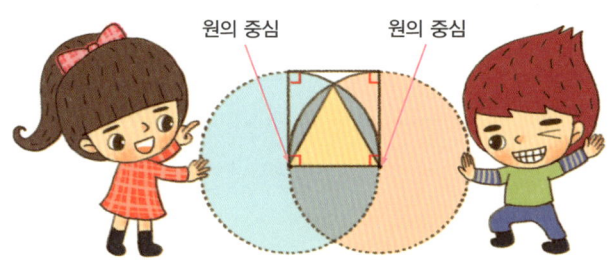

퀴즈 삼각형의 모든 내각의 합은 60°입니다. ○ ×

| 도형 | 연관 단어 **삼각형, 예각**

예각삼각형

● 세 각이 모두 예각인 삼각형

→ 세 각 중 하나라도 예각이 아니면 예각삼각형이 아닙니다.

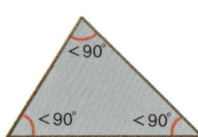 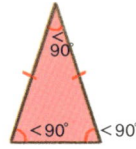 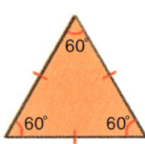

원리 스토리

→ 종이 띠에 여러 개의 선을 그렸더니 삼각형이 되었어.

→ 예각삼각형이 2개 있네.

→ 어떻게 해서 2개가 되지?

→ 3개의 각이 모두 90°보다 작아야 하니까. 다 그리고……

→ 가, 맞지?

→ 아니. 가와 사는 90°, 즉 직각이 있으니까 안 돼. 다, 라, 이렇게 2개의 삼각형이 정답!

퀴즈 한 각이 예각이면 예각삼각형입니다. ○ ×

| 도형 | 연관 단어 **삼각형, 둔각**

둔각삼각형

● 한 각이 90°가 넘는 둔각인 삼각형

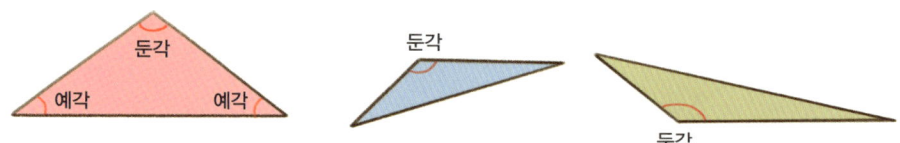

…▶ 둔각삼각형이란 하나의 둔각을 포함하고 있는 삼각형이지요. 여기서 잠깐! 삼각형을 정리해 봐요.

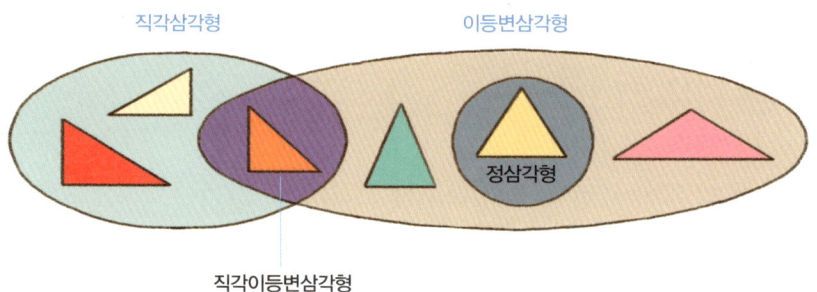

퀴즈 둔각삼각형은 예각이 없는 삼각형입니다. ○ ×

| 도형 | 연관 단어 **변, 대각선, 평면도형**

다각형

● 3개 이상의 선분으로 둘러싸인 도형

→ 변의 수에 따라 변이 3개면 삼각형, 4개면 사각형, 5개면 오각형 등으로 부르지요.

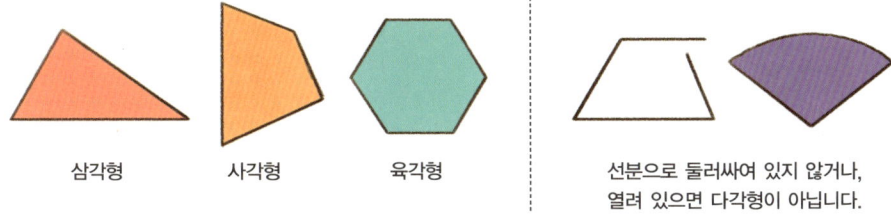

삼각형　사각형　육각형　｜　선분으로 둘러싸여 있지 않거나, 열려 있으면 다각형이 아닙니다.

원리 스토리

→ 다각형 안에 대각선을 그었더니 도형마다 개수가 다르게 나와요.

→ 그래도 규칙은 있단다. 삼각형은 대각선이 없고, 사각형은 대각선이 2개가 나오지.

→ 알겠어요. 오각형은 대각선이 3개 맞죠?

→ 오각형은 5개, 육각형은 9개가 나와. 대각선의 수는 한 꼭짓점에서 그을 수 있는 대각선의 수와 꼭짓점의 개수를 곱한 후 2로 나누면 된단다.

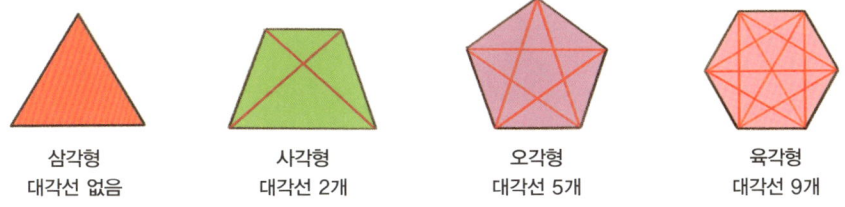

삼각형　　　　사각형　　　　오각형　　　　육각형
대각선 없음　대각선 2개　　대각선 5개　　대각선 9개

다각형의 대각선 개수 = (한 꼭짓점의 대각선 개수) × (꼭짓점 개수) ÷ 2

퀴즈 팔각형은 대각선이 16개입니다. ○ ×

| 도형 | 연관 단어 **정삼각형, 정사각형**

정다각형

● 변의 길이와 각의 크기가 모두 같은 다각형

🎓⋯ 변의 수에 따라 변이 3개면 정삼각형, 4개면 정사각형, 5개면 정오각형 등으로 부르지요.

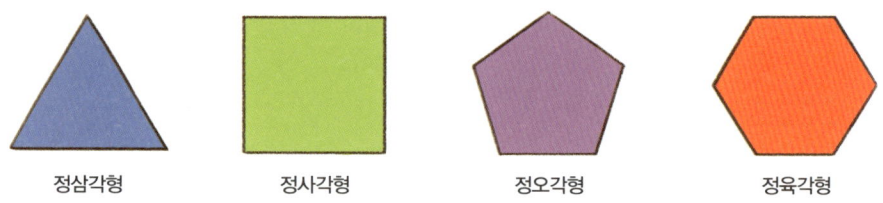

정삼각형　　정사각형　　정오각형　　정육각형

원리 스토리

👦⋯ 다각형과 정다각형은 어떤 차이가 있을까?

👧⋯ 다각형 중 변의 길이와 각의 크기가 모두 같은 경우를 정다각형이라고 해. 사각형과 정사각형, 삼각형과 정삼각형을 생각하면 쉽지. 정다각형 중에 정삼각형, 정사각형, 정육각형은 바닥을 빈 공간 없이 채울 수 있대.

👦⋯ 아하. 그래서 타일과 보도블록이 정사각형과 정육각형이 많구나~.

퀴즈 동그라미는 다각형이 아닙니다. ○ ×

| 도형 | 연관 단어 **원의 반지름, 원의 지름, 원의 중심, 원주**

원

● 평면 위의 한 점에서 일정한 거리에 있는 점들로 이루어진 곡선

 ⋯▶ 우리 주변에는 원 모양의 물건들이 참 많지요. 원은 곧은 선이 없답니다. 그리고 크기는 달라도 모양이 모두 같지요.

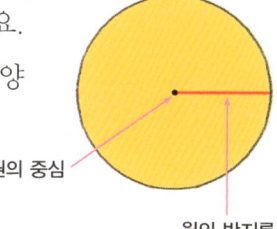

 ⋯▶ 동전이나 CD 등은 원 모양이지만 원은 아닙니다. 원은 둥근 선을 말하는 것으로 길이와 관련이 있지요. 동전은 넓이를 포함하는 원판이랍니다.

원리 스토리

⋯▶ 원을 그리고 싶은데 어떻게 하지?
⋯▶ 주변에 냄비 뚜껑 같은 걸 이용해서 본을 뜨면 되지.
⋯▶ 그건 너무 커. 내가 원하는 크기가 아니야.
⋯▶ 그럼 컴퍼스를 이용해 봐. 컴퍼스의 다리를 원하는 길이만큼 벌린 후, 중심을 잡고 돌리면 된다고.
⋯▶ 지금은 자, 압정, 종이띠밖에 없는걸?

퀴즈 원은 크기에 따라 모양이 각각 다릅니다. ○ ×

👧 …▶ 아하! 그럼 종이띠에 구멍을 뚫고 압정을 꽂아. 그리고 원의 반지름 크기에 해당하는 길이만큼 되는 곳에 구멍을 내고 연필을 꽂은 후 돌려 봐. 이때 중심이 되는 압정이 움직이지 않도록 잘 고정해야 해. 구멍을 여러 개 뚫으면 다양한 크기의 원을 만들 수 있지.

종이띠에 구멍을 뚫는다.

압정으로 중심점을 고정한 후 구멍에 연필을 꽂고 돌린다.

👨‍🎓 …▶ 컴퍼스로 원을 그릴 때는 중심이 되는 점을 정하고, 컴퍼스를 원의 반지름이 되도록 벌립니다. 그리고 컴퍼스의 침을 중심점에 꽂고 돌려서 그리면 됩니다.

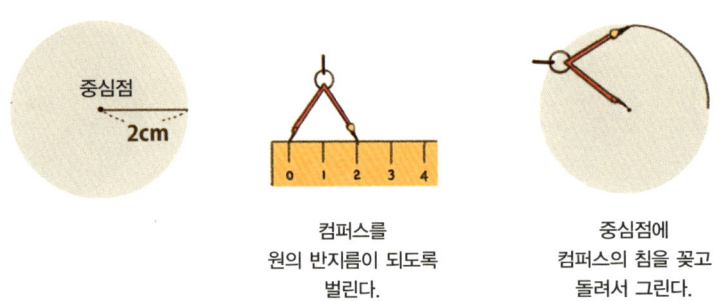

컴퍼스를 원의 반지름이 되도록 벌린다.

중심점에 컴퍼스의 침을 꽂고 돌려서 그린다.

퀴즈 동전이나 CD는 원입니다. ○ ×

| 도형 | 연관 단어 **원, 원의 지름, 원주**

원의 반지름

● 원의 중심에서 원 위의 한 점을 이은 거리

🧑‍🏫 ⋯ 컴퍼스로 원을 그릴 때 원의 중심과 컴퍼스 연필까지의 거리가 원의 반지름이랍니다.

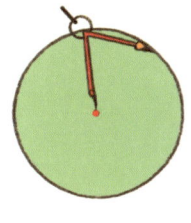

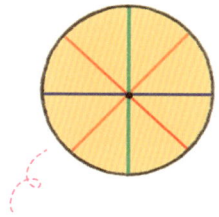

원의 반지름은 셀 수 없이 많아요.

반지름의 2배는 원의 지름

원리 스토리

👦 ⋯ 빨리 놀이기구를 타고 싶은데 어느 길이 가장 빠르지? 지도를 보고 정하자.

👧 ⋯ 놀이공원이 원 모양이고, 우리가 원의 중심에 있고, 놀이기구들이 원의 반지름 중간에 있으니까 어느 걸 타도 거리가 다 같아. 원의 중심과 원 위의 어느 점을 이어도 길이가 모두 같거든.

퀴즈 반지름은 지름을 2배한 것입니다. ○ ✕

| 도형 | 연관 단어 **원, 원의 반지름, 원주**

원의 지름

● 원의 중심을 지나도록 원 위의 두 점을 이은 선분

🎓… 원의 지름은 반지름의 2배가 되지요. 그리고 하나의 원 안에는 무수히 많은 지름이 있어요.

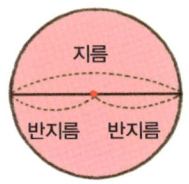
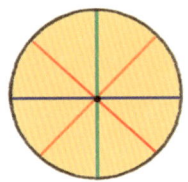

🎓… 맨홀 뚜껑은 원 모양입니다. 정사각형 모양이라면 대각선의 길이가 한 변보다 더 길기 때문에 뚜껑을 대각선 방향으로 세워서 떨어뜨리면 안으로 빠지기 때문입니다. 그러나 원은, 중심을 지나는 어떤 선도 길이가 같기 때문에 빠지지 않지요.

맨홀 뚜껑이 원 모양일 수밖에 없는 깊은 뜻을 알랑가 몰라.

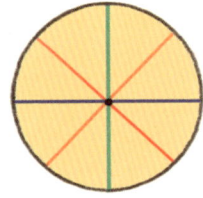
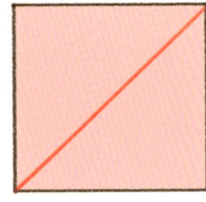

퀴즈 원 안에 지름을 무수히 많이 그릴 수 있습니다. ○ ×

원리 스토리

- 와~, 맛있겠다! 이렇게 잘라서 내가 더 많이 먹어야지. 호호.
- 안 돼. 원의 중심을 지나지 않잖아.
- 원 위의 두 점만 연결하면 되는 거 아니야?
- 원의 중심을 지나도록 두 점을 이어야 해.
- 알겠다고. 지름으로 잘라야 반으로 나뉜단 말이지?

원 위의 두 점을 연결한 선 중에 지름의 길이가 가장 길단 말야!

퀴즈 원 위의 두 점을 이은 선분 중 원의 지름이 가장 깁니다. ○ ×

| 도형 | 연관 단어 원, 원의 반지름, 원의 지름, 원주

원의 중심

● 원 둘레의 모든 점으로부터 항상 같은 거리에 있는 점

🎓⋯ 원의 중심은 컴퍼스로 원을 그릴 때 컴퍼스의 바늘이 꽂혔던 점으로, 원 둘레의 모든 점으로부터 항상 같은 거리에 있습니다.

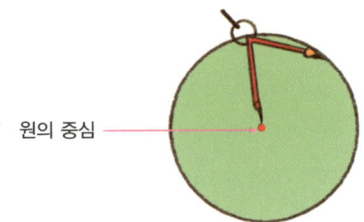
원의 중심

> 원리 스토리

⋯ 아유, 어렵다. 시계와 양궁 과녁에서는 중심을 찾을 수 있겠는데, 원 모양의 종이에서는 중심을 못 찾겠어. 어디가 중심인 거야?

⋯ 종이를 접어 보면 되지. 원 모양의 종이를 두 번 접어서 펼치면 2개의 선이 나와. 그 선이 만나는 점이 바로 원의 중심이야.

⋯ 아하! 그런 방법이 있었군.

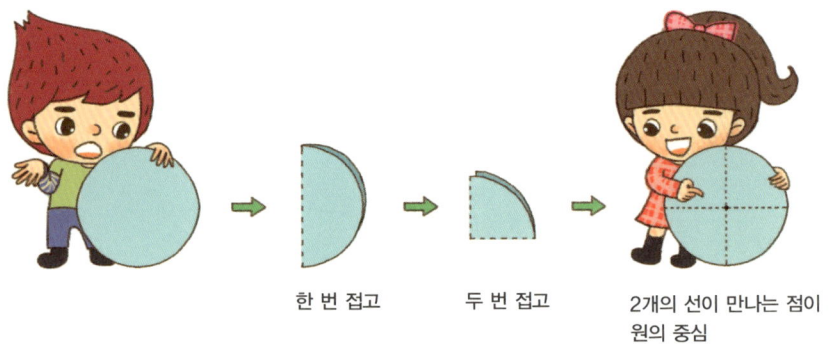

한 번 접고   두 번 접고   2개의 선이 만나는 점이 원의 중심

퀴즈 원의 중심에서 원의 둘레까지 길이는 같습니다. ○ ×

| 도형 | 연관 단어 **평면도형**

입체도형

● 공간에서 일정한 크기를 차지하는 도형

🎓⋯ 입체도형은 다각형인 면으로 둘러싸인 다면체입니다. 두께나 높이를 가질 수 있으며, 구성요소는 꼭짓점, 모서리, 면이 있습니다.

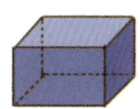 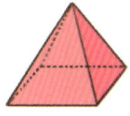    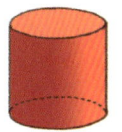 

　　다면체인 입체도형　　　　　　다면체가 아닌 입체도형

원리 스토리

⋯ 교실에서 입체도형을 한번 찾아볼래?

⋯ 어디 있지? 연필, 색종이?

⋯ 교실에 필통, 주사위, 농구공, 사물함 등이 있잖아.

⋯ 아하! 평면도형이 아닌 것을 찾으면 되겠구나.

⋯ 입체도형이란, 삼각형이나 사각형과 같이 평면 위에 그려진 도형이 아니라, 상자와 공과 같이 높이가 있어 공간에서 일정한 크기를 차지하는 도형이야.

퀴즈 위아래의 면이 서로 평행한 도형을 입체도형이라고 합니다. ○ ×

| 도형 | 연관 단어 **삼각기둥, 사각기둥**

각기둥

● 다각형으로 이루어진 밑면이 서로 평행이고, 합동이며, 기둥 모양인 입체도형

…▶ 각기둥의 이름은 밑면의 모양과 관계가 깊습니다.

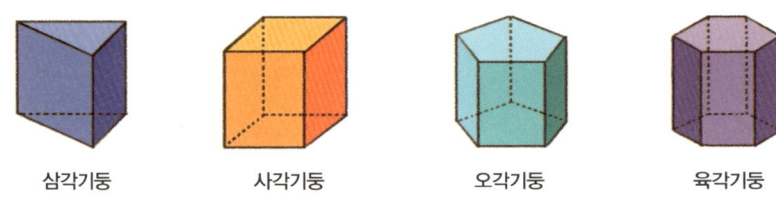

삼각기둥　　사각기둥　　오각기둥　　육각기둥

…▶ 다음은 각기둥이 아닙니다.

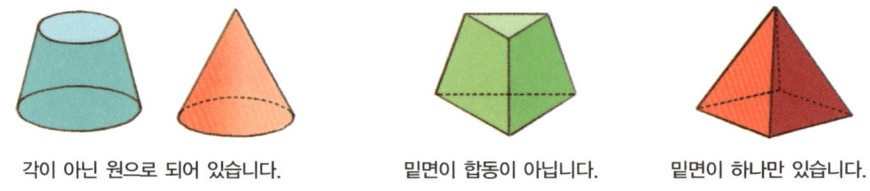

각이 아닌 원으로 되어 있습니다.　　밑면이 합동이 아닙니다.　　밑면이 하나만 있습니다.

…▶ 각기둥의 위와 아래에 있는 서로 평행인 두 면을 밑면이라고 하는데, 밑면과 옆면은 서로 수직입니다.

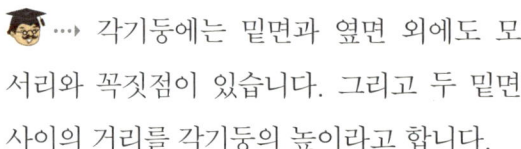

…▶ 각기둥에는 밑면과 옆면 외에도 모서리와 꼭짓점이 있습니다. 그리고 두 밑면 사이의 거리를 각기둥의 높이라고 합니다.

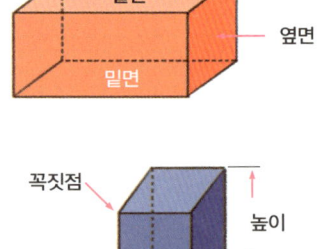

퀴즈 각기둥의 밑면은 항상 2개입니다. ○ ×

원리 스토리

😊 ⋯ 각기둥은 밑면에 따라 이름이 다르구나. 이건 삼각기둥, 이건 사각기둥, 그리고 저건 오각기둥. 재미있네~!

😊 ⋯ 또 하나 재밌는 게 있지.

😊 ⋯ 어? 뭐가 또 재밌는데?

😊 ⋯ 옆면이 모두~.

😊 ⋯ 알았다. 옆면이 모두 사각형이야!

😊 ⋯ 그래. 각기둥의 옆면은 모두 직사각형이야. 그리고 옆면의 개수는 밑면의 변의 개수와 같지.

도형 이름	한 밑면의 변의 수	면의 개수	모서리의 개수	꼭짓점의 개수
삼각기둥	3	5	9	6
사각기둥	4	6	12	8
오각기둥	5	7	15	10
육각기둥	6	8	18	12
⋯	⋯	⋯	⋯	⋯
n각기둥	n	(한 밑면의 변의 수)+2	(한 밑면의 변의 수)×3	(한 밑면의 변의 수)×2

퀴즈 각기둥의 모서리의 개수는 (한 밑면의 변의 수)×2입니다. ○ ×

| 도형 | 연관 단어 **각기둥, 삼각형**

삼각기둥

● 밑면이 삼각형인 각기둥

🎓 … 삼각기둥은 두 밑면이 평행하고 합동인 삼각형으로 이루어진 기둥 모양의 입체도형입니다. 따라서 밑면은 삼각형이지만 옆면은 항상 직사각형입니다. 삼각기둥의 면의 수는 5개, 모서리의 수는 9개, 꼭짓점의 수는 6개입니다.

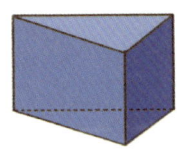 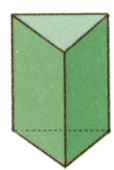 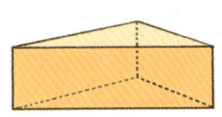

원리 스토리

👦 … 햇빛을 프리즘에 통과시키면 일곱 가지 색깔이 나온대. 신기하지?

👧 … 프리즘?

👦 … 삼각기둥 모양으로 생긴 유리나 수정 말이야.

👧 … 그럼 이것도 삼각기둥인가?

👦 … 아니. 그건 밑면이 합동이 아니잖아.

👧 … 이건 밑면이 하나뿐이라서 삼각기둥이 아니겠지?

👦 … 맞아. 삼각기둥은 두 밑면이 합동인 삼각형으로 이루어진 기둥 모양이어야 해.

퀴즈 삼각기둥은 옆면이 직사각형입니다. ○ ×

| 도형 | 연관 단어 **각기둥, 사각형**

사각기둥

● 밑면이 사각형인 각기둥

사각기둥은 두 밑면이 평행하고 합동인 사각형으로 이루어진 기둥 모양의 입체도형입니다. 따라서 사각기둥의 밑면은 사다리꼴, 평행사변형, 마름모, 직사각형 등이 될 수 있지만 옆면은 항상 직사각형이지요. 사각기둥의 면의 수는 6개, 모서리의 수는 12개, 꼭짓점의 수는 8개입니다.

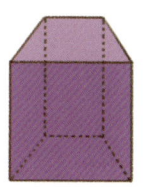 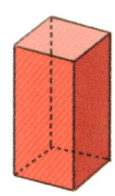 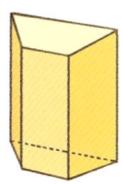 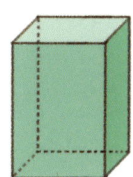

원리 스토리

⋯▶ 엘리베이터도 사각기둥이네.
⋯▶ 위아래로 이동하기 편리하도록 사각기둥 모양으로 만들었나 봐.
⋯▶ 옆면이 직사각형이니 문도 직사각형이야.
⋯▶ 엘리베이터는 수직으로 이동하기 좋은 사각기둥이구나.

퀴즈 사각기둥은 밑면이 서로 평행이고 합동입니다. ○ ×

| 도형 | 연관 단어 **사각기둥, 정육면체, 직사각형**

직육면체

● 직사각형 모양의 면 6개로 둘러싸인 도형

🎓⋯▸ 직육면체는 직사각형으로 된 6개의 면과 12개의 모서리, 8개의 꼭짓점이 있지요. 2개의 밑면과 4개의 옆면이 있으며, 마주 보는 두 면은 서로 평행하며 합동입니다. 밑면의 모양이 직사각형인 사각기둥으로 생각하면 쉬워요.

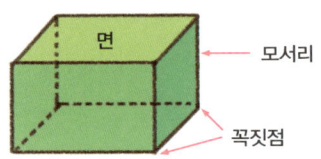

원리 스토리

🧒⋯▸ 우리 생활 속에서 직육면체는 어떻게 활용되나요?

🎓⋯▸ 직육면체를 활용한 물건들은 아주 많단다. 집을 지을 때 쓰는 벽돌, 과자 상자, 지우개 등이 있지.

🧒⋯▸ 그런데, 건물이나 집을 지을 때 쓰는 벽돌은 왜 직육면체인가요?

🎓⋯▸ 그건, 지붕이 위에서 아래쪽으로 떨어지려는 힘을 가로로 쌓인 직육면체 모양의 벽돌이 옆으로 전달하여 좀 더 튼튼하기 때문이란다.

퀴즈 직육면체는 면의 모양이 모두 정사각형입니다. ○ ×

| 도형 | 연관 단어 **사각기둥, 직육면체, 정사각형**

정육면체

● 정사각형 모양의 면 6개로 둘러싸인 도형

정육면체는 정사각형으로 된 면 6개와 12개의 모서리, 8개의 꼭짓점이 있지요. 밑면이 정사각형인 사각기둥으로 생각하면 쉽습니다.

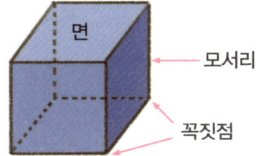

원리 스토리

직육면체와 정육면체 둘 다 상자 모양인데 구분은 왜 하는 거야? 내 눈엔 다 똑같아 보이는데…….

주사위가 직육면체라면 어떨 것 같아? 1부터 6까지 공평하게 숫자가 나오지 않아. 물론, 요즘엔 다양한 모양의 다각형 주사위가 나오긴 하지만 모두 다 모서리의 길이가 같은 정다면체지.

그러고 보니 긴 모양의 주사위를 본 적이 없네. 큐브랑 각설탕, 수 모형, 쌓기나무도 모두 정육면체구나.

퀴즈 정육면체와 직육면체의 면, 모서리, 꼭짓점의 개수는 같습니다. ○ ×

| 도형 | 연관 단어 **원**

원기둥

● 위아래 두 면이 서로 평행이고, 합동인 원으로 되어 있는 기둥 모양의 입체도형

⋯ 원기둥은 음료수 캔, 딱풀, 분유통 등과 같이 둥근 기둥 모양을 말합니다.

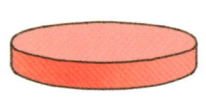

⋯ 사각형의 한 변을 회전축으로 하여 한 바퀴 회전하면 원기둥이 됩니다. 밑면은 원 모양이며, 마주 보는 두 밑면은 평행이면서 합동이지요.

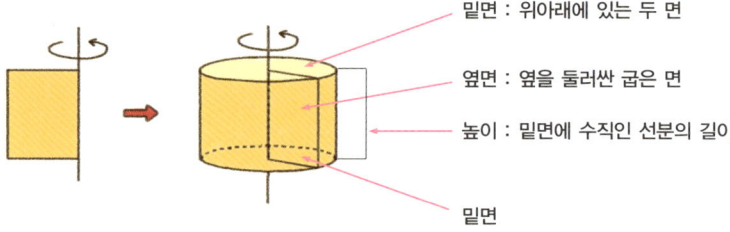

밑면 : 위아래에 있는 두 면
옆면 : 옆을 둘러싼 굽은 면
높이 : 밑면에 수직인 선분의 길이
밑면

⋯ 원기둥은 바라보는 위치에 따라 모양이 달라진답니다.

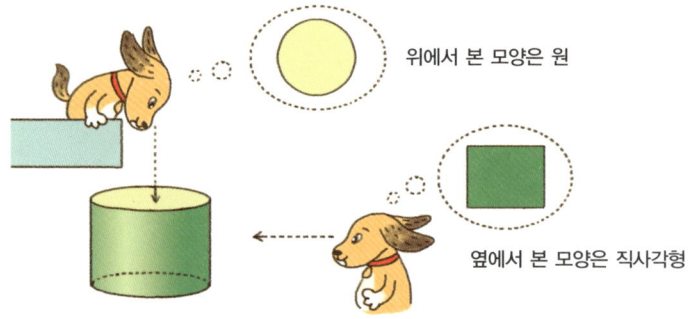

위에서 본 모양은 원
옆에서 본 모양은 직사각형

퀴즈 원기둥에도 높이와 모서리가 있습니다. ○ ×

원리 스토리

- … 원기둥과 각기둥이 같은 점이 있다고? 모양이 전혀 다른데 뭐가 같담?
- … 밑면이 2개야.
- … 그것 말고는 없는걸?
- … 마주 보는 두 밑면의 모양이 같아. 그리고 합동이지.
- … 아, 다른 점은 원기둥은 밑면의 모양이 원이고, 각기둥은 다각형이야.
- … 맞아. 그리고 원기둥은 옆면이 굽은 면이지만, 각기둥은 평면이야.
- … 어? 그러고 보니 원기둥에는 꼭짓점이 없네.
- … 그리고 모서리도 없지.
- … 어? 여기가 모서리 아니야?
- … 거긴 높이야. 모가 난 가장자리를 모서리라고 하는데, 원기둥은 모나지 않고 옆면이 둥글기 때문에 모서리가 없어.
- … 아하, 그래서 둥글둥글 잘 굴러가는구나!

원기둥은 모난 곳이 없구나!

퀴즈 원기둥에서 밑면은 서로 평행하지만 합동은 아닙니다. ○ ×

| 도형 | 연관 단어 **원기둥**

원기둥의 전개도

● 원기둥을 평면으로 펼쳐 놓은 그림

…… 원기둥의 옆면을 잘라 펼치면 옆면의 모양은 직사각형이 되지요. 두 밑면은 합동인 원이므로 지름이 같습니다.
원기둥의 높이는 전개도에서 직사각형의 세로 길이와 같습니다.

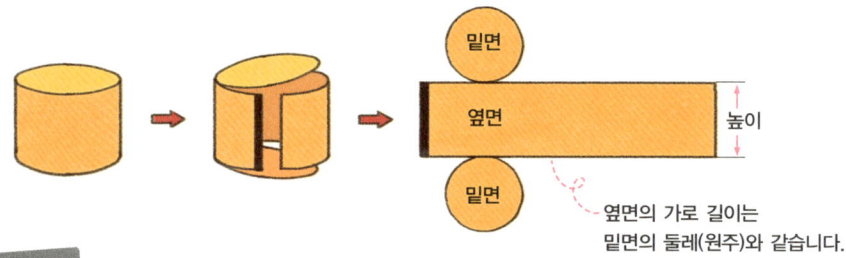

옆면의 가로 길이는 밑면의 둘레(원주)와 같습니다.

원리 스토리

…… 원기둥을 펼치면 옆면이 정말 직사각형이 될까?

…… 당연하지.

…… 난 도대체 이해가 안 가는걸? 눈으로 봐야 믿을 수 있겠어.

…… 내가 직접 보여 주지. 짠~! 원기둥 모양의 김밥을 펼치면……?

…… 어? 정말 김이 직사각형 모양이네?

퀴즈 원기둥의 전개도에서 옆면은 원입니다. ○ ✕

| 도형 | 연관 단어 **삼각형, 사각뿔**

각뿔

● 밑면이 다각형이고 옆면이 모두 삼각형인 입체도형

🎓⋯▶ 각뿔은 밑면이 하나인 뿔 모양의 다면체입니다. 각뿔의 이름은 밑면의 모양과 관계가 깊습니다. 각뿔의 꼭짓점에서 밑면에 수직인 선분의 길이를 각뿔의 높이라고 합니다.

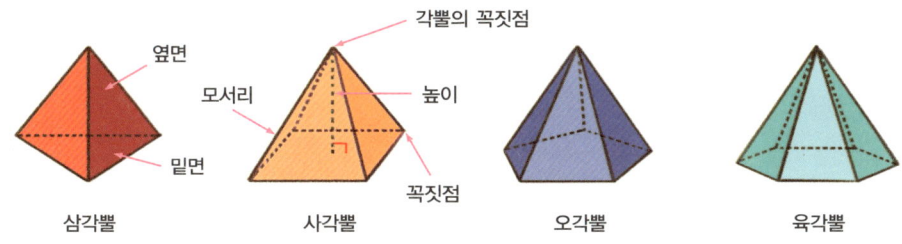

삼각뿔   사각뿔   오각뿔   육각뿔

🎓⋯▶ 다음은 각뿔이 아닙니다.

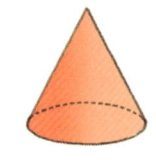

밑면이 원으로 되어 있고,
옆면이 삼각형이 아닙니다.

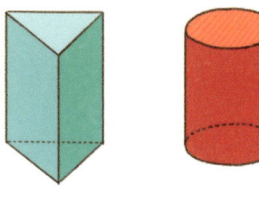

밑면이 두 개이며 뿔 모양이 아닙니다.

🎓⋯▶ 이 두 도형은 각뿔대입니다. 각뿔을 밑면에 평행한 평면으로 잘랐을 때 2개의 입체도형이 생기는데, 각뿔이 아닌 밑의 다면체가 각뿔대이지요.

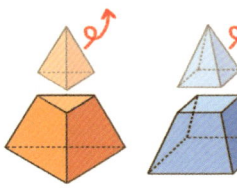

퀴즈 각뿔의 밑면은 2개이며 서로 평행입니다. ○ ×

원리 스토리

- 박사님, 각뿔의 옆면이 모두 삼각형이네요?
- 그렇단다. 각뿔이 가지고 있는 규칙을 더 알려 줄게.
- 규칙이요?
- 그래. 각뿔의 밑면에서 변의 수가 몇 개인지 살펴보렴.
- 삼각뿔은 밑면이 삼각형이니까 변의 수가 3개.
- 사각뿔은 밑면이 사각형이니까 변의 수가 4개.
- 밑면의 변의 수와 면, 모서리, 꼭짓점의 개수를 비교해 보렴.

그럼 다음과 같은 규칙을 찾을 수 있단다.

도형 이름	한 밑면의 변의 수	면의 개수	모서리의 개수	꼭짓점의 개수
삼각뿔	3	4	6	4
사각뿔	4	5	8	5
오각뿔	5	6	10	6
육각뿔	6	7	12	7
…	…	…	…	…
n각뿔	n	(한 밑면의 변의 수)+1	(한 밑면의 변의 수)×2	(한 밑면의 변의 수)+1

퀴즈 각뿔의 모서리 개수는 (한 밑면의 변의 수)×2입니다. ○ ×

| 도형 | 연관 단어 **각뿔, 삼각형**

삼각뿔

● 밑면이 삼각형인 각뿔

🎓⋯ 삼각뿔은 면의 수가 4개이므로 사면체라고도 부릅니다. 옆면은 항상 삼각형이며, 모서리의 수는 6개, 꼭짓점의 수는 4개입니다.

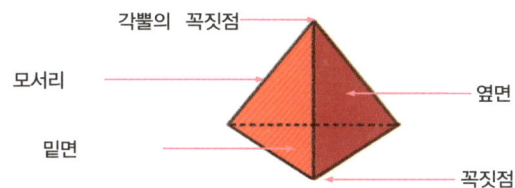

🎓⋯ 고대인들은 우주의 기본 요소가 불, 공기, 물, 흙 4가지라고 생각했습니다. 그리스의 철학자 플라톤은 우주와 우주의 기본 요소를 정다면체에 비유하여 설명했어요. 불은 삼각뿔(정사면체), 흙은 정육면체, 공기는 정팔면체, 물은 정이십면체, 그리고 우주는 정십이면체에 비유했지요. 그래서 정다면체를 '플라톤 입체'라고도 부른답니다.

퀴즈 삼각뿔의 모든 면은 삼각형입니다. ○ ✕

| 도형 | 연관 단어 **각뿔, 사각형**

사각뿔

● 밑면이 사각형인 각뿔

사각뿔은 면의 수가 5개이며, 옆면은 항상 삼각형입니다. 모서리의 수는 8개, 꼭짓점의 수는 5개입니다.

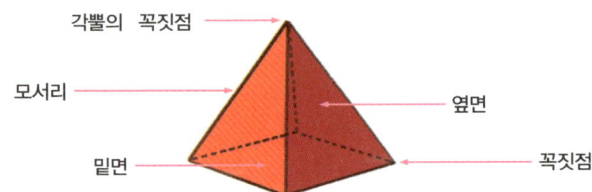

원리 스토리

… 이것 봐. 피라미드야.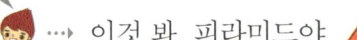

… 밑면은 사각형이고, 옆면은 삼각형인 사각뿔 모양이네.

… 사각뿔? 이것도 사각뿔인가?

… 그건 뿔 모양이 아니잖아.

… 그럼, 이것도 기둥 모양이니까 사각뿔이 아니겠네?

… 응, 그렇지.

퀴즈 사각뿔은 모든 모서리의 길이가 같습니다. ○ ×

| 도형 | 연관 단어 각뿔, 원, 회전체, 모선

원뿔

● 밑면이 원이고, 옆면이 굽은 면(곡면)인 뿔 모양의 입체도형

🎓 … 원뿔은 고깔모자나 콘 아이스크림처럼 생긴 도형이지요. 직각삼각형에서 직각인 한 변을 중심축으로 한 바퀴 회전하면 원뿔이 됩니다. 원뿔의 밑면은 1개뿐이고 옆면 역시 원기둥처럼 곡면이랍니다.

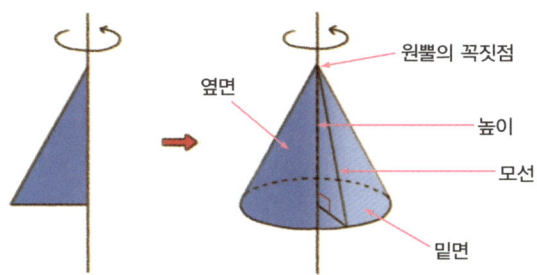

🎓 … 원기둥과 원뿔의 다른 점을 알아볼까요?

구분	원기둥	원뿔
형태		
밑면의 모양	원	원
밑면의 수	2개	1개
꼭짓점의 수	없다.	1개

퀴즈 원뿔은 원 모양인 밑면이 1개이고, 옆면은 곡면입니다. ○ ×

 각뿔과 원뿔의 다른 점을 알아볼까요?

구분	각뿔	원뿔
형태		
밑면의 모양	다각형	원
모선의 수	없음.	무수히 많다.
옆면의 모양	이등변삼각형	곡면
옆면의 수	밑면의 모양에 따라 다르다.	1개

원리 스토리

🧒 …▶ 선생님께서 7 cm 높이의 고깔모자를 가져오라고 하셨어.

👧 …▶ 어? 그런데 내 것이 네 것보다 더 높네? 너 정확히 잰 것 맞아?

🧒 …▶ 봐, 분명히 7 cm라고.

👧 …▶ 어쩐지……. 네가 잰 부분은 원뿔의 모선이잖아. 나처럼 밑면에서 꼭짓점까지 수직인 변의 높이를 재어야지.

🧒 …▶ 아하! 그렇구나…….

퀴즈 원뿔에는 모서리가 무수히 많습니다. ○ ×

| 도형 | 연관 단어 **원뿔, 원주**

원뿔의 전개도

● 원뿔을 평면으로 펼쳐 놓은 그림

👨‍🎓 …▸ 원뿔의 옆면을 잘라 펼치면 부채 모양이 되지요. 밑면은 1개이고 원 모양입니다. 옆면의 둥근 부분의 길이는 밑면의 둘레(원주)와 같지요.

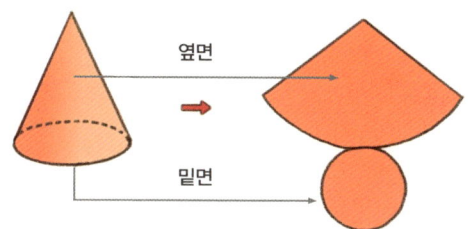

`원리 스토리`

🧒 …▸ 와우, 시원하다. 여름엔 역시 아이스크림이 최고야.

🧒 …▸ 아이스크림을 다 먹고 나서, 과자로 된 콘을 바삭바삭 씹어 먹으면 얼마나 맛있나 몰라.

🧒 …▸ 어머나! 콘이 한꺼번에 풀려 버렸네. 그런데 콘 모양이 원뿔의 전개도와 같아! 그래서 원뿔을 영어로 콘(cone)이라고 하는구나.

퀴즈 원뿔의 전개도에서 밑면은 2개이며 서로 평행이고 합동입니다. ○ ✕

| 도형 | 연관 단어 **원, 회전체**

구

● 반원의 지름을 회전축으로 하여 한 번 회전한 회전체

 축구공, 농구공, 구슬, 사탕 등 우리 주변에서 찾아볼 수 있는 '구'는 셀 수 없이 많습니다. 구의 지름은 항상 원의 중심을 지나므로 반원의 중심은 구의 중심이 되고, 반원의 반지름은 구의 반지름이 됩니다.

구를 여러 방향의 평면으로 자르면 단면은 모두 원이 됩니다.

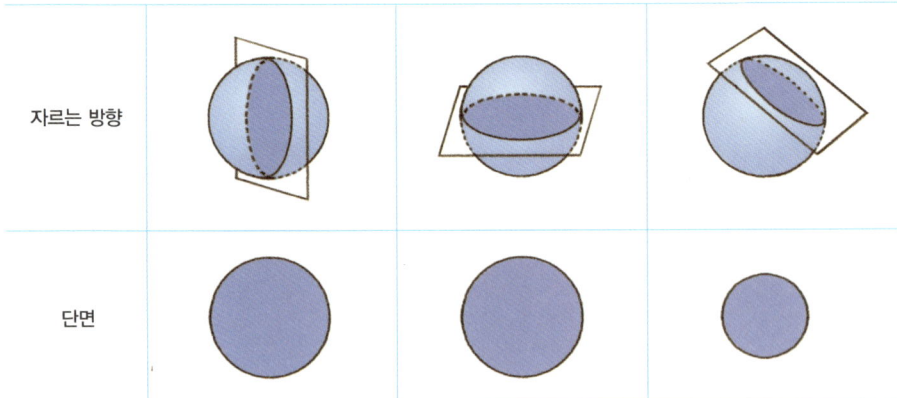

퀴즈 축구공, 농구공 같은 모양을 구라고 합니다. ○ ×

원리 스토리

- 수박을 똑같이 나누자.
- 그런데, 어떻게 잘라야 최대한 같게 나눌 수 있지?
- 수박은 '구'와 비슷하니까, 구의 중심을 지나게 자르면 되지.
- 구의 중심?
- 그래. 구의 중심에서 구의 겉면에 이르는 직선 거리는 모두 같거든.
- 오호! 그래도 이쪽이 더 커 보이니까 이건 내 거다.
- 이 욕심쟁이!

구의 중심에서 구의 겉면에 이르는 직선 거리는 모두 같아.

회전축은 구의 중심을 지나는 직선으로, 하나가 아니라 무수히 많아.

퀴즈 반원의 중심은 구의 중심이 되고, 반원의 반지름은 구의 반지름이 됩니다. ○ ×

| 도형 | 연관 단어 **회전축, 원기둥, 원뿔, 구**

회전체

● 한 직선을 축으로 평면도형을 1회전 한 입체도형

🎓⋯ 원기둥, 원뿔, 구는 모두 회전체입니다. 회전체에서 축으로 사용한 직선을 '회전축'이라고 하지요. 회전체의 밑면은 원이 되고, 옆면은 곡면이 됩니다. 회전축을 중심으로 양쪽의 모양이 같답니다.

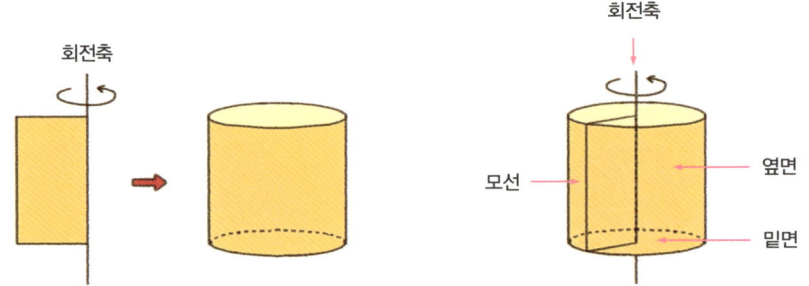

🎓⋯ 원기둥, 원뿔, 구 외에도 다양한 모양의 회전체가 있습니다. 위의 것은 평면도형이고, 아래 것은 평면도형을 회전하여 생긴 입체도형입니다.

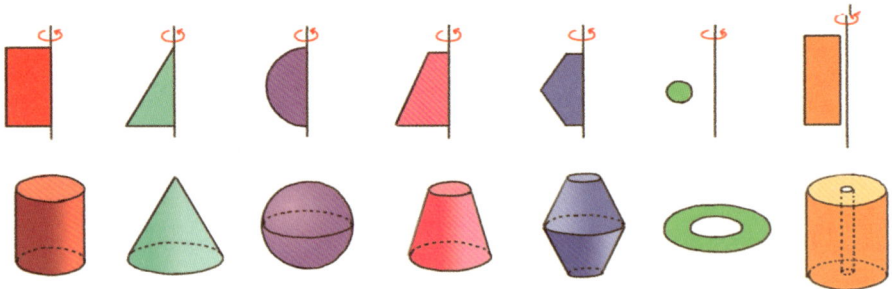

퀴즈 공은 회전체입니다. ○ ×

> **원리 스토리**

🙂 … 와우. 타이어가 둥글둥글 잘도 굴러가네.

🙂 … 타이어도 회전체야.

🙂 … 타이어는 중앙에 구멍이 뚫려 있는데 어떻게 회전체가 돼?

🙂 … 원을 회전축에서 조금 떨어뜨려서 회전시키면 도넛이나 타이어처럼 속이 빈 모양이 되지.

🙂 … 그럼, 핫도그랑 도넛도 회전체?

🙂 … 그렇다고 볼 수 있지. 갑자기 핫도그랑 도넛이 먹고 싶어지네.

퀴즈 회전체는 원뿔, 원기둥, 구만 해당됩니다. ○ ✕

| 도형 | 연관 단어 회전체, 회전축

회전체의 단면

● 회전체를 평면으로 자를 때 생기는 도형의 면

'구'를 제외하고, 회전체는 자르는 방향에 따라 단면의 모양이 다릅니다. 회전축을 품은 평면으로 자른 단면은 앞에서 본 모양과 같고, 회전축에 수직인 평면으로 자른 단면은 밑면의 모양과 같습니다. 그 외의 방향으로 자르면 구를 제외하고는 찌그러진 원 모양이 됩니다.

	회전축을 품은 단면	회전축에 수직인 평면	그 외의 방향	회전축을 품은 단면	회전축에 수직인 평면	그 외의 방향
자르는 방향						
단면						
자르는 방향						
단면						

퀴즈 구는 어느 방향에서 잘라도 자른 단면의 모양이 원입니다. ○ ×

| 도형 | 연관 단어 **겨냥도**

전개도

● 입체도형을 펼쳐서 평면에 나타낸 그림

🎓 ⋯ 접히는 모서리는 점선, 잘라지는 모서리는 실선으로 나타냅니다.

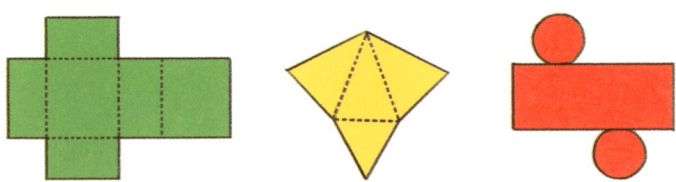

원리 스토리

- ⋯ 내일은 경화의 생일이어서 티셔츠를 샀어.
- ⋯ 나는 지갑을 샀어.
- ⋯ 우리 예쁘게 선물상자를 만들어서 거기에 담아 주자.
- ⋯ 그럼 전개도를 그려서 선물상자를 만들어야겠네.

접히는 모서리는 점선,
잘라지는 모서리는 실선으로~!

퀴즈 전개도는 접히는 모서리를 실선으로 나타냅니다. ○ ×

🎓⋯ 다양한 도형의 전개도를 살펴볼까요? 같은 입체도형이더라도 전개도의 모양이 달라질 수 있습니다.

정육면체의 전개도

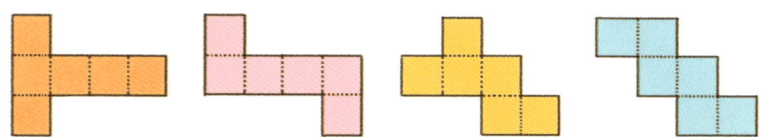

각기둥의 전개도

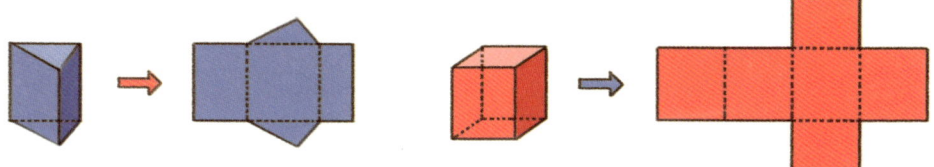

각뿔의 전개도

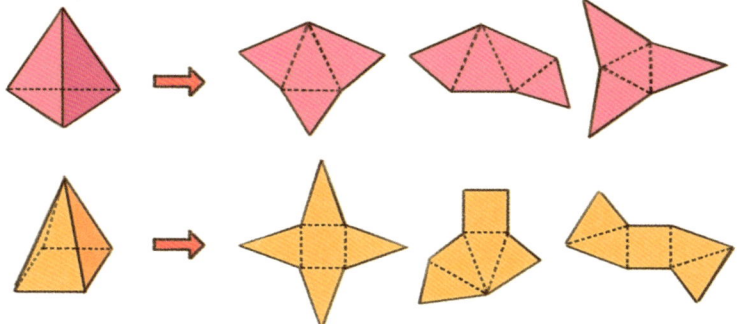

원뿔의 전개도

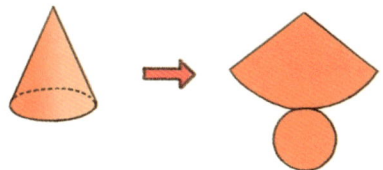

퀴즈 직육면체의 전개도는 한 가지로만 나타낼 수 있습니다. ○ ×

| 도형 | 연관 단어 **전개도**

겨냥도

● 입체도형의 모양을 잘 알 수 있게 보이는 모서리는 실선으로 그리고, 보이지 않는 모서리는 점선으로 나타낸 그림

👨‍🎓 ⋯▶ 직육면체인 화장지 상자를 보면 면이 6개, 모서리가 12개, 꼭짓점이 8개입니다. 그런데, 앞에서 바라볼 때 면은 3개, 모서리는 9개, 꼭짓점은 7개 밖에 보이지 않습니다. 그래서 보이지 않는 면, 모서리, 꼭짓점을 나타내기 위해 겨냥도를 그립니다.

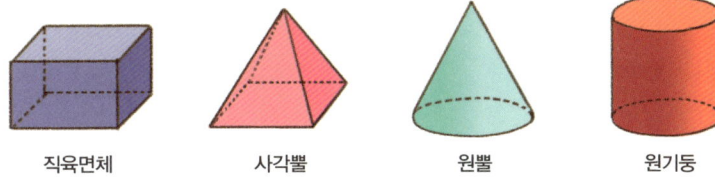

직육면체   사각뿔   원뿔   원기둥

원리 스토리

👧 ⋯▶ 드디어 겨냥도 완성!

👦 ⋯▶ 잘못 그렸잖아. 뒤쪽에 있는 모서리를 점선으로 그려야 하는데 실선으로 그렸어.

👧 ⋯▶ 아하~, 보이는 곳과 보이지 않는 곳을 잘 구분해서 그려야 하는구나!

퀴즈 겨냥도를 그리면 보이지 않는 꼭짓점도 표시할 수 있습니다. ○ ×

| 도형 | 연관 단어 **도형 뒤집기, 도형 돌리기**

도형 밀기

● 도형을 어떤 방향으로 밀어서 옮기는 것

🎓 … 평면도형을 위, 아래, 오른쪽, 왼쪽으로
밀면 위치만 변하고 모양과 크기는 변하지 않습니다.

원리 스토리

👧 … 너 뭐 하니?

👧 … 보고만 있지 말고 책상 좀 밀어.

👦 … 밀어?

👧 … 아휴~! 청소를 해야 하니까 오른쪽으로 좀 밀어 달라고.

👦 … 아하! 우리는 날마다 밀기를 하고 있었구나! 정말 수학 시간에 배운 대로 위치는 바뀌는데 모양은 안 변하네?

🎓 … '밀다'라는 뜻은 일정한 방향으로 이동하도록 반대쪽에서 힘을 주는 것을 말해. 수학에서는 '평면도형의 밀기'를 '평면도형의 평행이동'이라고도 하지.

밀면 위치는 바뀌지만 모양은 바뀌지 않아~!

퀴즈 삼각형을 두 번 이상 밀면 모양이 변합니다. ○ ×

| 도형 | 연관 단어 **도형 밀기, 도형 돌리기**

도형 뒤집기

● 도형을 한 직선을 축으로 하여 위쪽이나 아래쪽, 오른쪽이나 왼쪽으로 뒤집는 것

평면도형을 뒤집으면 모양과 크기는 달라지지 않지만, 뒤집기를 할 때 기준이 된 직선을 중심(축)으로 도형은 서로 반대 위치에 있게 됩니다.

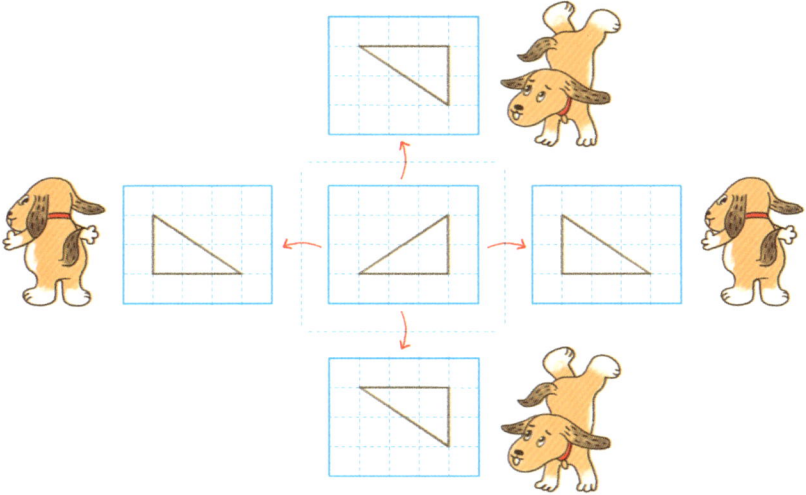

원리 스토리

- 너 뭐 하니?
- 당근에 글자를 새겨 글씨도장을 만들고 있어.
- 그런데 왜 글자를 거꾸로 새겨? '곰' 자가 좌우로 뒤집혔잖아.
- 글자를 거꾸로 새겨야 뒤집어서 찍으면 바른 글자가 나오잖아.
- 알아 알아. 네가 새긴 글자는 '곰'이지?
- 뒤집어서 읽었잖아~. 내가 새긴 글자는 '문'이라고.

퀴즈 도형을 위로 뒤집으면 모양이 바뀝니다. ○ ×

도형을 왼쪽으로 뒤집거나 오른쪽으로 뒤집으면, 도형의 왼쪽과 오른쪽이 바뀌고, 도형을 위로 뒤집거나 아래로 뒤집으면, 도형의 위와 아래가 바뀐단다. 수학에서는 '평면도형의 뒤집기'를 '평면도형의 대칭이동'이라고도 하지.

퀴즈 도형을 오른쪽으로 두 번 뒤집으면, 뒤집기 전의 방향과 같습니다. ○ ×

| 도형 | 연관 단어 **도형 밀기, 도형 뒤집기**

도형 돌리기

● 도형을 한 점을 중심으로 하여 시계 방향 또는 시계 반대 방향으로 90°, 180°, 270°, 360° 등으로 돌리는 것

🎓···› 평면도형을 돌리면, 도형의 위치는 달라지지만, 모양과 크기는 변하지 않습니다.

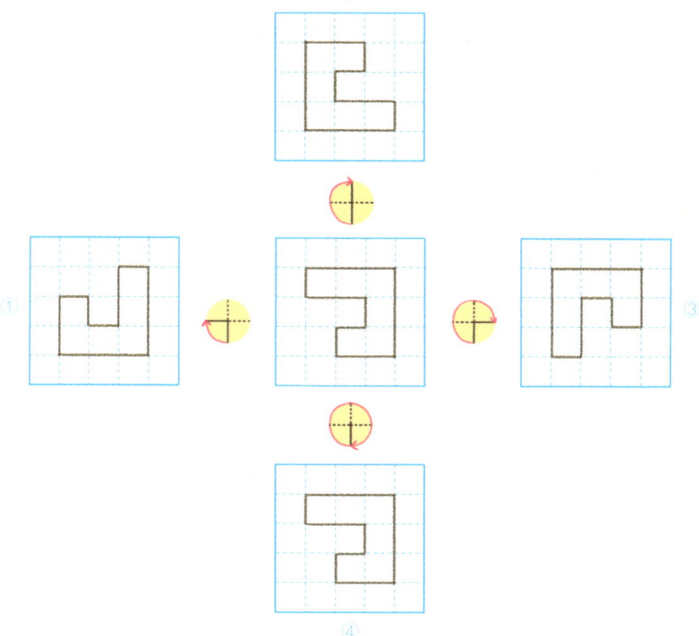

원리 스토리

- ···› 어우 어지러워. 도대체 몇 번을 도는 거야?
- ···› 이제 360° 돌아갔는걸?
- ···› 난 더 돌아간 것 같은데.
- ···› 저길 봐! 매표소가 눈앞에 보이잖아. 출발하기 전에도 매표소가 눈앞

퀴즈 평면도형을 돌리면 위치뿐 아니라 모양도 바뀝니다. ○ ✕

에 보였었다고.

🧒 …▶ 으앙……. 그럼 아직도 몇 바퀴를 더 돌아야 하네. 나 내리고 싶다.

👨‍🎓 …▶ 도형을 한 바퀴 돌리면 처음 도형과 같아져.

수학에서는 '평면도형의 돌리기'를 '평면도형의 회전이동'이라고도 한단다.

퀴즈 오른쪽으로 90° 돌리는 것은, 왼쪽으로 270° 돌리는 것과 같습니다. ○ ×

| 도형 | 연관 단어 **도형 밀기, 도형 뒤집기, 도형 돌리기**

무늬 만들기

● 밀기, 뒤집기, 돌리기 등의 규칙에 따라 무늬를 만드는 것

원리 스토리

🧒 … 어떤 무늬의 타일이 좋을까요?

👨‍🎓 … 이 타일은 도형을 밀거나, 돌리기를 해서 무늬를 만들었구나!

도형을 밀기, 뒤집기, 돌리기를 하여 새로운 무늬를 만들 수 있단다.

🧒 … 밀기, 뒤집기, 돌리기를 하면 멋진 모양이 만들어진다 이거죠?

🧒 … 우리도 한번 해보자.

🧒 … 에헴. 그럼, 멋진 작품에 도전해 볼까?

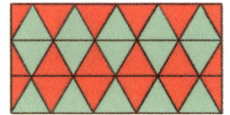   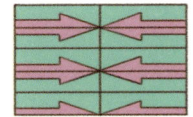

퀴즈 도형을 밀어서 모양을 만들면 같은 무늬가 반복됩니다. ○ ✕

197

| 도형 | 연관 단어 **도형 밀기, 도형 뒤집기, 도형 돌리기**

테셀레이션

● 어떠한 틈이나 포개짐이 없이 평면이나 공간을 도형으로 완벽하게 덮는 것

🎓 ⋯▶ 테셀레이션을 우리말로 '쪽매맞춤'이라고도 하지요. 벽걸이 융단, 퀼트, 옷, 깔개, 가구의 타일, 건축물 등에서 찾아볼 수 있습니다.

원리 스토리

👧 ⋯▶ 이렇게 멋진 작품을 보다니!

👩 ⋯▶ 작품이 몇 가지 무늬들로 빈틈없이 꽉 채워져 있어요.

🎓 ⋯▶ 이걸 테셀레이션이라고 한단다. 네덜란드 화가 '에셔'의 작품을 감상해 보면 다양한 무늬의 테셀레이션을 볼 수 있지.

👧 ⋯▶ 이번엔 멋진 내 얼굴을 이용해서 테셀레이션에 도전해 볼까?

👦 ⋯▶ 어우, 꿈이 너무 큰 것 같은데!

🎓 ⋯▶ 바닥 채우기가 가능한 정다각형은 정삼각형, 정사각형, 정육각형이 있어. 그 외에 물고기나 새, 도마뱀 등의 다양한 형태로도 할 수 있지.

퀴즈 정다각형 외의 다른 모양으로는 테셀레이션이 불가능합니다. ○ ×

| 도형 | 연관 단어 **대응점, 대응변, 대응각**

합동

● 모양과 크기가 같아서 포개었을 때 완전히 겹쳐지는 두 도형

🎓 ⋯ 합동인 도형을 만들어 볼까요?

색종이 두 장을 포개고 그 위에 ♥ 모양을 그린다.

가위로 ♥를 오린다.

똑같은 모양과 크기의 ♥ 두 개가 생긴다.

🎓 ⋯ 두 도형이 합동이면 대응변의 길이가 서로 같고, 대응각의 크기가 서로 같습니다.

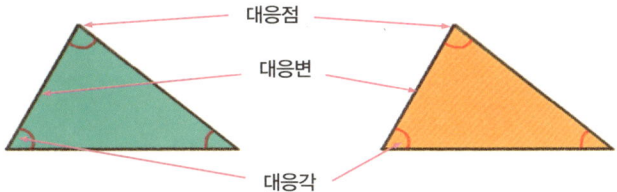

원리 스토리

👦 ⋯ 우리 몸에 서로 똑같은 것은 어떤 것이 있을까?

👧 ⋯ 두 귀와 손, 다리, 눈, 발이 있겠지?

🎓 ⋯ 모양과 크기가 같아서 완전히 포개어지는 것을 합동이라고 하는데, 사람은 왼쪽과 오른쪽이 완전히 똑같지는 않단다.

👦 ⋯ 그럼, 쌍둥이도 합동은 아니겠네요?

🎓 ⋯ 쌍둥이는 똑같아 보이지만, 몸무게나 몸길이 등이 조금씩 다르지.

퀴즈 합동인 삼각형 2개를 겹쳐 보면 대응점, 대응변, 대응각이 각각 3개씩 생깁니다. ○ ×

🎓⋯▸ 모양이 같아도 크기가 다르면 합동이 될 수 없습니다.

🎓⋯▸ 어떤 도형을 일정한 비율로 확대하거나 축소한 도형을 '서로 닮음'이라고 합니다.

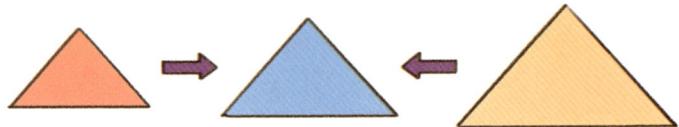

🎓⋯▸ 모양이 달라 보이더라도 돌리거나 뒤집었을 때 포개어지면 합동입니다. 색깔이 달라도 모양과 크기가 같으면 합동입니다.

합동인 도형 만들기

직사각형을 똑같이 반으로 자르면 합동인 사각형 2개가 만들어집니다.

똑같이 반으로 자르는 과정을 통해 모양과 크기가 같은 합동인 도형을 만들 수 있습니다.

퀴즈 크기가 달라도 모양이 같으면 합동입니다. ○ ✕

합동인 도형 그리기

🎓 ⋯▶ 모눈종이 위에 그려 봐요.

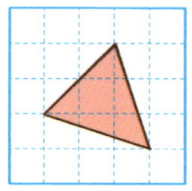

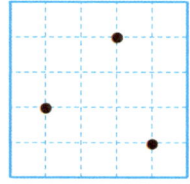
모눈종이를 이용하여 꼭짓점을 찍습니다.

꼭짓점끼리 이어 도형을 완성합니다.

🎓 ⋯▶ 자와 컴퍼스를 이용하여 세 변의 길이가 5cm, 3cm, 4cm인 삼각형과 합동인 삼각형을 그려 봐요.

①

1. 길이가 5cm인 선분 ㄴ, ㄷ을 그린다.

②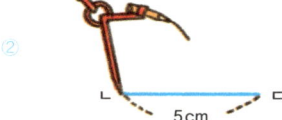

2. 점 ㄴ을 중심으로 반지름이 3cm인 원을 그린다.

③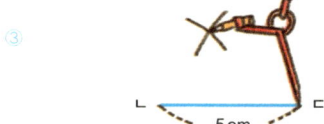

3. 점 ㄷ을 중심으로 반지름이 4cm인 원을 그린다.

④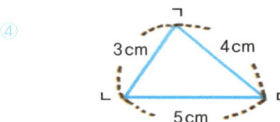

4. 두 원이 만난 점 ㄱ과 점 ㄴ, 점 ㄷ을 잇는다.

🎓 ⋯▶ 자와 컴퍼스를 이용하여 두 변의 길이가 각각 6cm, 4cm이고, 그 사이 각의 크기가 50°인 삼각형과 합동인 삼각형을 그려 봐요.

①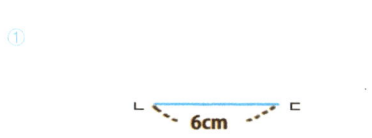

1. 길이가 6cm인 선분 ㄴ, ㄷ을 그린다.

②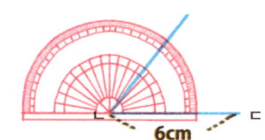

2. 점 ㄴ을 꼭짓점으로 하여 각도기로 50°인 각을 그린다.

퀴즈 모양과 크기가 같아도 색깔이 다르면 합동이 아닙니다. ○ ✕

③ 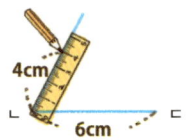   ④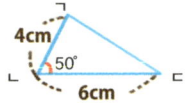

3. 점 ㄴ에서 4cm 거리에 점 ㄱ을 찍는다.   4. 점 ㄱ과 점 ㄷ을 잇는다.

🎓⋯▶ 자와 각도기를 이용하여 한 변의 길이가 3cm이고, 그 양 끝각이 30°와 50°인 삼각형과 합동인 삼각형을 그려 봐요.

① 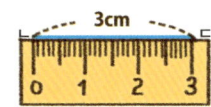   ②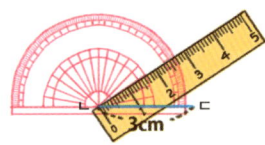

1. 길이가 3cm인 선분 ㄴ, ㄷ을 그린다.   2. 점 ㄴ을 꼭짓점으로 하여 각도기로 30°인 각을 그린다.

③ 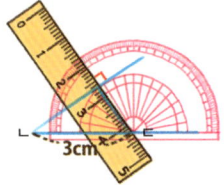   ④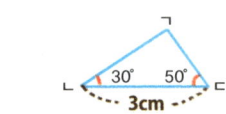

3. 점 ㄷ을 꼭짓점으로 하여 각도기로 50°인 각을 그린다.   4. 두 선이 만나는 점에 점 ㄱ을 표시하고 선을 잇는다.

퀴즈 한 변의 길이를 알고 양 끝각의 크기를 알면 합동인 삼각형을 그릴 수 있습니다. ○ ✕

|도형| 연관 단어 **합동, 점대칭도형, 선대칭도형**

대응점, 대응변, 대응각

● 합동인 두 도형을 완전히 포개었을 때 서로 겹쳐지는 꼭짓점(대응점), 변(대응변), 각(대응각)

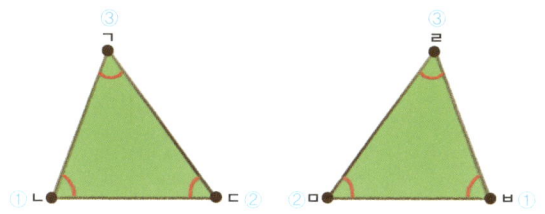

합동인 두 삼각형,
삼각형 ㄱㄴㄷ과 삼각형
ㄹㅁㅂ에서 대응각

① 각 ㄱㄴㄷ과 각 ㄹㅁㅂ
② 각 ㄴㄷㄱ과 각 ㅁㅂㄹ
③ 각 ㄷㄱㄴ과 각 ㅂㄹㅁ

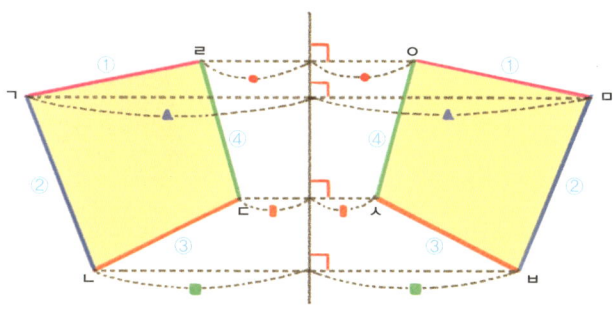

합동인 두 사각형,
사각형 ㄱㄴㄷㄹ과 사각형
ㅁㅂㅅㅇ에서 대응변

① 변 ㄱㄹ과 변 ㅁㅇ
② 변 ㄱㄴ과 변 ㅁㅂ
③ 변 ㄴㄷ과 변 ㅂㅅ
④ 변 ㄷㄹ과 변 ㅅㅇ

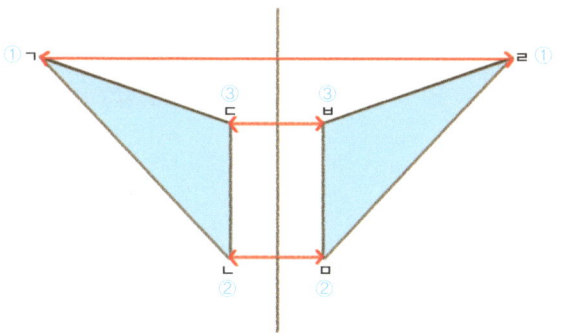

합동인 두 삼각형,
삼각형 ㄱㄴㄷ과 삼각형
ㄹㅁㅂ에서 대응점

① 점 ㄱ과 점 ㄹ
② 점 ㄴ과 점 ㅁ
③ 점 ㄷ과 점 ㅂ

퀴즈 합동인 두 사각형에서 대응점과 대응변은 각각 4개씩이지만, 대응각은 3개씩입니다. ○ ×

| 도형 | 연관 단어 **선대칭의 위치에 있는 도형**

선대칭도형

● 한 도형을 대칭축을 중심으로 접었을 때 완전히 겹쳐지는 도형

🎓… 선대칭도형에서 대칭축을 중심으로 접었을 때 겹쳐지는 점을 대응점, 겹쳐지는 변을 대응변, 겹쳐지는 각을 대응각이라고 합니다.

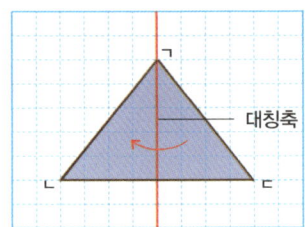

원리 스토리

👦… 물감을 묻혀서 가운데를 접었더니 멋진 작품이 되었네.
👧… 데칼코마니 속에 숨은 수학이 뭔 줄 아니?
👦… 글쎄? 미술과 수학이 관계가 있나?
👧… 데칼코마니는 선대칭의 원리를 이용한 거야. 가운데 접은 선이 대칭축이 되고, 좌우에 대응점들이 있어.

🎓… 선대칭도형은 대칭축을 중심으로 접었을 때 반으로 겹쳐지는 도형이야. 대칭축이 여러 개인 경우도 있단다.

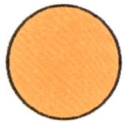 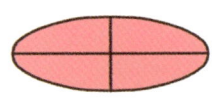 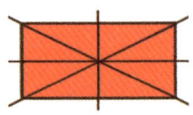

대칭축 무수히 많음 　　　대칭축 2개 　　　대칭축 4개

🎓… 대응점은 대칭축을 중심으로 같은 거리에 있습니다. 그리고 대응점끼리 이은 선분은 대칭축과 수직으로 만납니다.

퀴즈 선대칭도형은 대칭축이 여러 개인 경우도 있습니다. ○ ✕

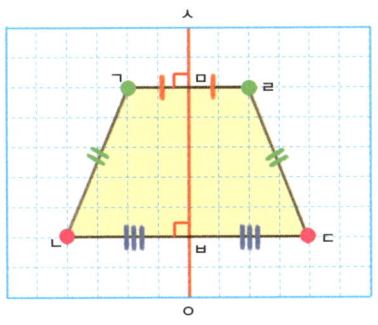

점 ㄱ과 점 ㄹ
점 ㄴ과 점 ㄷ
점 ㅁ과 점 ㅁ
점 ㅂ과 점 ㅂ

🎓 ⋯▶ 대응변의 길이와 대응각의 크기는 서로 같습니다.

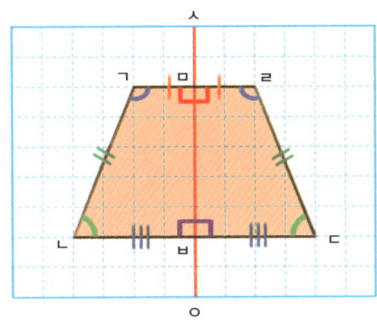

변 ㄱㄴ과 변 ㄹㄷ
변 ㄱㅁ과 변 ㄹㅁ
변 ㄴㅂ과 변 ㄷㅂ
변 ㅁㅂ과 변 ㅁㅂ

각 ㄱㄴㅂ과 각 ㄹㄷㅂ
각 ㄴㅂㅁ과 각 ㄷㅂㅁ
각 ㅂㄱㅁ과 각 ㅂㄹㅁ
각 ㅁㄱㄴ과 각 ㅁㄹㄷ

🎓 ⋯▶ 선대칭도형을 함께 그려 봐요.

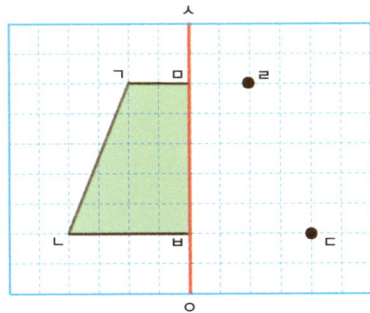   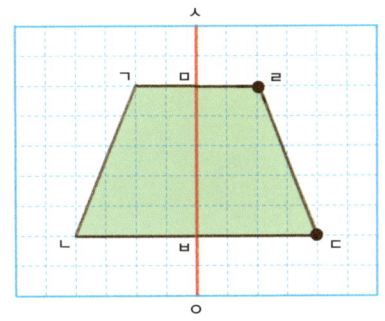

대칭축을 중심으로 대응점을 찾습니다.   점 ㅂ과 점 ㄷ, 점 ㄷ과 점 ㄹ,
점 ㄱ과 점 ㄴ의 대응점 점 ㄹ과 점 ㄷ을 표시합니다.   점 ㄹ과 점 ㅁ을 연결하여 도형을 완성합니다.

퀴즈 선대칭도형에서 대칭축을 중심으로 접었을 때 겹쳐지는 대응변의 길이는 같습니다. ○ ×

|도형| 연관 단어 **선대칭도형**

선대칭의 위치에 있는 도형

● 한 직선을 사이에 두고 완전히 겹치는 두 도형

🎓…▸ 아래 그림에서 두 도형은 직선 ㄱㄴ에 대하여 '선대칭의 위치에 있다'라고 하고, 이때 ㄱㄴ을 대칭축이라고 합니다.

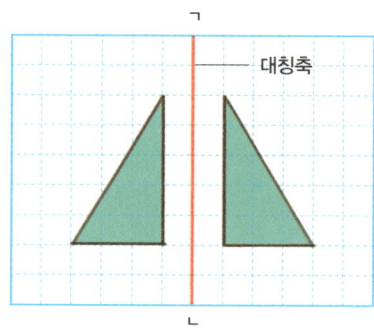

선대칭도형은
대칭축이 도형 안에 있고,
선대칭의 위치에 있는 도형은
대칭축이 두 도형 사이에 있어요.

🎓…▸ 선대칭의 위치에 있는 도형은 대칭축을 중심으로 접었을 때 완전히 포개어져야 합니다.

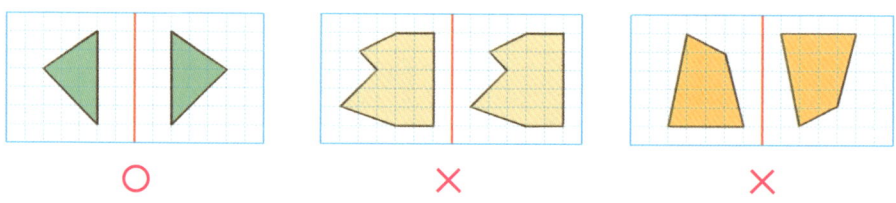

🎓…▸ 대응점은 대칭축에서 같은 거리에 있습니다. 그리고, 대응점끼리 이은 선분은 대칭축과 수직으로 만납니다.

퀴즈 선대칭의 위치에 있는 두 도형 사이에 대칭축이 있습니다. ○ ×

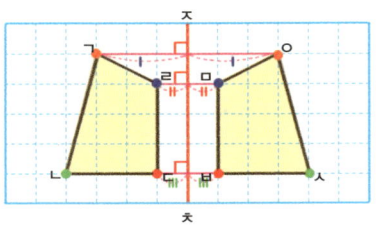

점 ㄱ과 점 ㅇ
점 ㄴ과 점 ㅅ
점 ㄷ과 점 ㅂ
점 ㄹ과 점 ㅁ

 대응변의 길이는 서로 같습니다.

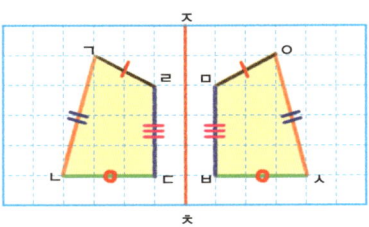

변 ㄱㄴ과 변 ㅇㅅ
변 ㄴㄷ과 변 ㅅㅂ
변 ㄹㄷ과 변 ㅁㅂ
변 ㄱㄹ과 변 ㅇㅁ

 대응각의 크기는 서로 같습니다.

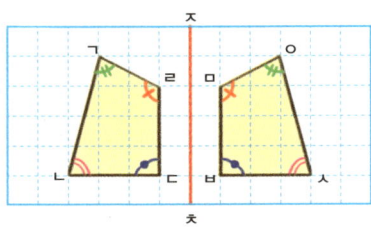

각 ㄱㄴㄷ과 각 ㅇㅅㅂ
각 ㄴㄷㄹ과 각 ㅅㅂㅁ
각 ㄷㄹㄱ과 각 ㅂㅁㅇ
각 ㄹㄱㄴ과 각 ㅁㅇㅅ

 선대칭의 위치에 있는 도형을 그려 봐요.

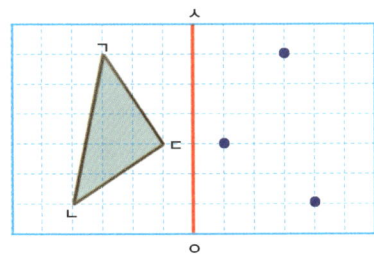

대칭축을 중심으로 대칭축으로부터
같은 거리에 있는 대응점을 찾아 표시합니다.

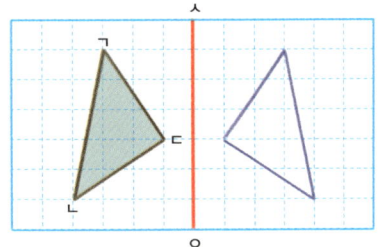

대응점을 연결하여 도형을 완성합니다.

퀴즈 선대칭의 위치에 있는 두 도형은 서로 합동입니다. ○ ×

| 도형 | 연관 단어 **점대칭의 위치에 있는 도형**

점대칭도형

● 한 도형을 어떤 점을 중심으로 180° 돌렸을 때, 처음 도형과 완전히 겹쳐지는 도형

…▶ 원처럼 한 점을 중심으로 180° 돌렸을 때, 처음 도형과 완전히 겹쳐지는 도형을 점대칭도형이라고 하고, 그 점을 대칭의 중심이라고 합니다. 점대칭도형에서 대칭의 중심은 오직 1개뿐입니다.

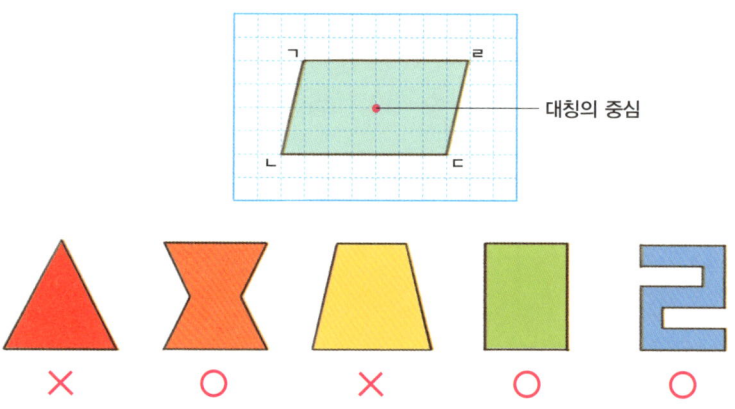

…▶ 대응점은 대칭의 중심에서 같은 거리에 있습니다. 그리고 대응점끼리 이은 선분은 대칭의 중심에 의해 이등분됩니다.

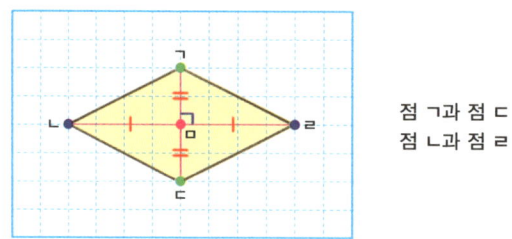

점 ㄱ과 점 ㄷ
점 ㄴ과 점 ㄹ

퀴즈 원은 점대칭도형입니다. ○ ×

대응변의 길이는 서로 같습니다

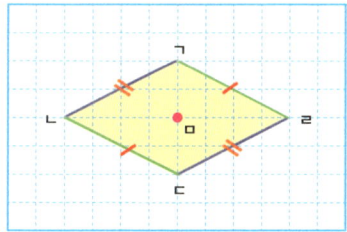

변 ㄱㄴ과 변 ㄹㄷ
변 ㄴㄷ과 변 ㄱㄹ

 대응각의 크기는 서로 같습니다.

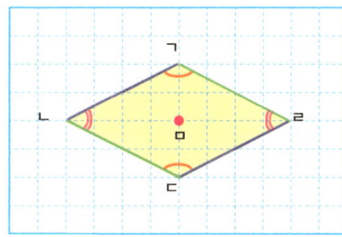

각 ㄱㄴㄷ과 각 ㄱㄹㄷ
각 ㄴㄷㄹ과 각 ㄹㄱㄴ

점대칭도형을 그려 봐요.

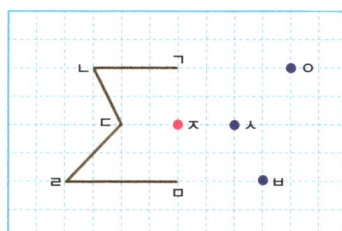 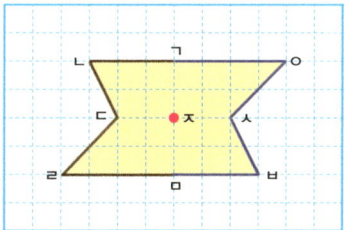

대칭의 중심을 이용하여
180° 회전한 대응점을 찾습니다.

점 ㄱ과 점 ㅇ, 점 ㅇ과 점 ㅅ, 점 ㅅ과 점 ㅂ,
점 ㅂ과 점 ㅁ을 연결하여 도형을 완성합니다.

퀴즈 삼각형은 점대칭도형입니다. ○ ×

| 도형 | 연관 단어 **점대칭도형**

점대칭의 위치에 있는 도형

● 한 점을 중심으로 180° 돌렸을 때 완전히 겹치는 두 도형

🎓 ⋯ 두 도형은 점 ㅅ에 대해 '점대칭의 위치에 있다'라고 하고, 점 ㅅ을 대칭의 중심이라고 합니다. 대응점끼리 이은 선분이 만나는 곳이 대칭의 중심입니다.

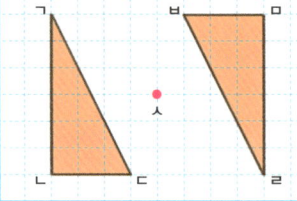

점대칭도형은 대칭의 중심이 도형 안에 있고, 점대칭의 위치에 있는 도형은 두 도형 사이에 대칭의 중심이 있어요. 그래서 점대칭도형은 도형이 1개 점대칭의 위치에 있는 도형은 도형이 2개랍니다.

🎓 ⋯ 점대칭의 위치에 있는 도형은 180° 돌렸을 때 완전히 겹칩니다.

🎓 ⋯ 대응점은 대칭의 중심에서 같은 거리에 있습니다. 그리고 각각의 대응점끼리 이은 선분은 대칭의 중심에 의해 이등분 됩니다.

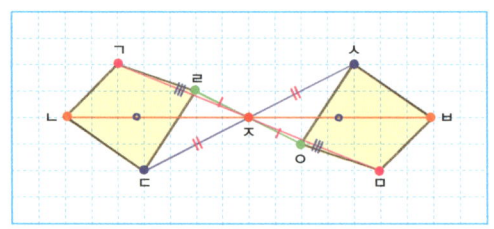

점 ㄱ과 점 ㅁ
점 ㄴ과 점 ㅂ
점 ㄷ과 점 ㅅ
점 ㄹ과 점 ㅇ

퀴즈 점대칭의 위치에 있는 두 도형은 서로 합동입니다. ○ ✕

 대응변의 길이는 서로 같습니다.

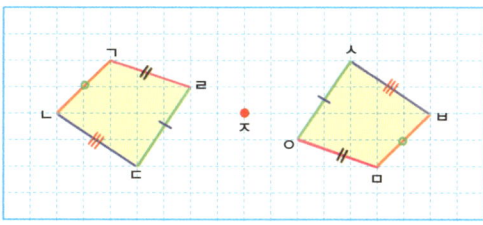

변 ㄱㄴ과 변 ㅁㅂ
변 ㄴㄷ과 변 ㅂㅅ
변 ㄷㄹ과 변 ㅅㅇ
변 ㄹㄱ과 변 ㅇㅁ

 대응각의 크기는 서로 같습니다.

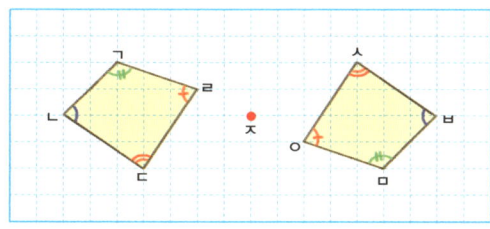

각 ㄱㄴㄷ과 각 ㅁㅂㅅ
각 ㄴㄷㄹ과 각 ㅂㅅㅇ
각 ㄷㄹㄱ과 각 ㅅㅇㅁ
각 ㄹㄱㄴ과 각 ㅇㅁㅂ

 점대칭의 위치에 있는 도형을 그려 봐요.

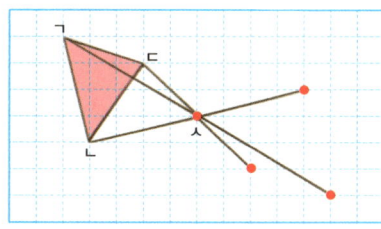   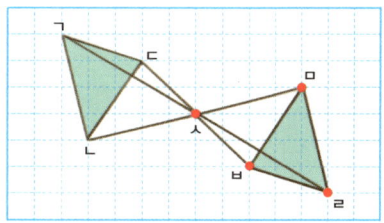

대칭의 중심에서 같은 거리에 있는
대응점을 찾아 표시합니다.

대응점을 연결하여 도형을 완성합니다.

퀴즈 점대칭의 위치에 있는 두 도형 사이에 대칭의 중심이 있습니다. ○ ✕

| 도형 | 연관 단어 **직각삼각형, 정사각형, 평행사변형**

칠교(탱그램)

- 일곱 조각으로 이루어진 직소(jigsaw, 끼워 맞추어 본래의 그림을 만드는 장난감) 퍼즐 놀이의 한 종류

🎓 ⋯▶ 기원전 600년경 중국에서부터 시작되었는데, 여러 가지 지혜를 짜내서 갖가지 모양을 만들 수 있다고 하여 '지혜의 판'이라고도 불렸지요. 우리나라에서는 일곱 조각으로 이루어졌다고 하여 '칠교놀이'라고 하는데, 중국의 '탄'이라는 사람이 만든 것이라고 해서 서양에서는 탱그램이라고 합니다.

삼각형 5개와 사각형 2개
(정사각형 1개, 평행사변형 1개)로
구성되어 있어요.

원리 스토리

⋯▶ 7개의 조각 칠교로 모양을 만들어 볼까?

⋯▶ 만들기도 쉽고 실내에서도 할 수 있어서 계절에 관계없이 옛날 어린이들도 많이 했다고 해.

⋯▶ 7개 조각을 모두 써야 한단 말이지? 어때? 짜잔~, 잘 만들었지?

⋯▶ 와! 제법인걸? 뭐야? 뒤에 정답이 있었잖아?

⋯▶ 어우, 들켰네……

퀴즈 칠교에는 사다리꼴 조각이 있습니다. ○ ×

🎓 …→ 몇 개의 칠교 조각을 사용하여 만든 도형입니다.

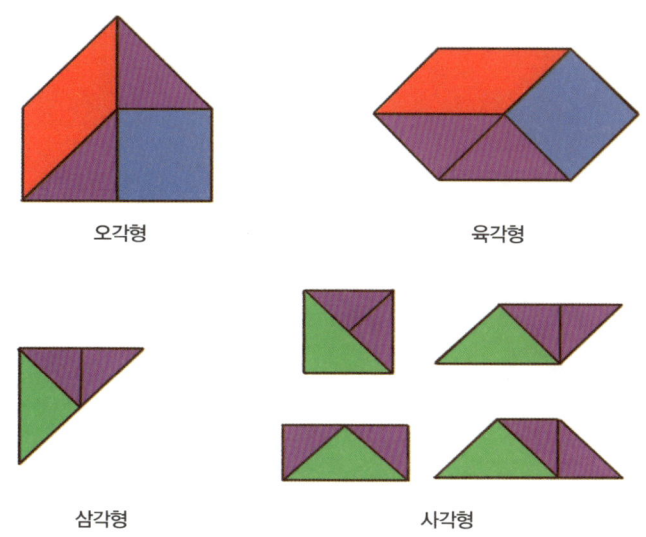

오각형   육각형

삼각형   사각형

🎓 …→ 일곱 개의 칠교 조각을 모두 사용하여 만든 모양입니다.

퀴즈 칠교 조각으로 오각형을 만들 수 있습니다. ○ ×

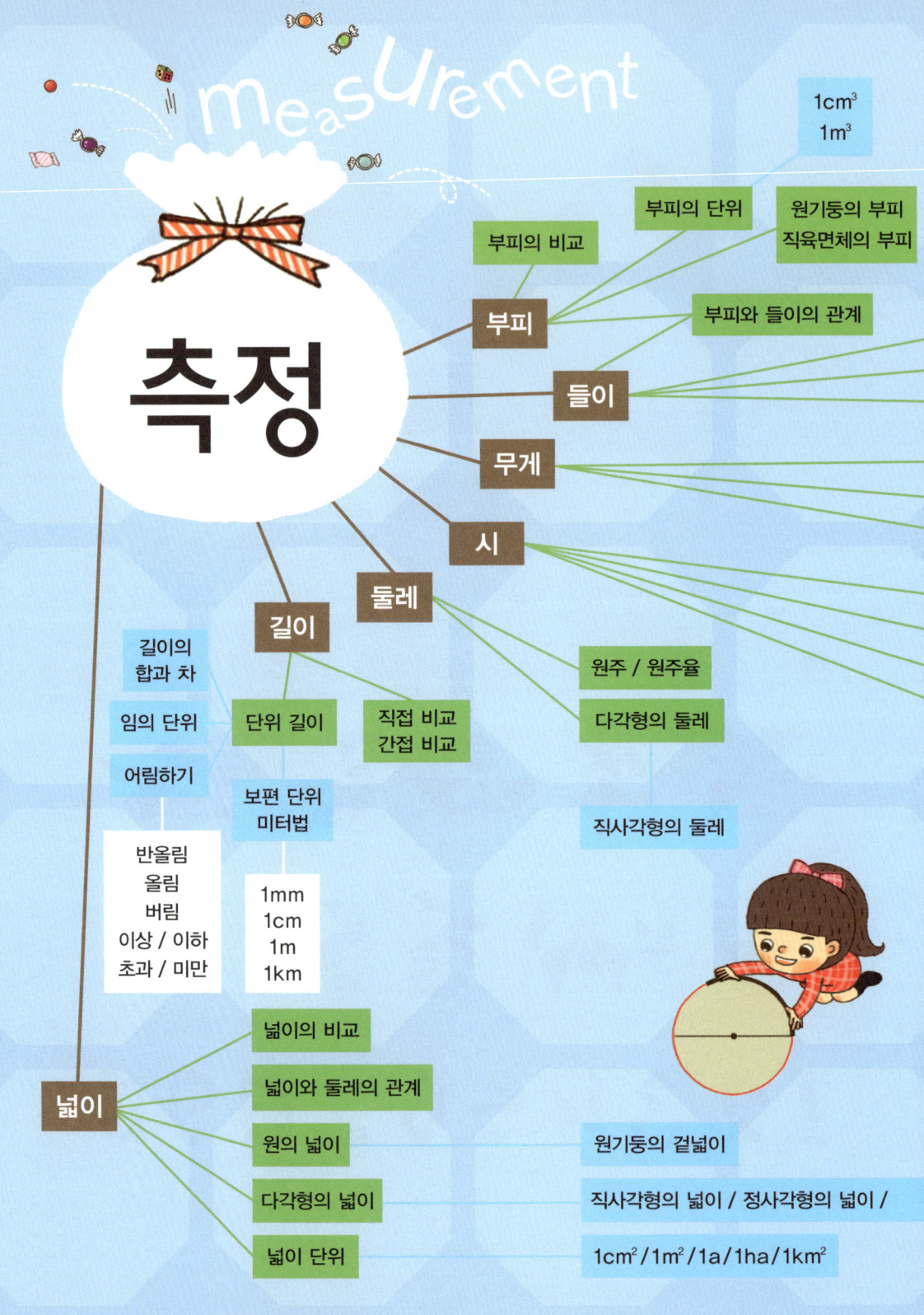

- 들이의 합과 차
- 들이 비교하기
- 들이의 단위 — 1L / 1mL
- 무게의 합과 차
- 무게 비교하기
- 무게의 단위 — 1g / 1kg / 1t
- 시계의 종류
- 달력 — 하루
- 표준시
- 시간의 단위
  - 시각 — 시계 읽기
  - 시간 — 시간의 합과 차

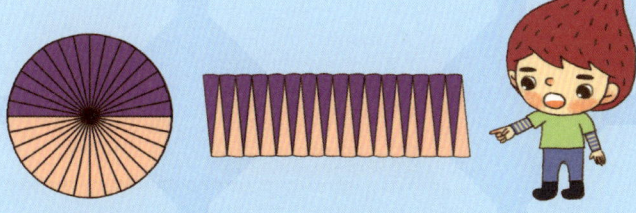

평행사변형의 넓이 / 삼각형의 넓이 / 사다리꼴의 넓이 / 마름모의 넓이 —— 직육면체의 겉넓이

| 측정 | 연관 단어 **높이**

길이

- 한쪽 끝에서 다른 쪽 끝까지의 거리
- 단위에는 밀리미터(mm), 센티미터(cm), 미터(m), 킬로미터(km) 등이 있다.

🎓 ⋯ 사람의 키도 땅에서부터 얼마나 솟아 있는지를 재는 것으로 길이를 재는 것이에요. 뿐만 아니라 책의 두께, 책상의 너비, 수영장의 깊이 등도 모두 길이라 할 수 있지요.

원리 스토리

👦 ⋯ 이 연필은 6cm네!

👧 ⋯ 무슨 소리야! 내가 재었을 때는 8cm였다고.

🎓 ⋯ 싸우지들 말고 잘 보렴! 길이를 잴 때는 먼저 물건의 한쪽 끝을 자의 눈금 0에 맞춘 다음, 물건의 다른 한쪽 끝의 눈금을 읽으면 정확한 길이를 잴 수 있단다.

👧 ⋯ 이렇게 말이에요? 그렇게 쟀더니 연필의 길이가 7cm네!

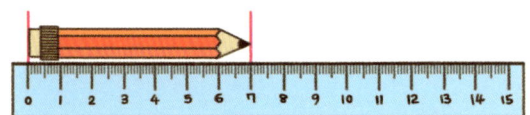

퀴즈 집에서 학교까지의 거리도 길이를 재는 것입니다. ○ ✕

| 측정 | 연관 단어 **길이의 차**

길이의 합

● 둘 이상의 길이를 더하여 하나의 길이로 표현하는 것
● 길이의 합은 같은 단위끼리 더한다.

```
    15 cm  3 mm           5 m   73 cm           20 km  500 m
  +  7 cm  5 mm         + 8 m   58 cm         +  8 km  600 m
  ─────────────         ──────────────        ──────────────
    22 cm  8 mm          13 m  131 cm          28 km  1100 m
                          1 m ← 100 cm          1 km ← 1000 m
                        ──────────────        ──────────────
                         14 m   31 cm          29 km   100 m
```

 ⋯ 길이의 합을 구할 때는 같은 단위끼리 더해야 해요.

두 수를 더할 때 받아올림을 하는 것처럼, 길이의 합을 계산할 때도 10mm는 1cm로, 100cm는 1m로, 1000m는 1km로 받아올림을 해서 간단하게 나타내면 좋습니다.

원리 스토리

 ⋯ 자보다 책상의 길이가 더 긴데, 어떻게 하지?

 ⋯ 자로 한 번 잰 길이인 30cm와 나머지 길이 21cm 5mm를 합하면 돼!

퀴즈 1cm의 10배는 1m입니다. ○ ✕

| 측정 | 연관 단어 **길이의 합**

길이의 차

● 두 길이가 얼마나 차이가 나는지를 하나의 길이로 표현한 것
● 길이의 차는 같은 단위끼리 뺀다.

원리 스토리

… 이 등산로는 올라갈 때의 거리와 내려올 때의 거리가 얼마나 차이가 나지?

… 더 먼 거리에서 짧은 거리를 빼면 되지.

… 그런데 500m에서 800m를 뺄 수 없는걸?

… 걱정 마! 1km는 1000m와 같으니까 받아내림을 해서 계산하면 돼.

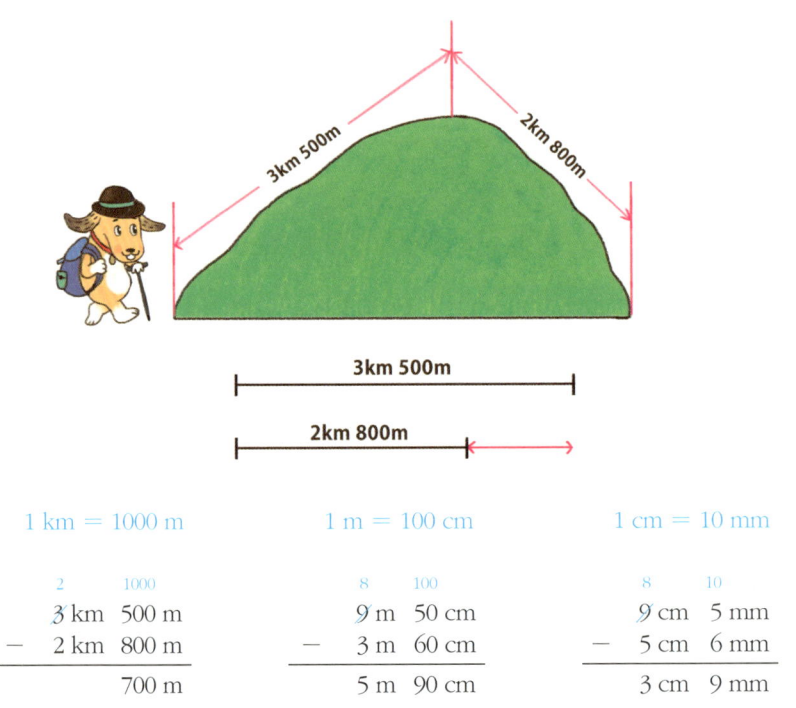

$$1\,\text{km} = 1000\,\text{m} \qquad 1\,\text{m} = 100\,\text{cm} \qquad 1\,\text{cm} = 10\,\text{mm}$$

$$\begin{array}{r} \overset{2\quad\;\;1000}{\cancel{3}\,\text{km}\;\;500\,\text{m}} \\ -\;\;2\,\text{km}\;\;800\,\text{m} \\ \hline 700\,\text{m} \end{array} \qquad \begin{array}{r} \overset{8\quad\;\;100}{\cancel{9}\,\text{m}\;\;50\,\text{cm}} \\ -\;\;3\,\text{m}\;\;60\,\text{cm} \\ \hline 5\,\text{m}\;\;90\,\text{cm} \end{array} \qquad \begin{array}{r} \overset{8\quad\;\;10}{\cancel{9}\,\text{cm}\;\;5\,\text{mm}} \\ -\;\;5\,\text{cm}\;\;6\,\text{mm} \\ \hline 3\,\text{cm}\;\;9\,\text{mm} \end{array}$$

퀴즈 1km는 100m로 받아내림을 해서 계산하면 됩니다. ○ ×

| 측정 | 연관 단어 **간접 비교**

직접 비교

- 대상을 직접 이동하여 겹치거나 견주어 봄으로써 양의 크기를 비교하는 방법
- 비교하고자 하는 물건을 서로 맞대어 보거나 겹쳐서 비교하는 방법

연필 두 자루의 길이를 맞대어 비교하면 어느 연필이 더 긴지 알 수 있어.

내 키가 더 큰걸~!

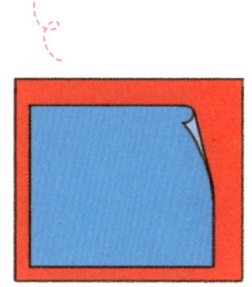

겹쳐 보니 어느 색깔 색종이가 더 넓은지 쉽게 알 수 있어.

🎓⋯ 두 물건을 맞대어 비교할 때는 한쪽 끝을 가지런히 맞춘 후 비교해야 합니다.

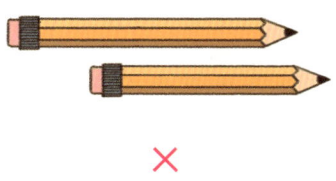

×

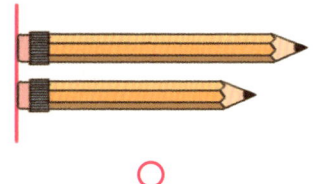

○

퀴즈 직접 맞대어 비교할 때는 한쪽 끝을 가지런히 맞춘 후 비교합니다. ○ ×

| 측정 | 연관 단어 **직접 비교**

간접 비교

- 비교하고자 하는 대상 이외의 다른 매개물을 이용하여 비교하는 방법
- 직접 비교가 불가능할 때 대상을 이동하여 비교한다.

원리 스토리

… 이 책의 가로 길이와 세로 길이가 얼마나 차이가 나는지 알고 싶은데 방법이 없을까?

… 책의 가로와 세로를 직접 맞대어 비교할 수 없으니 연필이나, 클립과 같은 다른 물건을 이용해서 길이를 비교할 수 있어.

… 아하! 그러니까 이 책의 가로 길이는 연필로 2번이 조금 못 되고, 세로 길이는 연필로 2번이니까, 세로 길이가 가로 길이보다 더 길다는 것을 알 수 있구나.

퀴즈 간접 비교로 길이를 비교하면 길이가 얼마나 차이가 나는지 정확히 알 수 있습니다. ○ ×

| 측정 | 연관 단어 **길이, 1cm, 1mm, 1m, 1km**

단위 길이

● 어떤 길이를 재는 데 기준이 되는 길이

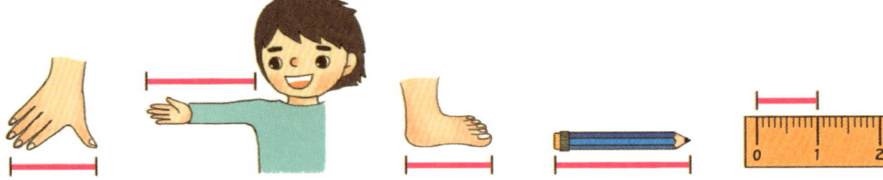

🎓 ⋯ 뼘, 발, 팔, 클립, 연필, 1cm, 1mm, 1m, 1km와 같이 우리 몸의 일부나 물건, 그리고 미터법에서 사용하는 단위는 모두 단위 길이에 해당합니다.

원리 스토리

👦 ⋯ 이 책의 가로 길이는 클립으로 9번이야.

👧 ⋯ 그게 무슨 말이야? 이 책의 가로 길이는 연필로 2번이잖아!

🎓 ⋯ 단위 길이를 무엇으로 하느냐에 따라 나타내는 수가 달라질 수 있지. 단위 길이가 길수록 나타내는 수가 작고, 단위 길이가 짧을수록 나타내는 수가 크단다.

(책의 가로 길이) = (연필로 2번)
                = (클립으로 9번) = (엄지손톱 너비로 12번)

퀴즈 1cm는 단위 길이가 아닙니다. ○ ×

| 측정 | 연관 단어 **간접 비교**

임의 단위

● 비교하는 양을 이동할 수 없을 때 다른 구체물을 이용하는데, 이때 사용하는 구체물

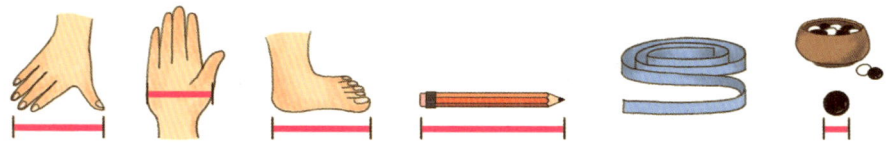

🎓 … 뼘이나 손바닥 너비, 발 길이, 노끈, 바둑돌과 같은 물건을 이용해서 길이를 비교할 수 있어요.

원리 스토리

👦 … 이게 뭐야! 준비물로 가져온 노끈이 내 것만 짧아. 어제 통화했을 때 연필로 5번 정도의 길이라고 했잖아.

👧 … 그래, 맞아. 이 연필로 5번 정도의 길이야. 뭐야? 너 설마 그 몽당연필로 길이를 잰 거야?

🎓 … 너희 둘이 사용한 임의 단위가 다르기 때문에 그런 문제가 생긴 거란다. 그래서 보편 단위가 필요하지.

퀴즈 1cm는 임의 단위입니다. ○ ×

| 측정 | 연관 단어 **미터법**

보편 단위

- 주어진 양의 크기를 누가 측정하든 같은 결과가 나올 수 있도록 약속하여 통일한 단위
- 1cm, 1m, 1mm, 1km, 1g, 1kg, 1mL, 1L 등과 같이 통일된 단위

길이   들이   무게   넓이   부피

⋯ 1cm, 1m와 같이 길이를 재는 보편 단위만 있는 것이 아니라, 무게, 넓이 등을 재는 보편 단위도 있습니다.

길이의 보편 단위	1cm, 1m, 1mm, 1km, 1inch, 1yd 등
들이의 보편 단위	1mL, 1L, 1cc, 1gal 등
무게의 보편 단위	1g, 1kg, 1oz, 1t 등
넓이의 보편 단위	$1cm^2$, $1m^2$, $1mm^2$, $1km^2$, 1a, 1ha 등
부피의 보편 단위	$1cm^3$, $1m^3$, $1mm^3$, $1km^3$ 등

원리 스토리

⋯ 박사님, 나라마다 사용하는 보편 단위가 모두 같나요?

⋯ 좋은 질문이구나! 영어, 프랑스어, 중국어 등 나라마다 사용하는 언어가 다르듯이 옛날에는 각 나라에서 사용하는 보편 단위도 달랐단다. 고대 이집트에서는 '큐빗', 영국에서는 '인치'나 '피트', 프랑스에서는 '피에'라는 보편 단위를 정하여 사용했고, 중국의 영향을 받았던 우리나라와 일본에서는

퀴즈 1cm는 길이의 보편 단위이지만, 1인치는 보편 단위라고 할 수 없습니다. ○ ×

'자'나 '치' 같은 중국에서 유래된 보편 단위를 사용했어.
하지만 언어가 다르면 서로의 말을 알아듣지 못하는 것처럼 나라마다 서로 다른 보편 단위를 사용하고 있었으니 무역을 할 때 얼마나 힘들었겠니? 그래서 이런 불편함을 없애고자, 1875년 국제도량형총회를 열고 미터조약을 체결하였단다. 미터조약은 단위를 표준화하는 국제 조약이란다.

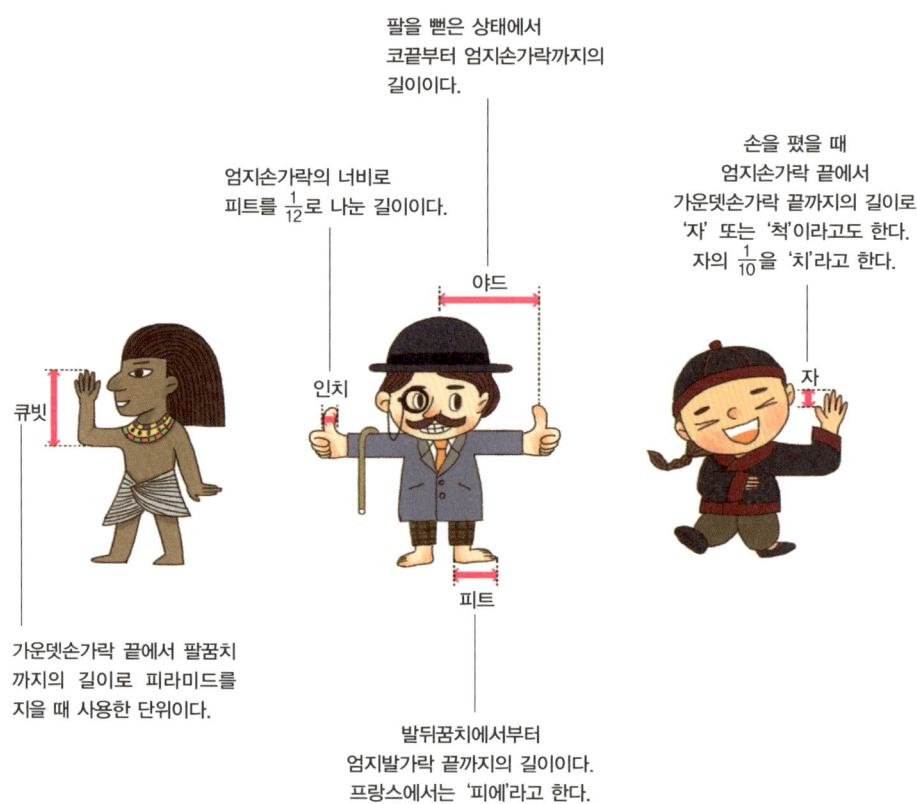

퀴즈 예전부터 나라마다 사용하는 보편 단위는 같았습니다. ○ ✕

| 측정 | 연관 단어 **보편 단위**

미터법

● 미터(m), 킬로그램(kg), 리터(L)를 기본으로 하는 십진법(10, 100, 1000…)의 보편 단위

 길이 단위를 살펴봐요.

길이 단위	기호	m(미터)	같은 값
1 밀리미터	1 mm	0.001 m	
1 센티미터	1 cm	0.01 m	10 mm
1 미터	1 m	1 m	100 cm = 1000 mm
1 킬로미터	1 km	1000 m	1000 m = 100000 cm = 1000000 mm

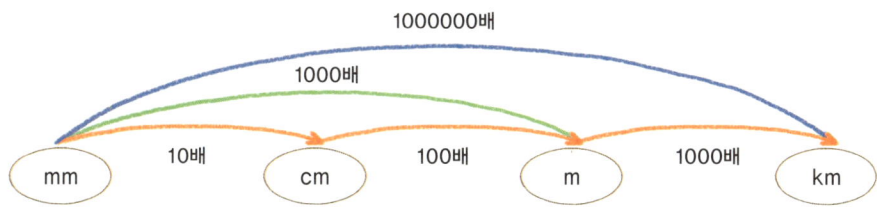

1 km = 1000 m = 100000 cm = 1000000 mm

 무게 단위를 살펴봐요.

무게 단위	기호	g(그램)	같은 값
1 밀리그램	1 mg	0.001 g	
1 그램	1 g	1 g	1000 mg
1 킬로그램	1 kg	1000 g	1000 g = 1000000 mg
1 톤	1 t	1000000 g	1000 kg = 1000000 g = 1000000000 mg

퀴즈 1 km는 10000 cm입니다. ○ ×

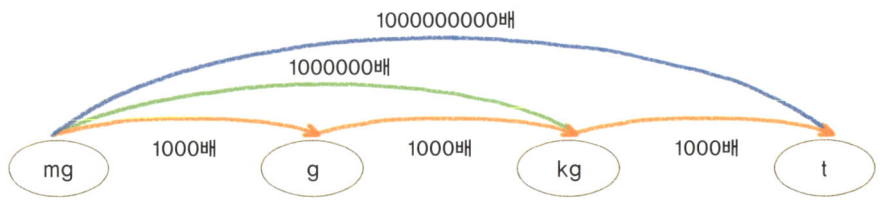

$1t = 1000\,kg = 1000000\,g = 1000000000\,mg$

🎓 ⋯▶ 들이 단위를 살펴봐요.

들이 단위	기호	L(리터)	같은 값
1 밀리리터	1 mL	0.001 L	
1 리터	1 L	1 L	1000 mL

원리 스토리

🧒 ⋯▶ 그런데 1m는 누가 정했나요?

🎓 ⋯▶ 학자들은 1m를 어떻게 정할까 고민을 많이 했단다. 처음에는 프랑스 과학원에서 1m를 북극점에서 적도까지 거리의 1000만분의 1로 정하였다가, 1793년에는 적도 길이의 4000만분의 1로 정의하기도 했단다. 그러다가 1983년 1m는 시간과 길이와 연관시키는 방법으로 다시 정의되었단다. 즉, 공간에서 빛이 1초 동안 진행한 거리의 2억 9979만 2458분의 1로 1m를 정한 거지.

퀴즈 1L는 1000 mL와 같습니다. ○ ×

| 측정 | 연관 단어 1mm, 1m, 1km

1cm

- 단위 길이 중의 하나로 ▬▬의 길이를 1cm라고 약속한다.
- 1m의 $\frac{1}{100}$에 해당하는 길이의 단위

🎓⋯ 1cm 라 쓰고, 일 센티미터라고 읽습니다.

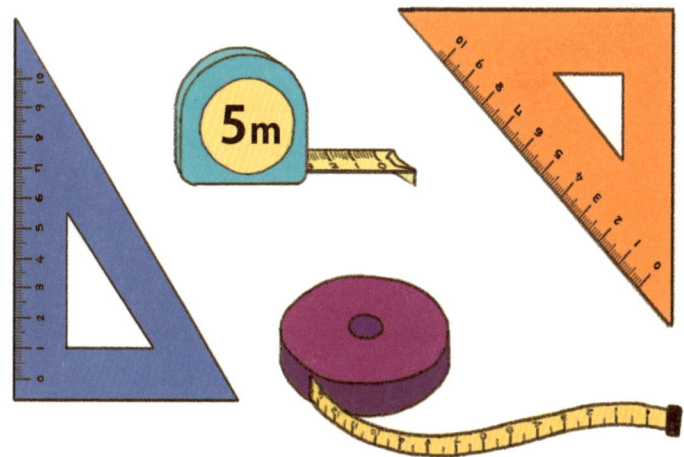

🎓⋯ 자의 모양은 달라도 1cm의 길이는 모두 같습니다.

퀴즈 cm는 길이를 재는 가장 작은 단위입니다. ○ ✕

227

| 측정 | 연관 단어 1cm, 1m, 1km

1mm

- 1cm의 $\frac{1}{10}$로 1cm=10mm
- 1m의 $\frac{1}{1000}$에 해당하는 길이의 단위

🎓⋯ 1mm라 쓰고, 일 밀리미터라고 읽습니다.

🎓⋯ 1cm를 열 칸으로 똑같이 나눈 작은 눈금 한 칸의 길이가 바로 1mm 입니다.

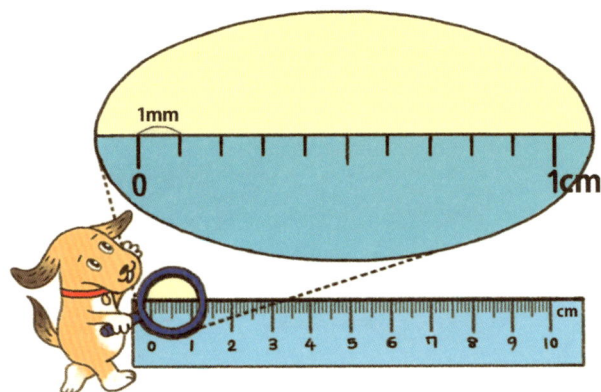

퀴즈 연필심과 같이 작은 물건의 길이를 잴 때 주로 사용하는 단위는 mm입니다. ○ ×

| 측정 | 연관 단어 mm, cm, km

1m

- 미터법에서 사용하는 길이의 기본 단위
- 1cm의 100배에 해당하는 길이의 단위

🎓 ⋯ $1m$라 쓰고, 일 미터라고 읽습니다.

원리 스토리

👧 ⋯ 내 키는 135cm인데, 1m가 넘는 거야, 안 넘는 거야?

👩 ⋯ 잘 보렴! 1m는 100cm이지? 그러니까 네 키는 1m보다 35cm 더 큰 거야. 그러니까 135cm는 1m 35cm라고 쓰고 '1미터 35센티미터'라고 읽으면 돼.

퀴즈 1cm는 100m입니다. ○ ×

| 측정 | 연관 단어 mm, cm, m

1 km

- 1m의 1000배에 해당하는 길이의 단위
- 1000 m = 1 km

👨‍🎓⋯ 1km 라 쓰고, 일 킬로미터라고 읽습니다.

원리 스토리

🧒⋯ 서울에서 광주까지의 거리는 약 300000m, 서울에서 부산까지의 거리는 약 400000m나 돼요. 수가 너무 크니 읽기도 불편하고 얼마만큼의 길이인지도 잘 모르겠어요. 좀 더 단순하게 나타낼 수 없을까요?

👨‍🎓⋯ 그렇게 긴 거리는 km를 이용해서 나타내면 좋단다. 그러니까 서울에서 광주까지의 거리는 약 300km, 부산까지의 거리는 약 400km인 셈이지.

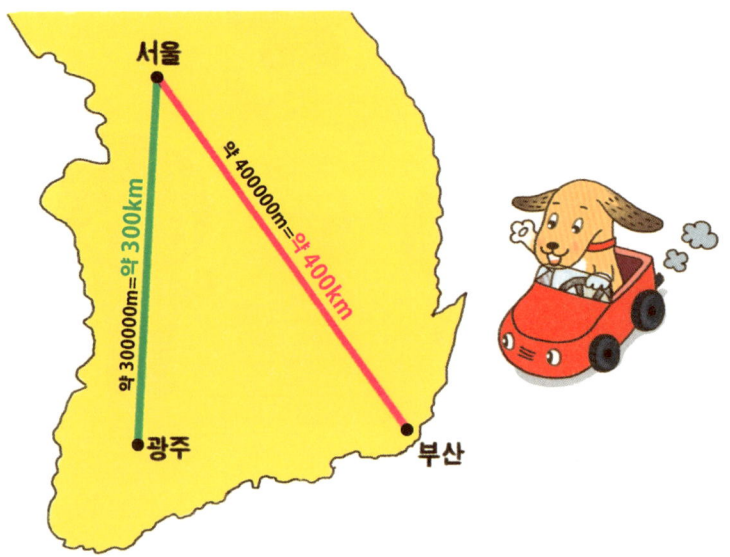

퀴즈 1km는 1000m입니다. ○ ×

| 측정 | 연관 단어 **길이, 무게, 들이**

어림하기

● 실제로 측정할 수 없는 상황에서 측정하고자 하는 양이 얼마나 되는지 대강 알아보는 것

원리 스토리

🧒 ⋯▶ 자나 저울이 없을 때 어림하는 비법 좀 알려 줘!

👦 ⋯▶ 별거 아니야. 먼저 길이를 어림할 때는 내 몸의 일부 길이를 알고 있으면 도움이 돼. 내 한 뼘은 약 10 cm, 발 길이는 약 22 cm야. 그리고 허리까지의 길이가 약 1 m라서 길이를 어림할 때는 내 몸을 이용하지!

👦 ⋯▶ 보통 종이컵은 약 150 mL, 작은 생수병은 500 mL, 큰 우유나 주스는 1000 mL, 음료수 페트병은 1500 mL야. 그러니까 이런 것들의 들이를 알고 있으면 다른 물건의 들이를 어림하기 쉽지!

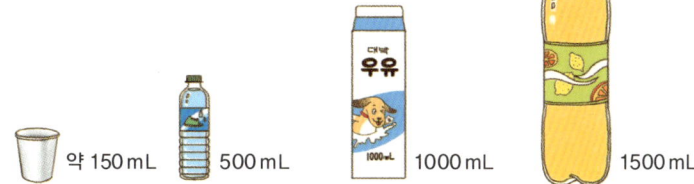

퀴즈 1 L 500 mL는 1500 mL입니다. ○ ✕

👧 ⇢ 그럼 무게는?

🧒 ⇢ 보통 주먹만 한 사과 한 개는 약 100g, 밀가루 한 봉지는 약 1kg, 그리고 내 머리 크기만 한 수박 한 덩이는 약 5kg이야. 그 물건을 들었을 때 무게감을 잘 기억해 두었다가 어림하곤 해.

약 100g   1kg   약 5kg

퀴즈 크기가 크면 무게도 많이 나갑니다. ○ ×

측정 | 연관 단어 **년, 월, 일, 시**

시간의 단위

- 1년은 지구가 태양의 둘레를 한 바퀴 공전하는 데 걸리는 시간
- 1일은 지구가 스스로 한 바퀴 도는 데 걸리는 시간

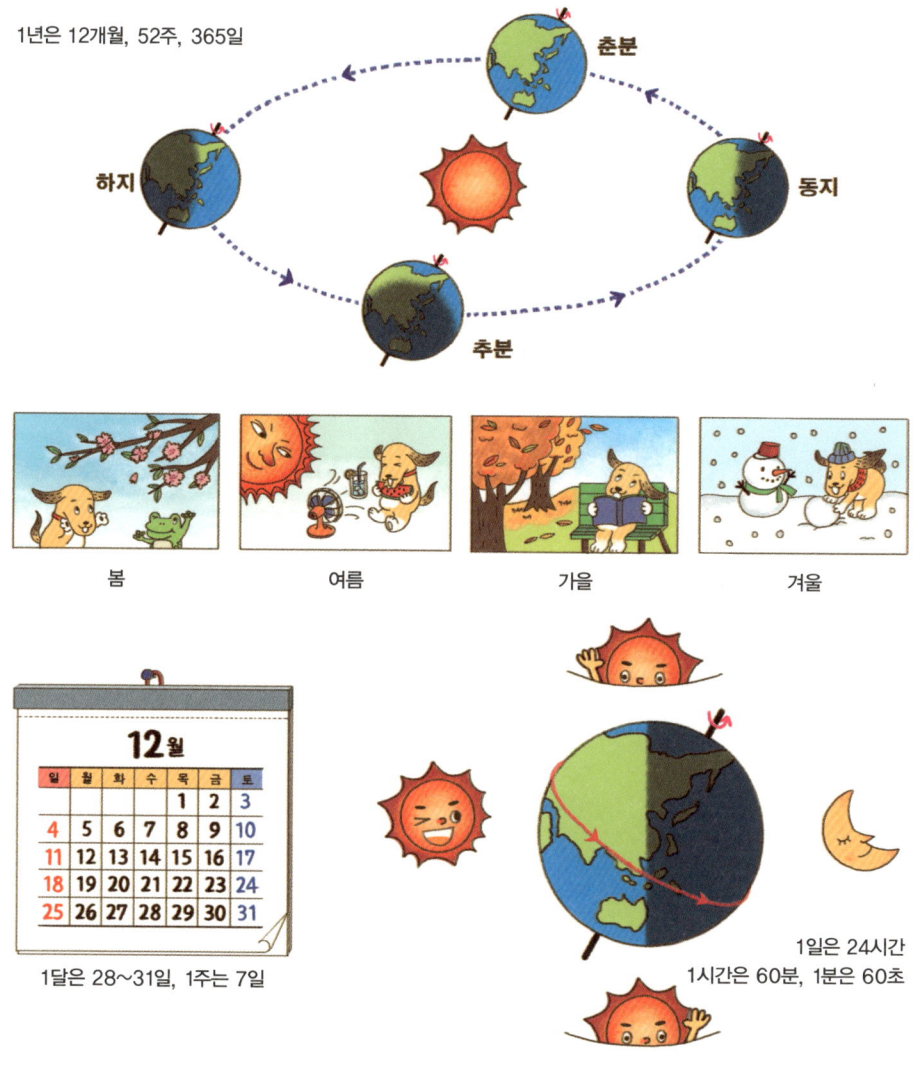

1년은 12개월, 52주, 365일

춘분 / 하지 / 동지 / 추분

봄 여름 가을 겨울

1달은 28~31일, 1주는 7일

1일은 24시간
1시간은 60분, 1분은 60초

퀴즈 1년은 52주입니다. ○ ×

원리 스토리

🧒 ⋯ 1년이 365일이라는 것을 어떻게 정했나요?

👨‍🎓 ⋯ 옛날 고대 이집트인들은 농사를 짓고 살았어. 그런데 매년 비슷한 시기에 홍수가 나서 애써 가꾼 농사에 피해를 입었던 거야. 그래서 하늘을 관찰하기 시작했지. 그러다가 매년 동쪽 지평선 위에 샛별(시리우스)이 나타날 때쯤 나일강이 범람하여 홍수가 난다는 것을 알게 되었단다. 그 주기가 바로 달이 열두 번 차고(보름달) 기우는(그믐달) 약 360일쯤이라는 것을 알게 된 거지. 그래서 그 주기를 1년이라고 정하고, 달이 한 번 차고 기우는 시기를 한 달이라고 정했어. 그게 바로 지금의 1년과 열두 달의 기원이 된 거란다.

퀴즈 1년은 지구가 스스로 한 바퀴 도는 데 걸리는 시간입니다. ○ ✕

| 측정 | 연관 단어 **년, 월, 주, 일**

달력

- 1년의 날짜를 순서에 맞게 월, 일, 요일로 표시한 것
- 1년은 12개월, 52주, 365일이다.

🎓… 한 달은 달이 지구를 한 바퀴 도는 데 걸리는 시간입니다. 달이 지구를 한 바퀴 돌 때 위치에 따라 모양이 변합니다.

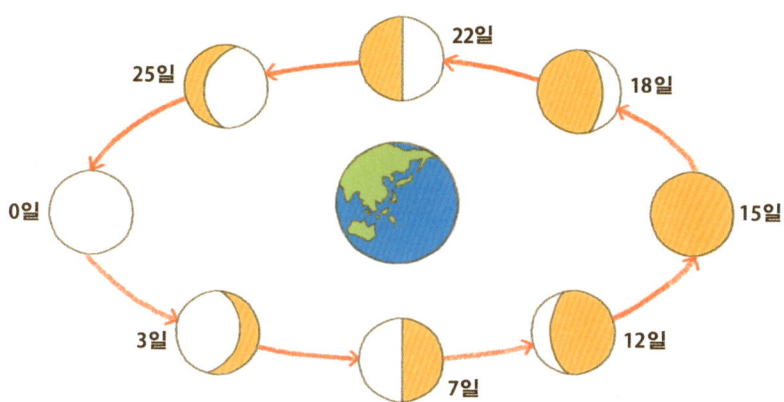

🎓… 한 달은 28일에서 31일까지 있습니다.

31일인 달 … 1, 3, 5, 7, 8, 10, 12월
30일인 달 … 4, 6, 9, 11월
28(29)일인 달 … 2월

주먹을 쥐고 손등을 보렴.

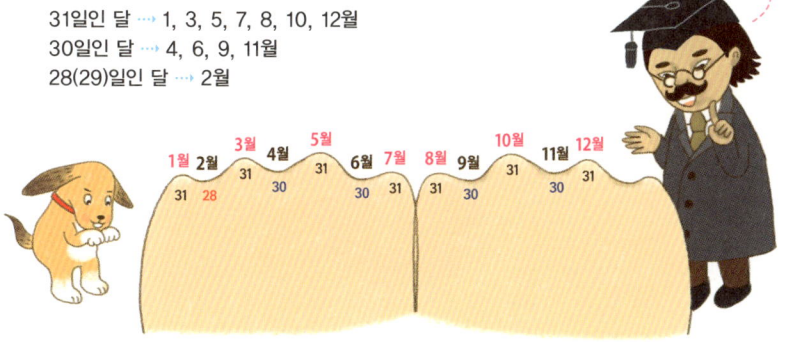

퀴즈 달력에서 한 달이 31일인 달은 모두 7개입니다. ○ ×

🎓 ⋯ 각 달마다 월, 화, 수, 목, 금, 토, 일요일의 7개 요일과 날짜가 있습니다.

원리 스토리

🧒 ⋯ 왜 2월이 28일까지 있는 해가 있고 29일까지 있는 해가 있는 거예요?

🎓 ⋯ 좋은 질문이구나! 2월이 29일까지 있는 해를 윤년이라고 한단다. 사실 지구가 태양을 한 바퀴 도는 데 365일 5시간 48분 46초가 걸려. 그래서 365일을 제외한 시간들을 모아서 4년마다 한 번씩 2월 29일을 두어 하루를 늘리는 거지.

🧒 ⋯ 그렇군요! 그럼 양력과 음력은 어떻게 다른가요?

🎓 ⋯ 양력은 지구가 태양의 주위를 한 바퀴 도는 데 걸리는 시간을 1년으로 하여 만든 것이고, 음력은 달이 지구를 한 바퀴 도는 데 걸리는 시간을 기본으로 하여 만든 것이란다.

퀴즈 1달은 달이 지구를 한 바퀴 도는 데 걸리는 시간입니다. ○ ×

| 측정 | 연관 단어 **시각, 시간**

하루

● 하루는 지구가 스스로 한 바퀴 도는 데 걸리는 시간으로 24시간이다.

🎓⋯ 오전(AM)은 '상오'라고 하기도 하고, 0시(자정)부터 12시(정오)까지의 시간입니다. 오후(PM)는 '하오'라고 하기도 하고, 12시(정오)부터 24시(자정)까지의 시간입니다.

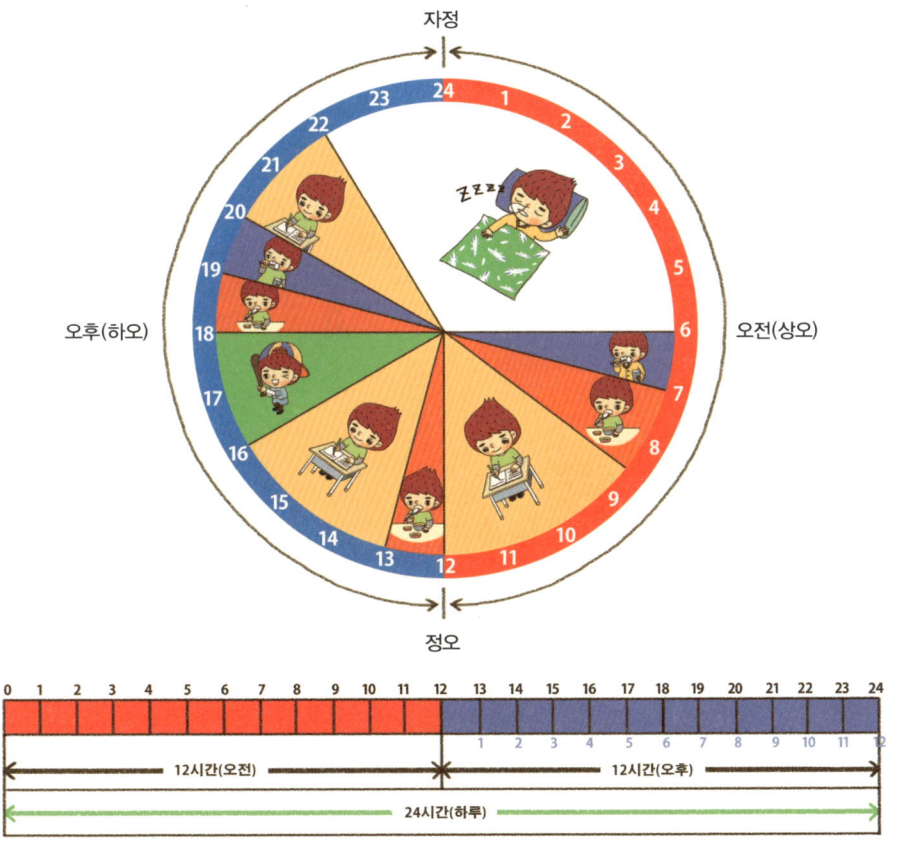

퀴즈 자정은 낮 12시입니다. ○ ×

| 측정 | 연관 단어 **시계 읽기**

시계의 종류

● 아날로그 시계, 디지털 시계, 해시계, 물시계, 모래시계 등 다양하다.

아날로그(기계식) 시계
시침, 분침, 초침이 숫자를 가리키면서 시간을 알려 주는 시계

디지털(전자식) 시계
셋 또는 네 개의 숫자로 시각을 알려 주는 시계

해시계
태양의 움직임을 측정하여 시간을 알려 주는 시계

물시계
흘러 들어가거나, 흘러나온 물의 양으로 시간을 알려 주는 시계

모래시계
모래를 넣고 한쪽으로 모래가 떨어지는 원리를 이용해 시간을 알려 주는 시계

● ⋯ 🕑 🕝 이건 같은 시각일까, 다른 시각일까?

● ⋯ 글쎄, 디지털 시계인 건 알겠는데……

● ⋯ PM은 오후를 뜻하니까 왼쪽 시계는 오후 2시 30분을 나타내. 그리고 오후 1시는 13시, 오후 2시는 14시니까, 14시 30분은 오후 2시 30분인 거지. 그러니까 둘은 동일한 시각이야.

퀴즈 모래시계는 모래의 양이나 유리의 크기에 따라 시간이 모두 다릅니다. ○ ✕

| 측정 | 연관 단어 **시계 읽기**

시각

● 시간의 어느 한 시점

아침에 일어난 시각

밤에 잠잔 시각

원리 스토리

→ 영화 시작 시간이 언제야?

→ 영화 시작 '시간'이 아니라 영화 시작 '시각'이라고 해야지!

→ 영화가 시작하는 시점을 말하는 거니까 '시각'이라고 해야겠구나~.

〈수학 탐험〉 영화 시작 시각은 10시 40분이야.

영화 제목	시작	끝
한반도의 공룡	10:50	11:50
수학 탐험	10:40	12:00
모험의 세계	11:00	13:20

퀴즈 내가 오늘 아침에 일어난 때는 '시간'이라고 말합니다. ○ ×

| 측정 | 연관 단어 **시각, 시계 읽기**

시간

● 어떤 시각에서 어떤 시각까지의 사이

원리 스토리

🧒 … 내가 기차를 타는 때는 '시각'이고, 기차를 탄 동안은 '시간'이라고 하는 거 맞지?

👧 … 그렇지. 그러니까 저 기차는 2시에 출발해서 5시에 도착하니 '3시간' 동안 기차를 타야 해.

👨‍🎓 … 제법이구나! 그런데 일상생활에서는 '시각'과 '시간'을 구별하지 않고 쓰는 경우도 많단다. 보통 해가 뜨는 때를 '일출 시각'이라고 하지만 사람들은 '일출 시간'이라고도 하지.

퀴즈 어떤 시각에서 시각까지의 사이를 '시간'이라고 합니다. ○ ✕

| 측정 | 연관 단어 **시각, 몇 분, 몇 초**

시계 읽기 1 몇 시 30분

- 긴 바늘이 12를 가리킬 때 '몇 시'를 나타내며, 긴 바늘이 6을 가리킬 때 '30분'을 나타낸다.
- 짧은 바늘이 가리키는 숫자를 넣어 '몇 시'를 읽는다.

→ 짧은 바늘은 2를 가리키고, 긴 바늘이 12를 가리키니까 '2시'입니다.

→ 짧은 바늘은 9와 10 사이에 있고, 긴 바늘이 6을 가리키니 9시 30분입니다.

퀴즈 긴 바늘이 12를 가리킬 때 '몇 시'를 나타냅니다. ○ ✕

| 측정 | 연관 단어 **시각, 몇 시, 몇 초**

시계 읽기 2 몇 분

- 긴 바늘은 '몇 분'을 나타내며, 긴 바늘이 가리키는 작은 한 눈금은 1분을 나타낸다.
- '몇 시 몇 분'은 '몇 시 몇 분 전'으로 나타낼 수 있다.(2시 50분=3시 10분 전)

원리 스토리

🧒 … 이 시계는 9시 4분이야.

👦 … 아니야! 짧은 바늘이 9와 10 사이에 있으니 9시인 건 맞아. 그렇지만 긴 바늘이 숫자 4를 가리키면 20분이야.

👨‍🎓 … 긴 바늘이 숫자 1, 2, 3…을 가리키면 5분, 10분, 15분…을 나타내는 거란다. 1시간은 60분이고 시계의 긴 바늘이 한 바퀴 도는 데 걸리는 시간은 1시간이지.

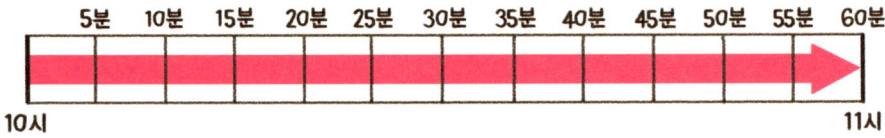

퀴즈 긴 바늘이 가리키는 작은 눈금 한 칸은 5분을 나타냅니다. ○ ×

| 측정 | 연관 단어 **시각, 몇 시, 몇 분**

시계 읽기 3 몇 초

- 초침이 작은 눈금 한 칸을 지나는 데 걸리는 시간을 1초라고 한다.
- 1분은 60초

👧 ⋯ 작은 눈금 한 칸이 1초야.

👦 ⋯ '분'도 작은 눈금 한 칸이 1분인데.

🎓 ⋯ 그러나 분침이 한 칸을 움직일 때 초침은 60칸을 움직인단다.

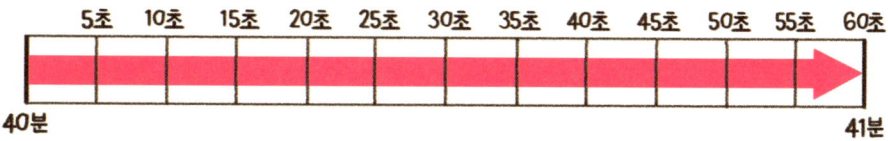

퀴즈 숫자 5에 초침이 있을 때 25초라고 읽습니다. ○ ×

| 측정 | 연관 단어 **시간의 차**

시간의 합

- 시, 분, 초를 단위로 하여 시간과 시간 또는 시각과 시간을 합하는 것
- 시간의 합은 같은 단위끼리 더한다.

(시간) + (시간) = (시간)
수학 공부한 시간 : 1시간 10분 15초
영어 공부한 시간 : 2시간 30분 50초
공부한 총 시간 : (1시간 10분 15초) + (2시간 30분 50초)

(시각) + (시간) = (시각)
영화 시작 시각 : 1시 30분 25초
영화 보는 데 걸린 시간 : 1시간 30분 45초
영화가 끝난 시각 : (1시 30분 25초) + (1시간 30분 45초)

원리 스토리

→ 내가 10시 58분에 출발해서 5분 20초 만에 운동장 두 바퀴를 돌았으니까, 도착한 시각은 15시 78분이야.

~~10시   58분~~
~~+ 5분   20초~~
~~15시   78분~~

→ 아이쿠! 시간의 합은 같은 단위끼리 더해야 해. 시는 시끼리, 분은 분끼리, 그리고 초는 초끼리 말이야. 그리고 60초는 1분으로, 60분은 1시간으로 받아올림을 해서 간단하게 나타내면 좋아.

	10시	58분	
+		5분	20초
	10시	63분	20초
	1시간	← 60분	
	11시	3분	20초

퀴즈 (시간)과 (시간)의 합은 (시각)으로 나타냅니다. ○ ×

| 측정 | 연관 단어 **시간의 합**

시간의 차

- 시, 분, 초를 단위로 하여 시간과 시간, 시각과 시각 또는 시각과 시간의 차를 구하는 것
- 시간의 차는 같은 단위끼리 뺀다.

1시간 45분 20초   2시간 30분 50초

1. (시간) − (시간) = (시간)

내가 책 읽은 시간 : 2시간 30분 50초
동생이 책 읽은 시간 : 1시간 45분 20초
나와 동생이 책 읽은 시간의 차 :
(2시간 30분 50초) − (1시간 45분 20초)

2시 50분 40초

3시 12분 15초

2. (시각) − (시각) = (시간)

집에 도착한 시각 : 3시 12분 15초
학교에서 출발한 시각 : 2시 50분 40초
학교에서 집까지 오는 데 걸린 시간 :
(3시 12분 15초) − (2시 50분 40초)

35분 동안 숙제를 했구나.   7시 50분

3. (시각) − (시간) = (시각)

숙제를 마친 시각 : 7시 50분
숙제를 하는 데 걸린 시간 : 35분
숙제를 시작한 시각 : (7시 50분) − (35분)

퀴즈 (시각)과 (시각)의 차는 (시각)으로 나타냅니다. ○ ✕

원리 스토리

🙂 … 집에 도착한 시각 3시 12분 15초에서 학교에서 출발한 시각 2시 50분 40초를 빼려고 하는데, 15초에서 40초를 어떻게 빼지?

🙂 … 걱정 마! 1분은 60초와 같으니까 받아내림을 해서 계산하면 돼. 마찬가지로 1시간은 60분과 같아.

```
          2시      ➡ 60분
                     11분    ➡ 60초
          3시       12분       15초
       -  2시       50분       40초
          ─────────────────────────
                   21분       35초
```

퀴즈 시간의 차를 계산할 때 받아내림을 이용해서 계산합니다. ○ ×

| 측정 | 연관 단어 **시각**

표준시

- 태양이 특정 자오선을 통과하는 때를 기준으로 정한 평균 태양시
- 각 나라나 지방에 따라 쓰는 표준시가 다르다.

그리니치 표준시에 따른 세계의 시각
(Greenwich Mean Time, GMT 런던 교외의 그리니치에서 잰 시각)

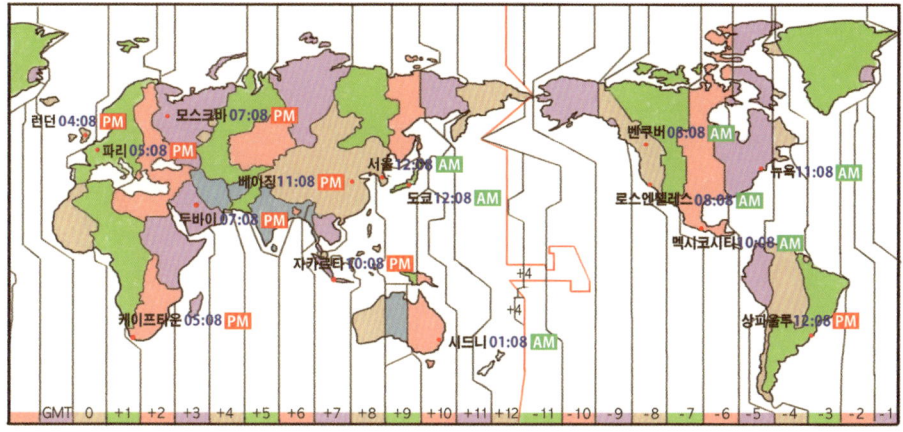

🧒 … 그런데 지도에서 색깔이 다른 건 뭐예요?

👨‍🎓 … 시간대에 따라 색깔을 모두 다르게 표시했단다. 미국이나 중국처럼 땅의 면적이 큰 나라들은 같은 나라지만 지역에 따라 시간이 다르지.

🧒 … 그러면 아래 숫자는 그리니치 표준시보다 몇 시간이 더 빠른지 느린지를 표시한 거군요. 서울은 +9이니 런던보다 9시간이 느리네요.

퀴즈 그리니치 자오선에서의 평균 태양시가 그리니치 표준시입니다. ○ ×

| 측정 | 연관 단어 **미터법, mL, L**

들이

- '들이다'에서 온 개념으로 용기의 안으로 들여진 정도
- 주전자 등과 같은 용기의 내부 공간의 부피로, 주로 액체 분량의 부피를 가지고 측정한다.

🎓… 요구르트병, 음료수 캔, 페트병에 들어 있는 음료수의 양이 들이입니다. 들이의 단위에는 밀리리터(mL), 데시리터(dL), 리터(L) 등이 있습니다.

원리 스토리

👧… 이 크기가 다른 나무 상자는 뭐야?

👦… 우리 조상들은 쌀이나 콩 등 곡식의 양을 잴 때 이 나무 상자를 이용했어. '홉', '되', '말'이라는 들이의 단위가 그때 사용되었지. 한 홉은 약 180mL이고, 한 되는 약 1800mL(1.8L), 한 말은 18000mL(18L)야. 즉, 되는 홉의 10배이고, 말은 되의 10배이지.

퀴즈 주전자에 들어가는 물의 양은 들이입니다. ○ ✕

| 측정 | 연관 단어 들이

들이 비교하기

- 모양과 크기가 같은 큰 그릇에 직접 옮겨서 비교한다.
- 또는 모양과 크기가 같은 작은 그릇(컵)에 옮겨 담아서 그릇(컵)의 수를 세어 비교한다.

> 원리 스토리

🎓 ⋯ 내가 만든 맛있는 주스를 좀 나누어 줄 테니 빈 병을 가져 올래?

🧒 ⋯ 와, 신 난다!

👧 ⋯ 나 빈 병 하나만 빌려 줘.

👦 ⋯ 우유병이랑 물병 중에서 어떤 걸 주지? 내가 더 많이 먹고 싶은데. 두 병에다 물을 가득 담아서 작은 컵에 따라 봐야겠다. 우유병의 들이가 더 크네! 히히 물병을 빌려 줄게.

🎓 ⋯ 잠깐! 사용한 컵의 모양과 크기가 다르잖아! 모양과 크기가 같은 컵에 따라 봐야 어떤 병의 들이가 큰지 정확하게 비교할 수 있어. 자, 보렴. 물병의 들이가 더 크지?

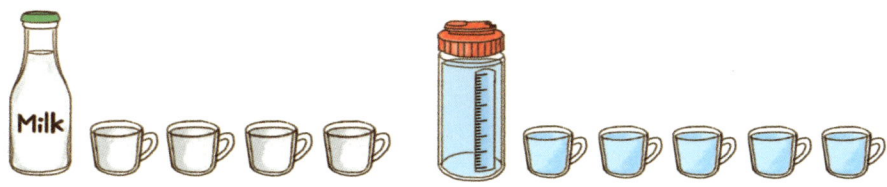

퀴즈 크기가 같은 병의 들이는 모두 같습니다. ○ ×

| 측정 | 연관 단어 mL, 들이 비교하기

1L

● 한 모서리의 길이가 10cm인 정육면체의 부피(1000 cm³)와 같은 들이

🎓⋯ 1L라 쓰고, 일 리터라고 읽습니다.

가로, 세로, 높이 모두 10cm인 용기에 담을 수 있는 양이 바로 1L입니다.

원리 스토리

🧒⋯ 두 수조에 담긴 물의 양을 비교할 수는 있는데, 얼마나 차이가 나는지 정확히 알 수 있는 방법이 없을까요?

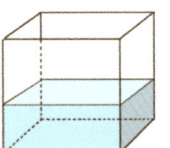 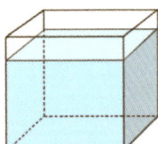

🎓⋯ 그래서 사람들이 들이의 단위를 정한 거란다. 가로, 세로, 높이가 각각 1cm인 낱개 모형 1000개가 모인 천 모형 크기의 들이를 1L라고 말이야.

퀴즈 L(리터)는 들이를 재는 가장 작은 단위입니다. ○ ×

| 측정 | 연관 단어 L, 들이 비교하기

1 mL

- 한 모서리의 길이가 1cm인 정육면체의 부피(1cm³)와 같은 들이
- 1L = 1000mL

👨‍🎓 … 1mL 라 쓰고, 일 밀리리터라고 읽습니다.
수 모형 중에서 가장 작은 낱개 모형 크기의 들이가 바로 1mL입니다.

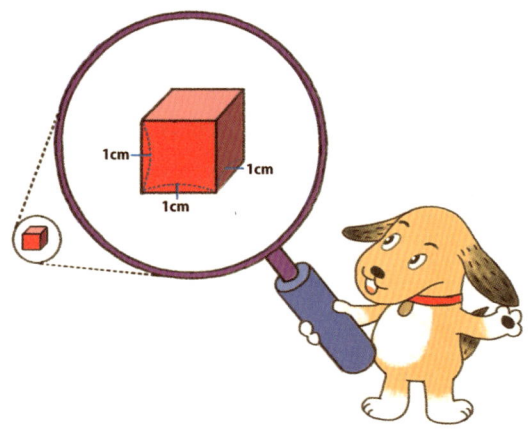

원리 스토리

👧 … 우리 엄마는 1cc라는 말을 쓰시던데 1cc는 몇 mL인가요?

👨‍🎓 … 일상생활에서 cc라는 표현도 많이 사용하지. cc는 cubic centimeter의 줄임말이란다. cubic은 3제곱이라는 뜻이야.

👧 … 1cm인 정육면체의 부피(1cm³)와 같은 들이가 바로 1mL이니까 결국 1cm³=1cc=1mL이군요!

퀴즈 1cc와 1mL는 같은 들이를 나타냅니다. ○ ×

| 측정 | 연관 단어 들이, mL, L

들이의 합과 차

- 둘 이상의 들이를 더하거나 빼서 하나의 들이로 표현하는 것
- 들이의 합과 차는 같은 단위끼리 더하거나 뺀다.

원리 스토리

🧒 … 병 2개에 각각 담겨 있는 우유를 하나로 합치려면 들이가 얼마나 되는 통이 필요하지?

👧 … 각 병에 담겨 있는 우유의 들이를 더하면 되지!

🧒 … 그럼 들이의 차를 구하려면 큰 병에서 작은 병의 들이를 빼면 되겠네!

👨‍🎓 … 제법이구나! 들이의 합과 차를 구할 때는 같은 단위끼리 더하거나 빼면 된단다. 1000mL는 1L로 받아올림을 하고, 1L는 1000mL로 받아내림을 해서 간단하게 나타내면 좋단다.

	2 L	500 mL
+	1 L	700 mL
	3 L	1200 mL
	1 L ←	1000 mL
	4 L	200 mL

	1	➡ 1000
	2 L	500 mL
−	1 L	700 mL
		800 mL

퀴즈 들이를 더할 때는 같은 단위끼리 더해야 합니다. ○ ×

| 측정 | 연관 단어 **미터법, g, kg, t**

무게

- 무거운 정도를 나타내는 양
- 무게를 측정하는 단위에는 mg(밀리그램), g(그램), kg(킬로그램), t(톤) 등이 있다.

🧑‍🎓 ⋯ 무게는 눈으로 볼 수 없지만 아래 도구들을 사용해서 측정할 수 있습니다.

원리 스토리

👧 ⋯ 할머니를 따라서 귀금속 가게에 간 적이 있는데, 할머니께서 '한 돈'이라는 말을 쓰셨어요. 그게 무슨 뜻이에요?

🧑‍🎓 ⋯ 한 돈은 3.75g에 해당하는 무게로, 옛날에 일본이 우리나라를 침략했을 때, 일본의 진주양식업자들이 썼던 무게 단위란다. 순수한 우리나라 말이 아니어서 지금은 잘 쓰지 않지.

👧 ⋯ 무게 단위에도 그런 슬픈 사연이 있었군요.

퀴즈 얼마나 무거운지를 나타내는 양이 바로 무게입니다. ○ ×

| 측정 | 연관 단어 **무게**

무게 비교하기

- 모양과 크기가 다른 물건의 무게를 비교할 때 직접 들어 보거나 저울을 이용하여 비교한다.
- 두 물체의 무게를 비교하여, '더 무겁다', '더 가볍다'로 표현한다.

원리 스토리

🧑 ⋯ 사과가 담긴 쪽 저울이 더 아래로 내려갔으니 고추가 사과보다 더 가볍고, 사과가 고추보다 더 무겁네요. 그런데 사과가 얼마나 더 무거운지 모르겠어요.

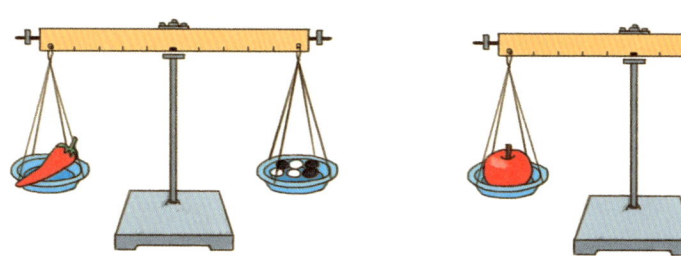

👨‍🎓 ⋯ 그럴 때는 이렇게 바둑돌(임의 단위)을 이용하렴. 양팔저울이 평행이 될 때까지 바둑돌을 올리고 그 개수를 세어 비교하면 된단다. 사과가 바둑돌 3개만큼 더 무겁구나.

퀴즈 무게를 비교하여 말할 때는 사용한 단위도 함께 말해야 합니다. ○ ×

| 측정 | 연관 단어 g, t, 무게 비교하기

1kg

- 수 모형 천 모형  에 들어가는 물의 무게
- 1kg은 물 1L의 무게와 같다.

→ 1kg 이라 쓰고, 일 킬로그램이라고 읽습니다.
우리 주변에서 kg 단위를 사용한 다양한 예를 볼 수 있어요.

퀴즈 물 1mL의 무게가 1kg입니다. ○ ×

| 측정 | 연관 단어 kg, t, 무게 비교하기

1g

- 수 모형 낱개 모형 ⬛에 들어가는 물의 무게
- 1g은 물 1mL의 무게와 같다.
- 1kg = 1000 g

1g 이라 쓰고, 일 그램이라고 읽습니다.
우리 주변에서 g 단위를 사용한 다양한 예를 볼 수 있어요.

퀴즈 1000g=1kg입니다. ○ ×

| 측정 | 연관 단어 kg, g, 무게 비교하기

1t

● 1000kg의 무게와 같다.

🎓⋯ 1t이라 쓰고, 일 톤이라고 읽습니다.

코끼리 5~7t

실을 수 있는 물건의 무게에 따라
1t / 1.5t / 2.5t / 5t짜리 등 다양한 종류의 트럭이 있다.

원리 스토리

👧⋯ 트럭에 실린 짐의 무게가 몇 kg이나 될까? 10000kg이 넘을 것 같은데……. 간단하게 나타낼 수 있는 새로운 단위가 있으면 좋겠어.

👦⋯ 몇 kg을 새로운 단위로 정하면 좋을까? 10kg? 100kg? 1000kg?

👧⋯ 만약 10kg을 새로운 단위로 하면 그보다 수가 더 커지면 또 새로운 단위가 필요할 거야.

🎓⋯ 맞아. 그래서 1000kg을 1t으로 정한 거란다.

퀴즈 1t=1000kg입니다. ○ ×

| 측정 | 연관 단어 **무게, kg, g, t**

무게의 합과 차

- 둘 이상의 무게를 더하거나 빼서 하나의 무게로 표현하는 것
- 무게의 합과 차는 같은 단위끼리 더하거나 뺀다.

원리 스토리

🧒 … 이 저울은 4kg까지만 잴 수 있어. 소금 두 포대를 올리면 무게를 알 수 없겠는데?

👦 … 소금 포대 각각의 무게를 재어 더하면 되지.

👨‍🎓 … 잘 아는구나! 무게의 합과 차도 같은 단위끼리 더하거나 빼면 된단다. 무게의 합을 계산할 때 1000g은 1kg으로 1000kg은 1t으로 받아올림을 해서 무게를 간단하게 나타내면 좋아. 마찬가지로 무게의 차를 계산할 때 뺄 수 없는 상황에서는 1kg을 1000g으로 1t은 1000kg으로 받아내림을 해서 계산하면 돼.

+	3 kg	600 g
	1 kg	200 g
	4 kg	800 g

	2 ➡ 1000	
	3̸ t	200 kg
−	1 t	500 kg
	1 t	700 kg

퀴즈 1000g을 1t으로 받아올림을 해서 무게의 덧셈을 계산합니다. ○ ✕

| 측정 | 연관 단어 **이하**

이상

- 어떤 수와 같거나 큰 수
- □ ≥ 130

👨‍🎓 ⋯▶ 130, 130.2, 133.2, 140 등과 같이 130과 같거나 큰 수를 130 이상인 수라고 합니다.

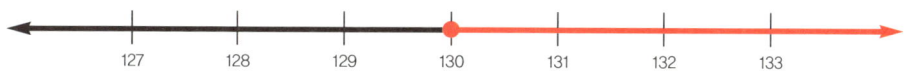

원리 스토리

👧 ⋯▶ 나는 바이킹을 탈 수 있을까?

👦 ⋯▶ 네 키가 몇인데?

👧 ⋯▶ 131.5cm야.

👦 ⋯▶ 그럼 탈 수 있어. 131.5는 130 이상인 수잖아.

퀴즈 50은 50 이상인 수에 포함되지 않습니다. ○ ×

| 측정 | 연관 단어 **이상**

이하

- 어떤 수와 같거나 작은 수
- □ ≦ 130

🎓 ⋯ 126.9, 127, 129, 130 등과 같이 130.0과 같거나 작은 수를 130 이하인 수라고 합니다.

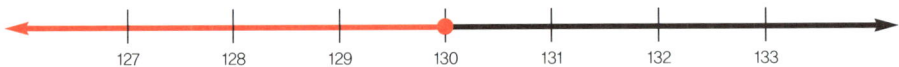

원리 스토리

👦 ⋯ 이 놀이기구는 키 110cm 이상 140cm 이하만 탑승 가능하대. 이것을 수직선에 표시한다면 어떻게 되지?

👧 ⋯ 110 이상은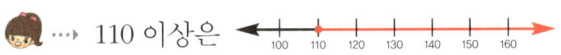
140 이하는
그러니까 110 이상 140 이하는   110≦□≦140으
로 나타낼 수 있어.

퀴즈 30은 30 이하인 수에 포함됩니다. ○ ×

| 측정 | 연관 단어 **미만**

초과

- 어떤 수보다 큰 수
- □ > 130

🎓 … 130.2, 134, 135.2, 142 등과 같이 130보다 큰 수를 130 초과인 수라고 합니다.

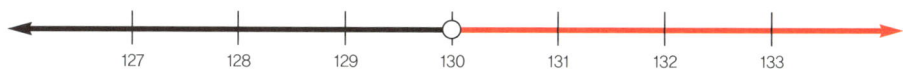

원리 스토리

👧 … 박사님, 우리가 주차장에 들어왔던 시각이 1시 10분이었는데요.

👦 … 지금 1시 42분이니까 주차한 지 32분이 지났어요.

🎓 … 그러면 30분이 초과되었으니 500원을 내야겠구나!

퀴즈 30은 30 초과인 수에 포함되지 않습니다. ○ ✕

| 측정 | 연관 단어 **초과**

미만

- 어떤 수보다 작은 수
- □ < 130

👨‍🎓 … 129.9, 128, 127.9, 127 등과 같이 130보다 작은 수를 130 미만인 수라고 합니다.

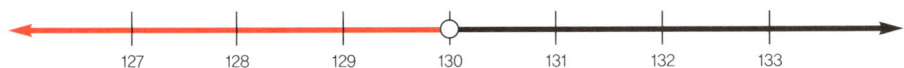

원리 스토리

👧 … 여기 주차장은 2시간 미만은 천 원이에요. 박사님, 2시간 미만이니까 2시간은 포함 안 되는 거죠?

👨‍🎓 … 그렇단다. 어디 보자. 우리가 온 지 2시간이 다 되어 가네! 2시간이 되기 전에 어서 나가자!

👨‍🎓 … 1시간 초과 2시간 미만은 1 < □ < 2로 나타낼 수 있어. 이것을 수직선에 표시해 볼까?

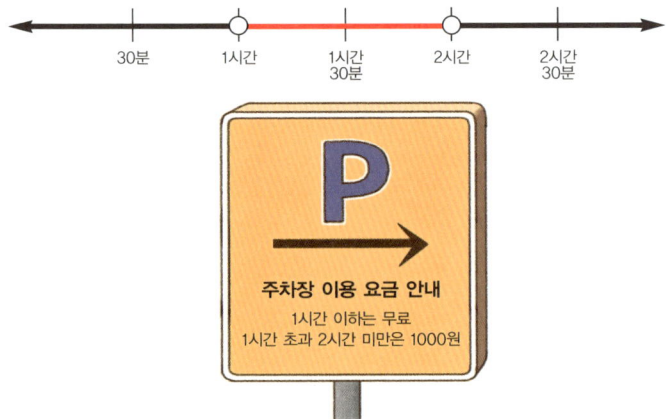

퀴즈 100은 100 미만인 수에 포함되지 않습니다. ○ ×

| 측정 | 연관 단어 **버림, 반올림**

올림

- 어림수를 구할 때, 구하려는 자리의 아랫자리 수를 올려서 나타내는 방법
- 구하려는 자리의 아랫자리 수에 0이 아닌 숫자가 하나라도 있으면 윗자리로 1을 올린다.

562 ➡ 십의 자리까지 나타내기 위해서 십의 자리 아랫자리 수를 올려서 570

562 ➡ 백의 자리까지 나타내기 위해서 백의 자리 아랫자리 수를 올려서 600

원리 스토리

🙂 … 우리 학교 전체 학생 562명에게 공책을 한 권씩 나눠 주려고 하는데, 56묶음을 사면 될까?

🙂 … 아니, 그러면 못 받는 친구가 생기잖아. 한 묶음에 10권씩이니까 57묶음, 총 570권을 사야 해.

🙂 … 이럴 때 올림이 필요하구나. 낱권으로 팔면 딱 맞게 살 수 있을 텐데…….

퀴즈 7828을 올림하여 십의 자리까지 나타내면 7830입니다. ◯ ✕

| 측정 | 연관 단어 **올림, 반올림**

버림

● 어림수를 구할 때, 구하려는 자리의 아랫자리 수를 버려서 0으로 나타내는 방법

5382 ➡ 십의 자리까지 나타내기 위해서 십의 자리 아랫자리 수를 버려서 5380

5382 ➡ 백의 자리까지 나타내기 위해서 백의 자리 아랫자리 수를 버려서 5300

원리 스토리

- … 10원짜리 동전을 모아서 5380원이 되었어. 지폐로 바꿔 주라.
- … 천 원짜리 5장 여기 있어.
- … 내가 모은 게 5000원보다 더 되는데 왜 지폐는 5장밖에 안 되는 거야?
- … 나머지 380원은 지폐로 바꿀 수 없잖아. 그래서 5380을 버림하여 천의 자리까지 나타내면 5000원이야. 나머지는 동전으로 다시 가져가.

퀴즈 4160을 버림하여 백의 자리까지 나타내면 4000입니다. ○ ×

| 측정 | 연관 단어 **올림, 버림**

반올림

● 어림수를 구할 때, 구하려는 자리의 한 자리 아래 숫자가 4 이하이면 버리고, 5 이상이면 올려서 나타내는 방법

154를 십의 자리에서 반올림하면 ➡ 200
154를 반올림하여 십의 자리까지 나타내면 ➡ 150

원리 스토리

🙍 ⋯➡ 박사님, 반올림할 때 왜 5부터 올리나요?

👨‍🎓 ⋯➡ 정말 좋은 질문이구나! 아래 수직선을 잘 보렴. 일의 자리 수는 0부터 10보다 작은 수까지를 말한단다. 그러니까 둘로 똑같이 나누면, 5는 엄격히 말하여 가운데의 수가 아니고 오른쪽에 조금 더 치우친 수이지. 그래서 5부터 반올림하는 거야.

퀴즈 456을 십의 자리에서 반올림하면 500입니다. ○ ✕

| 측정 | 연관 단어 **직사각형의 둘레**

다각형의 둘레

- 다각형의 가장자리를 따라 돌아가는 거리
- 다각형의 둘레 = 변의 길이의 합

→ 정다각형의 둘레 = (한 변의 길이) × (변의 개수)

삼각형의 둘레 = 가+나+다

사각형의 둘레 = 가+나+다+라

오각형의 둘레 = 가+나+다+라+마

육각형의 둘레 = 가+나+다+라+마+바

원리 스토리

→ 이 다각형은 왜 이렇게 복잡해요? 둘레를 못 구하겠어요.

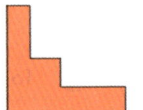

→ 복잡해 보이지? 하지만 이렇게 한번 생각해 보렴!

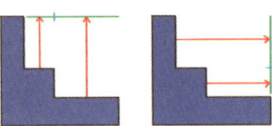

→ 아하! 결국 이건 사각형의 둘레와 같군요!

퀴즈 한 변의 길이가 5cm인 정오각형의 둘레는 25cm입니다. ○ ×

| 측정 | 연관 단어 **다각형의 둘레**

직사각형의 둘레

- 직사각형의 둘레 = (가로)×2+(세로)×2 = {(가로)+(세로)}×2
- 직사각형의 모든 변의 길이를 더한 값
- 정사각형의 둘레 = (한 변의 길이)×4

원리 스토리

👧 ⋯ 가로가 3cm, 세로가 2cm니까 둘레는 3+2+3+2 = 10(cm)이네.

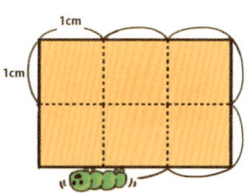

👦 ⋯ 가로가 2cm, 세로가 2cm니까 둘레는 2+2+2+2 = 8(cm)이네.

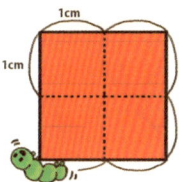

👧 ⋯ 그런데, 네 변의 길이를 더하려니 힘든데, 좀 더 쉬운 방법은 없을까?

👦 ⋯ 물론 있지! 직사각형과 정사각형을 한번 잘 살펴봐.

👧 ⋯ 아하! 직사각형은 마주 보는 두 변의 길이가 같으니까, (가로)×2 그리고 (세로)×2를 해서 더하면 되겠구나.

👦 ⋯ 그렇지! 가로와 세로를 더한 다음에 두 배를 해도 돼! {(가로)+(세로)}×2

👧 ⋯ 그럼 정사각형은 네 변의 길이가 모두 같으니까 (한 변의 길이)×4를 하면 되네!

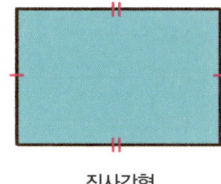
직사각형

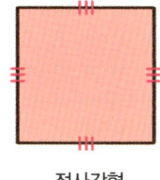
정사각형

퀴즈 모든 직사각형의 둘레는 (한 변의 길이)×4를 하면 됩니다. ○ ×

| 측정 | 연관 단어 **원주율**

원주

- 원을 이루는 곡선의 둘레
- 원주 = 지름 × 원주율 = 지름 × 3.14 = 지름 × π = 반지름 × 2 × 3.14

원리 스토리

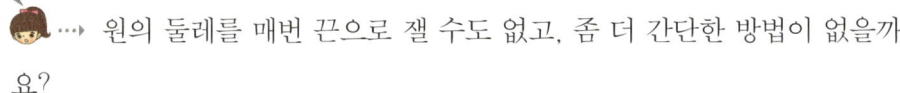

🙂 … 원의 둘레를 매번 끈으로 잴 수도 없고, 좀 더 간단한 방법이 없을까요?

👨‍🎓 … 원의 지름을 이용하면 되지! 원주는 원의 지름의 몇 배나 될 것 같니?

🙂 … 음……, 약 세 배 정도 될까요?

👨‍🎓 … 약 3.14배이니 비슷하구나. 그래서 원주를 구할 때 지름에 3.14를 곱하지.

🙂 … 그럼 원의 지름이 4cm이면, 원주는 4×3.14=12.56(cm)겠네요!

퀴즈 원의 둘레는 원의 반지름에 3.14를 곱하면 됩니다. ○ ×

| 측정 | 연관 단어 **원주**

원주율

● 지름의 길이에 대한 원주의 비율로 원의 크기가 달라져도 변하지 않고 일정하다.

🎓⋯ 원주율 = (원주) ÷ (원의 지름) = 3.14159265358979⋯ = 약 3.14
원주율은 그리스 문자 π(파이)로 나타내기도 합니다.

물건	원주	원의 지름의 길이	원주율 (원주) ÷ (원의 지름)
딱풀	6.28 cm	2 cm	3.14 cm
휴지 심	15.7 cm	5 cm	3.14 cm
통조림	31.4 cm	10 cm	3.14 cm

🎓⋯ 지름이 커져도 원주율은 커지지 않습니다.

원리 스토리

👧⋯ 오늘이 화이트데이인데 나한테 사탕 안 주니?

👦⋯ 그건 제과회사에서 사탕을 팔려고 만든 날이야! 그런 상술에 내가 넘

퀴즈 원의 지름이 커지면 원주율도 커집니다. ○ ✕

어갈 리가 있니? 그러지 말고 우리 오늘 수학 퀴즈 대회나 하자.

⋯→ 수학 퀴즈 대회?

⋯→ 오늘이 바로 '파이(π) 데이'이거든. 수학자들이 3월 14일을 원주율(π) 값이 3.1415926…임을 기념하기 위하여 '파이(π) 데이'라고 이름 붙였대. 특히 미국에서 활동하고 있는 '파이 클럽'이라는 모임에서는 3월 14일 오후 1시 59분 26초에 모여 파이(π) 모양의 파이를 먹으며 이날을 축하한대. 그리고 파이(π)값 외우기, 파이(π)에 나타나는 숫자에서 생일 찾아내기 같은 게임도 하고, 원과 관련된 놀이기구의 길이, 넓이, 부피 구하기 등의 퀴즈 대회도 한대.

⋯→ 좋아, 나도 가만 있을 수 없지! 내가 먼저 문제를 낼게.

퀴즈 원주율은 원의 둘레에 원의 지름을 곱하면 됩니다. ○ ×

| 측정 | 연관 단어 **다각형의 넓이**

넓이의 비교

● 한 영역이 다른 영역 안에 포함되는 경우는 두 대상을 포개어 비교한다.
● 두 대상을 포개어 비교할 수 없는 경우는 한 대상의 본을 떠서 간접 비교한다.

→ 파란색 색종이가 더 넓네.

→ 타일은 맞대어 볼 수 없으니 본을 떠서 비교하는 수밖에.

→ 포개거나 본을 떠서 비교할 수 없는 경우는 이렇게 모눈 칸 수를 세어 비교하면 된단다!

원리 스토리

→ 위 세 개 도형 중에서 가장 넓은 것은 어떤 것이게?

→ 삼각형이 제일 커요!

→ 아뇨, 평행사변형이 제일 커 보여요.

→ 싸우지들 말고, 이 정사각형 색종이를 잘라서 위에 있는 도형들을 한 번 만들어 볼래?

→ 어? 모두 넓이가 똑같네! 모양은 달라도 넓이가 같을 수 있군요!

 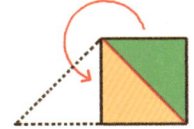 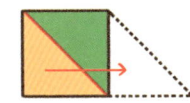 

퀴즈 모든 넓이는 직접 맞대어 비교할 수 있습니다. ○ ×

| 측정 | 연관 단어 **다각형의 둘레, 넓이의 비교**

넓이와 둘레의 관계

- 도형의 넓이가 같더라도 둘레는 다를 수 있다.
- 도형의 둘레는 같지만 넓이가 다를 수 있다.

🎓 ··· 둘레가 같은 직사각형들 중에서 넓이가 가장 넓은 도형은 정사각형입니다.

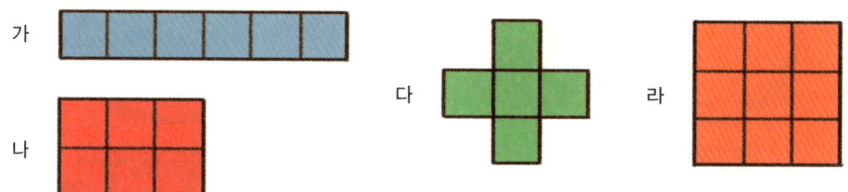

원리 스토리

- ··· (가)와 (나)는 단위 넓이가 모두 6개로 똑같아
- ··· 그렇지만 (가)의 둘레는 14, (나)의 둘레는 10으로 달라.
- ··· (다)와 (라)는 넓이가 달라. (다)는 5, (라)는 9야.
- ··· 그렇지만 둘레는 12로 같아.
- ··· 그러면 (가)와 넓이도 같고, 둘레도 같은 모양을 한번 만들어 볼래?
- ··· 생각보다 어려운데! 아휴, 겨우 성공했네!

퀴즈 도형의 넓이가 같으면 둘레도 같습니다. ○ ×

| 측정 | 연관 단어 1m², 1km², 1a, 1ha

1cm²

- 단위 넓이 중의 하나로, 한 변의 길이가 1cm인 정사각형의 넓이
- 1m²의 $\frac{1}{10000}$에 해당하는 넓이의 단위

→ 1cm²라 쓰고, 일 제곱센티미터라고 읽습니다.

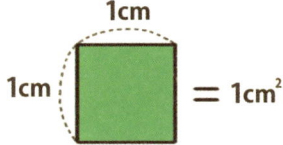

원리 스토리

→ (가), (나), (다) 중에서 어떤 게 더 넓은지 직접 겹쳐 보지 않고 알 수 있는 방법이 있을까?

→ 1cm² 단위 넓이로 (가)는 6개, (나)는 8개, (다)는 9개야.

→ 아하~! (다)가 가장 넓네. 단위 넓이를 이용하니까 쉽게 비교할 수 있구나!

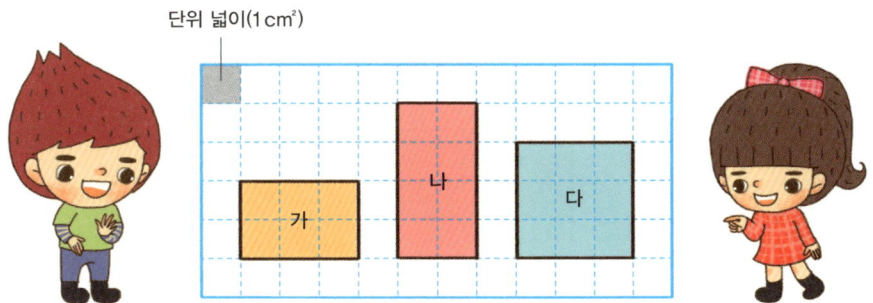

퀴즈 1cm² 단위 넓이로 4번만큼의 넓이는 4cm²입니다. ○ ✕

| 측정 | 연관 단어 1cm², 1km², 1a, 1ha

1m²

- 단위 넓이 중의 하나로, 한 변의 길이가 1m인 정사각형의 넓이
- 1cm²의 10000배에 해당하는 넓이의 단위

→ 1m²라 쓰고, 일 제곱미터라고 읽습니다.

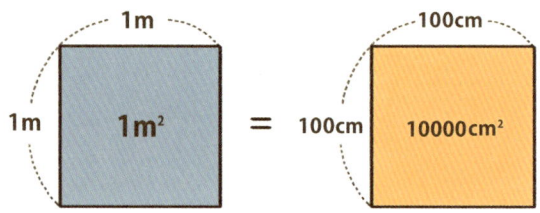

원리 스토리

→ 1m²에 1cm² 단위 넓이가 몇 번 들어갈까? 한번 직접 그려서 알아볼까? 이런……. 시간이 너무 오래 걸리겠다.

→ 그걸 언제 다 그리니? 1m²는 한 변의 길이가 1m 즉, 100cm인 정사각형의 넓이야. 그러니까 1m² 정사각형 속에 1cm²가 가로로 100번, 세로로 100번 들어가는 거잖아.

→ 아하~, 그러면 100×100=10000번 들어가는 거구나!

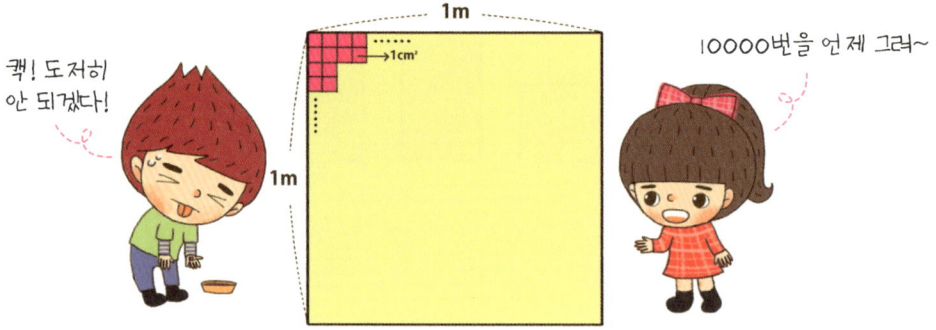

퀴즈 한 변의 길이가 1m인 정사각형의 넓이는 1m²입니다. ○ ×

| 측정 | 연관 단어 1cm², 1m², 1km², 1ha

1a

- 단위 넓이 중의 하나로, 한 변의 길이가 10m인 정사각형의 넓이
- 1m²의 100배에 해당하는 넓이의 단위

🎓 ⋯ 1a라 쓰고, 일 아르라고 읽습니다.

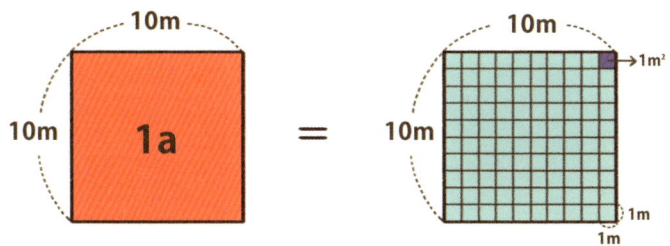

원리 스토리

🧒 ⋯ 우리 학교 운동장이 가로 100m, 세로 50m니까, 넓이는 5000m²네! 그런데 5000m²라고 하니까 복잡한걸. 간단하게 나타낼 수 있는 넓이 단위가 있으면 좋겠어.

👧 ⋯ 그런 필요성 때문에 'a(아르)'라는 단위가 생겨났지.

🧒 ⋯ 그럼 1a 속에는 1m²가 몇 번이나 들어가지?

👧 ⋯ 한 변의 길이가 10m인 정사각형의 넓이가 1a니까 정사각형 속에 1m²가 가로 10번, 세로 10번 들어가는 거지.

🧒 ⋯ 아하~, 그러면 10×10=100번 들어가니까 1m²의 100배가 1a가 되는구나!

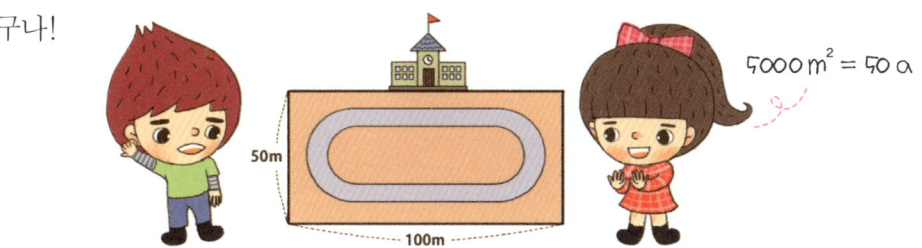

퀴즈 가로가 10m, 세로가 20m인 직사각형의 넓이는 200m² 또는 2a입니다. ○ ×

| 측정 | 연관 단어 1cm², 1m², 1km², 1a

1ha

- 단위 넓이 중의 하나로, 한 변의 길이가 100m인 정사각형의 넓이
- 10000m² = 100a = 1ha

> 1ha라 쓰고, 일 헥타르라고 읽습니다.

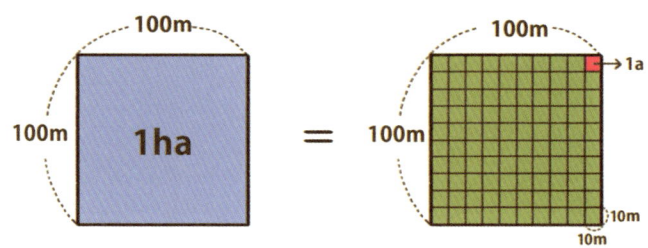

원리 스토리

> 저 논의 넓이는 얼마나 될까? 논 한 칸의 가로 길이가 100m 정도 되겠는걸? 세로 길이도 100m쯤이라면 넓이는 10000m²인데.

> 맞아. a(아르)로 나타내도 100a나 되지! 그래서 a보다 더 큰 단위인 ha(헥타르)라는 단위가 생겨났대.

> 그럼 1ha 속에는 1m²가 몇 번이나 들어가지?

> 한 변의 길이가 100m인 정사각형의 넓이가 1ha니까 정사각형 속에 1m²가 가로 100번, 세로 100번 들어가는 거지.

> 아하! 그러면 100×100=10000번 들어가니까 1m²의 10000배가 1ha가 되는구나!

퀴즈 500000m² = 5ha입니다. ○ ×

| 측정 | 연관 단어 1cm², 1m², 1a, 1ha

1 km²

- 단위 넓이 중의 하나로, 한 변의 길이가 1000 m (=1km)인 정사각형의 넓이
- 1000000 m² = 10000 a = 100 ha = 1 km²

🎓 … $1 km^2$ 라 쓰고, 일 제곱킬로미터라고 읽습니다.

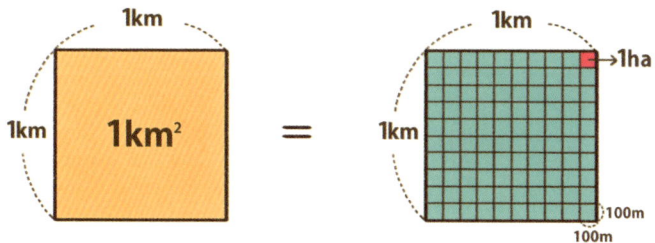

🎓 … 넓이 단위의 관계를 정리해 보아요.

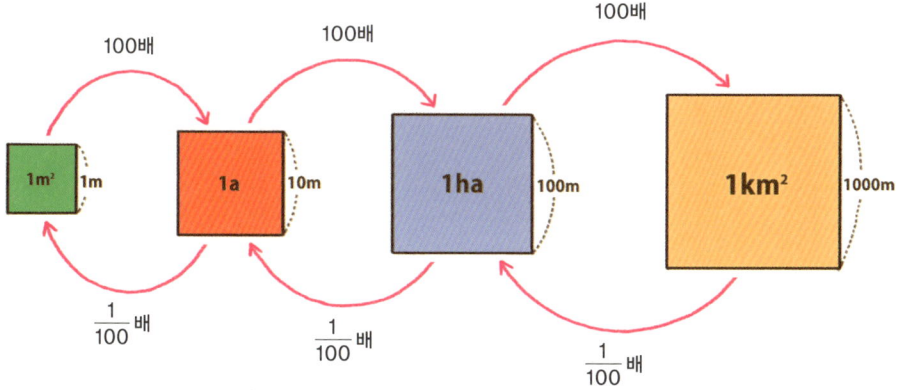

퀴즈 한 변의 길이가 100 m인 정사각형의 넓이는 1 km²입니다. ○ ×

| 측정 | 연관 단어 **정사각형의 넓이**

직사각형의 넓이

● 직사각형에 포함된 단위 넓이의 개수
● 직사각형의 넓이 = (가로)×(세로) = (세로)×(가로)

 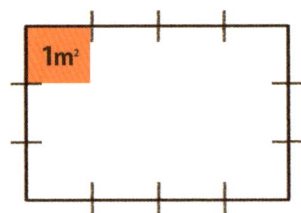

🧒 ⋯ 1m²짜리 단위 넓이가 가로에 4개씩 모두 세 줄이니까 4×3=12(m²)야.

🧒 ⋯ 1m²짜리 단위 넓이로 12번이니까 12m²야.

👨‍🏫 ⋯ 직사각형의 넓이는 가로 길이와 세로 길이를 곱하면 쉽게 구할 수 있단다!

원리 스토리

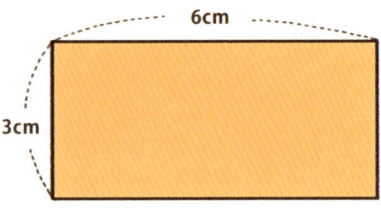

🧒 ⋯ 이 직사각형의 넓이가 18이네!

🧒 ⋯ 그런데 18이라고만 하면 안 돼! 18cm²인지, 18m²인지, 아니면 18km²인지 알 수가 없어. 잘 봐! 만약 정사각형 한 변의 길이가 1cm이면 단위 넓이는 1cm²가 되고, 한 변의 길이가 1m이면 1m²가 되는 거야.

🧒 ⋯ 그러니까 저 직사각형의 넓이는 18cm²라고 해야 하는구나!

퀴즈 가로가 4m, 세로가 5m인 직사각형의 넓이는 20m²입니다. ○ ×

| 측정 | 연관 단어 **직사각형의 넓이**

정사각형의 넓이

- 정사각형에 포함된 단위 넓이의 개수
- 정사각형의 넓이＝(가로)×(세로)＝(한 변)×(한 변)＝(한 변)^2

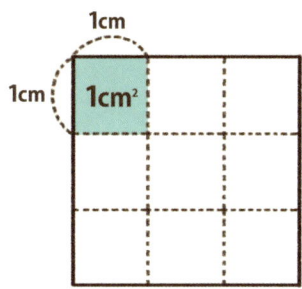

👦 … 1cm²짜리 단위 넓이가 가로에 3개씩 모두 세 줄이니까 3×3＝9(cm²), 그리고 1cm²짜리 단위 넓이로 9번이니까 9cm²이네요!

👨‍🎓 … 제법인데! 그런데 정사각형은 가로와 세로가 같으니까 한 변의 길이를 두 번 곱하면 더욱 쉽게 구할 수 있단다.

> 원리 스토리

👧 … 우리 할머니가 땅의 넓이를 말씀하실 때 '한 평, 두 평'이라는 표현을 사용하시던데, 평이 뭐예요?

👨‍🎓 … 옛날에 우리나라에서 많이 썼던 넓이 단위인데, 한 변의 길이가 약 1.8m인 정사각형의 넓이, 즉 넓이가 약 3.3m²인 넓이를 한 평이라고 한단다. 키가 큰 남자 어른들이 약 1.8m니까 한 평의 넓이가 얼마나 될지 한번 생각해 보렴!

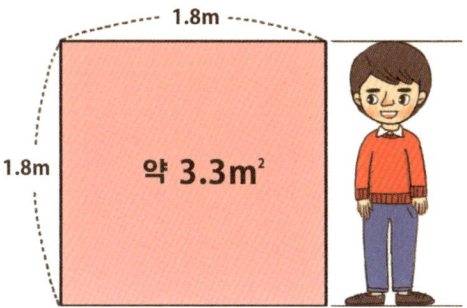

퀴즈 '평'은 전 세계적으로 공통으로 사용하는 넓이의 단위입니다. ○×

| 측정 | 연관 단어 **직사각형의 넓이**

평행사변형의 넓이

- 평행사변형의 넓이는 직사각형의 넓이로 바꾸어 구한다.
- 평행사변형의 넓이 = (밑변)×(높이)

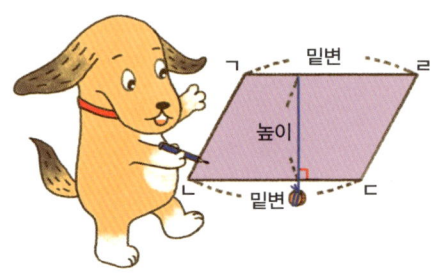

원리 스토리

🧑‍🎓 ⋯ 평행사변형에서 평행한 두 변을 '밑변'이라 하고, 두 밑변 사이의 거리를 '높이'라고 한단다.

👦 ⋯ 평행사변형의 가운데 빨간색 부분은 1cm² 짜리 단위 넓이가 9개니까 9cm²인데, 나머지 부분은 어떻게 구하지요?

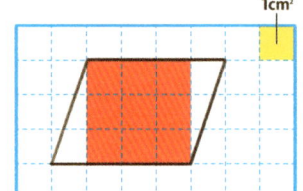

🧑‍🎓 ⋯ ▢을 몇 개 모아야 3cm²가 되지?

👦 ⋯ 아하! 2개가 모여야 3cm²가 되니까 양쪽 2개를 합하면 되겠네요! 그러면 저 평행사변형의 넓이는 9cm²+3cm²니까 12cm²예요! 평행사변형의 넓이를 구할 때마다 모눈의 칸을 셀 수도 없고, 좀 더 쉬운 방법 좀 가르쳐 주세요.

🧑‍🎓 ⋯ 좋아! 이 평행사변형 색종이를 잘라서 아래 그림처럼 직사각형으로 만들어 보렴.

퀴즈 모든 평행사변형은 직사각형으로 바꾸어 넓이를 구할 수 있습니다. ○ ×

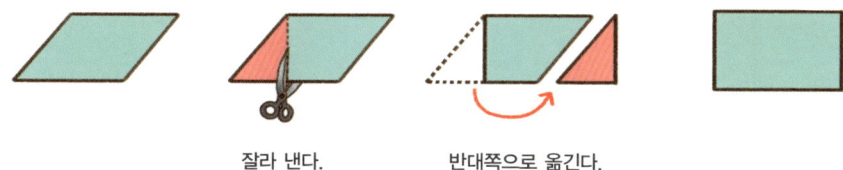

잘라 낸다.   반대쪽으로 옮긴다.

🧒 ⋯ 아하! 결국 평행사변형의 넓이는 직사각형의 넓이와 같군요!

👨‍🎓 ⋯ 그럼 이 평행사변형의 넓이를 한번 비교해 볼래?

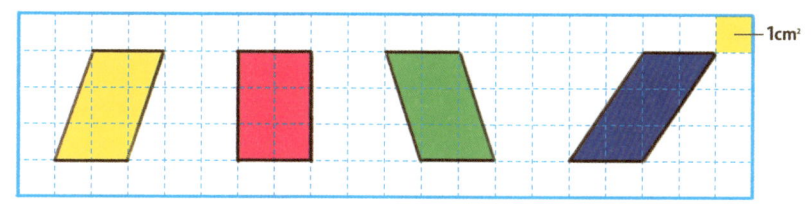

1cm²

🧒 ⋯ 밑변의 길이가 모두 같고, 높이도 모두 같으니까 넓이가 똑같은 거네요!

퀴즈 밑변의 길이가 4m, 높이가 3m인 평행사변형의 넓이는 12m²입니다. ○ ×

| 측정 | 연관 단어 **평행사변형의 넓이**

삼각형의 넓이

- 삼각형의 넓이는 평행사변형의 넓이의 반
- 삼각형 넓이 = (평행사변형의 넓이) ÷ 2 = (밑변) × (높이) ÷ 2

원리 스토리

👨‍🎓 ⋯ 모눈 칸 수를 세어서 삼각형의 넓이를 구해 볼래?

👧 ⋯ 모눈 한 칸짜리가 8개니까 8cm²이고, ◣ 모양이 2개 모이면 1cm², ◤ 모양이 2개 모이면 2cm²이니까, 이 삼각형의 넓이는 12cm²예요. 삼각형에서는 어디가 밑변이고 어디를 높이라고 해야 해요?

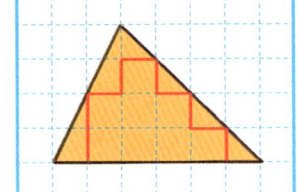

👨‍🎓 ⋯ 평행사변형과 비슷하단다! 삼각형 ㄱㄴㄷ에서 변ㄴㄷ을 밑변이라 하고, 꼭짓점 ㄱ에서 밑변에 수직으로 그은 선분ㄱㄹ을 높이라고 해.

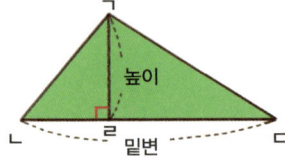 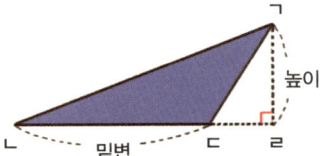

👦 ⋯ 삼각형의 넓이도 평행사변형을 구할 때처럼 좀 더 쉬운 방법이 없을까요?

👨‍🎓 ⋯ 아래 삼각형과 합동인 삼각형을 그려서 평행사변형을 만들어 보렴.

퀴즈 밑변과 높이가 같은 모든 삼각형의 넓이는 같습니다. ○ ✕

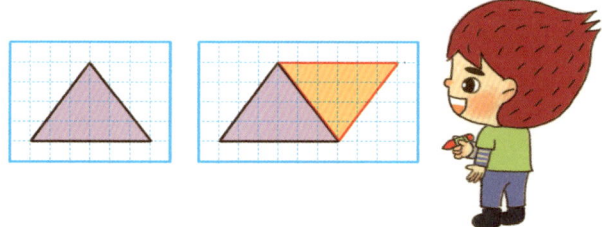

🧒 ⋯ 아하! 평행사변형 넓이의 절반이 삼각형 넓이와 같네요! 그러니까 삼각형의 넓이를 구하려면 (밑변)×(높이)÷2를 하면 되겠군요.
👨‍🎓 ⋯ 그래, 그럼 아래 삼각형의 넓이를 한번 비교해 볼래?
🧒 ⋯ 밑변의 길이가 모두 같고, 높이도 모두 같으니까, 넓이가 똑같은 거군요!

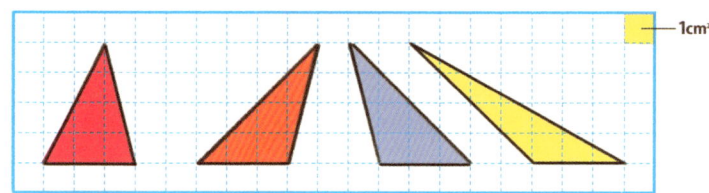

퀴즈 밑변의 길이가 4m, 높이가 3m인 삼각형의 넓이는 12m²입니다. ○ ×

| 측정 | 연관 단어 **평행사변형의 넓이, 삼각형의 넓이**

사다리꼴의 넓이

● 사다리꼴의 넓이는 2개의 삼각형의 넓이의 합, 평행사변형과 삼각형의 넓이의 합, 평행사변형 넓이의 반 ● 사다리꼴의 넓이 ={(윗변)+(아랫변)}×(높이)÷2

🎓⋯▶ 모눈 칸 수를 세어서 사다리꼴의 넓이를 구해 보면 모눈 한 칸짜리는 12개니까 12cm²이고, 나머지 모양의 모눈을 합해 보면 4개이므로 아래 사다리꼴의 넓이는 16cm²입니다.

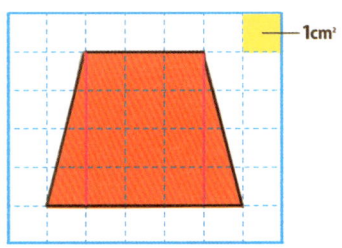

원리 스토리

⋯▶ 사다리꼴에서 어디가 밑변이고 어디를 높이라고 해야 할까요?

🎓⋯▶ 사다리꼴에서 평행한 두 변이 밑변인데, 위치에 따라 윗변, 아랫변이라고 하지. 그리고 두 밑변 사이의 거리를 높이라고 한단다.

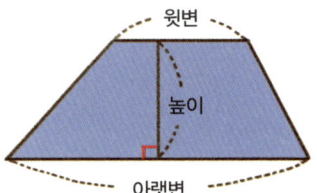

⋯▶ 사다리꼴도 삼각형의 넓이처럼 다른 도형으로 만들어서 구해 볼게요. 이렇게 삼각형 2개로 나누어 넓이를 구해요.

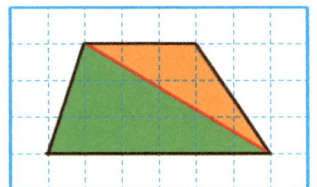

퀴즈 윗변의 길이가 4cm, 아랫변의 길이가 6cm, 높이가 3cm인 사다리꼴의 넓이는 15cm²입니다. ○ ×

(사다리꼴의 넓이) = {(윗변)×(높이)÷2} + {(아랫변)×(높이)÷2}
           = {(윗변)+(아랫변)}×(높이)÷2

🧒 ⋯ 난 사다리꼴을 평행사변형과 삼각형으로 나누어 구해 봤어요!

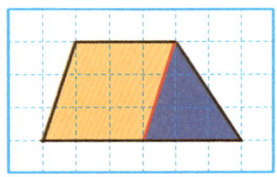

(사다리꼴의 넓이) = (윗변)×(높이) + {(아랫변)−(윗변)}×(높이)÷2
           = {(윗변)+(아랫변)}×(높이)÷2

👨‍🎓 ⋯ 제법이구나! 사다리꼴 2개를 붙여서 구할 수도 있단다.

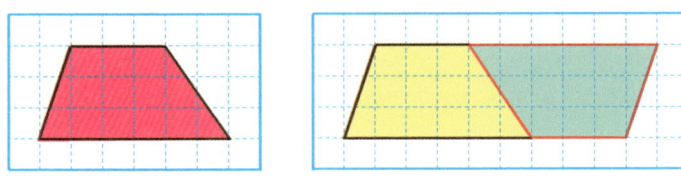

(사다리꼴의 넓이) = {(윗변)+(아랫변)}×(높이)÷2

🧒 ⋯ 사다리꼴을 삼각형 2개로 나누든, 평행사변형과 삼각형으로 나누든, 2개의 사다리꼴을 붙여서 반으로 나누든 넓이는 같군요.

👨‍🎓 ⋯ 이 사다리꼴의 넓이를 한번 비교해 보렴. 아랫변과 윗변의 합이 같고 높이도 같으니까, 넓이가 모두 같단다.

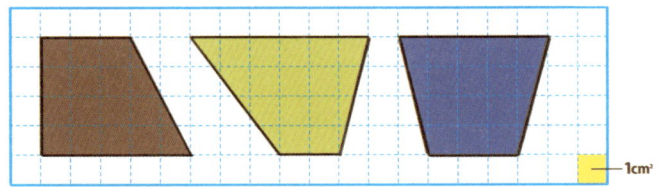

1cm²

퀴즈 윗변과 아랫변의 길이만 알면 사다리꼴의 넓이를 구할 수 있습니다. ○ ×

| 측정 | 연관 단어 **직사각형의 넓이, 평행사변형의 넓이, 삼각형의 넓이**

마름모의 넓이

- 마름모의 넓이는 직사각형 넓이의 반
- 마름모의 넓이 = (한 대각선의 길이) × (한 대각선의 길이) ÷ 2

🎓 … 모눈 칸 수를 세어서 마름모의 넓이를 구해 보면 모눈 한 칸짜리는 4개니까 $4cm^2$이고, 나머지 모양의 모눈을 합하면 4개니까 이 마름모의 넓이는 $8cm^2$입니다.

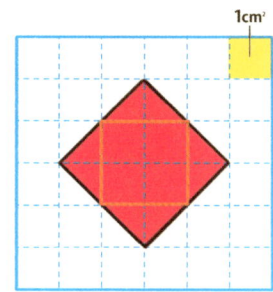

원리 스토리

👧 … 마름모를 둘러싸는 직사각형을 그려 보면 직사각형 넓이의 반이 마름모의 넓이가 되네.

① (마름모의 넓이) = (직사각형의 넓이) ÷ 2 = (직사각형의 가로) × (직사각형의 세로) ÷ 2

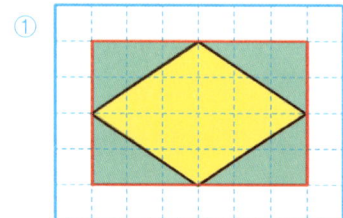
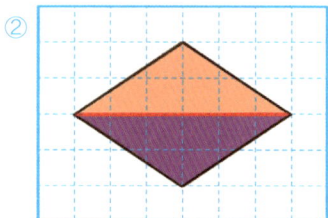

👦 … 마름모를 삼각형으로 나누어 구할 수도 있어!

② (마름모의 넓이) = (대각선의 길이) × (다른 대각선의 길이의 $\frac{1}{2}$) ÷ 2 × 2
          = (한 대각선의 길이) × (한 대각선의 길이) ÷ 2

퀴즈 마름모의 넓이는 직사각형 넓이의 2배입니다. ○ ✕

| 측정 | 연관 단어 **직사각형의 넓이, 평행사변형의 넓이, 삼각형의 넓이, 사다리꼴의 넓이**

다각형의 넓이

● 다각형을 다른 도형으로 바꾸어 넓이를 구한다.
● 다각형에 보조선을 그어 여러 가지 도형으로 나누어 다각형의 넓이를 구한다.

👦 ⋯ 이건 사다리꼴도 아니고, 평행사변형도 아닌데 어떻게 넓이를 구하지요?

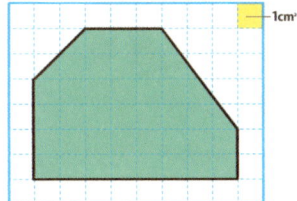

👨‍🎓 ⋯ 이렇게 더 큰 직사각형을 만든 후, 직사각형의 넓이에서 어두운 부분의 넓이를 빼서 구할 수 있어.

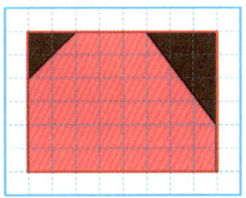

👨‍🎓 ⋯ 아니면 이렇게 보조선을 그어서 사다리꼴이나 삼각형과 같은 도형으로 나누어 넓이를 구한 다음 합하는 방법도 있지!

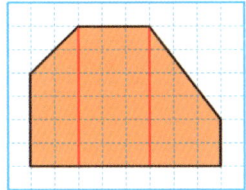 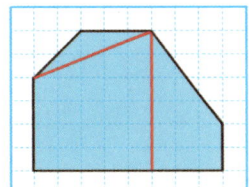

퀴즈 다각형의 넓이를 구할 때, 보조선을 그어 여러 가지 도형으로 나누어 구할 수 있습니다. ○ ×

원리 스토리

→ 아래 도형의 둘레는 직사각형의 둘레와 같으니까, 넓이도 같겠지?

→ 아니, 둘레와는 달라! 이렇게 보조선을 그어 봐! 직사각형 넓이에서 어두운 부분만큼을 빼야 하니까 넓이가 다르지! 둘레가 같다고 넓이가 같은 건 아니라는 사실!

→ 그럼 계단 모양의 넓이는 얼마지?

→ 직사각형의 넓이는 $6 \times 5 = 30 (cm^2)$이고, 계단 모양의 넓이는 직사각형의 넓이에서 빼야 하니까 $30 - \{(2 \times 1) + (2 \times 2)\} = 24 (cm^2)$야.

퀴즈 두 도형의 둘레가 같으면 그 넓이도 같습니다. ○ ×

| 측정 | 연관 단어 **원주, 원주율, 반지름, 지름**

원의 넓이

● 원의 넓이 = (원주의 $\frac{1}{2}$) × (반지름) = (지름) × 3.14 × $\frac{1}{2}$ × (반지름) = (반지름) × (반지름) × 3.14

원리 스토리

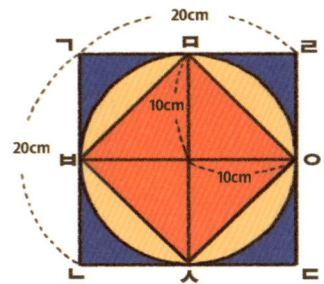

20×20÷2(cm²) < 원의 넓이 < 20×20(cm²)

🧑 … 원의 넓이는 마름모 ㅁㅂㅅㅇ보다는 크고, 정사각형 ㄱㄴㄷㄹ보다 작아.

👧 … 아래 그림처럼 색칠된 정사각형의 개수로 원의 넓이를 나타낼 수도 있어.

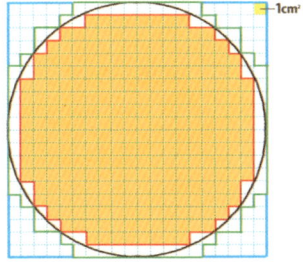

276 cm² < 원의 넓이 < 344 cm²

🧑 … 그런데 위와 같은 방법으로 원의 넓이를 나타내면 정확한 원의 넓이를 알 수 없어!

퀴즈 원의 넓이는 원을 잘게 쪼개 직사각형으로 만든 후, 직사각형의 넓이로 구할 수 있습니다.
○ ×

👧 ···· 맞아! 이번엔 원을 잘게 잘라서 사각형으로 한번 만들어 볼까?

👦 ···· 원을 잘게 자르면 자를수록 직사각형 모양이 되네!

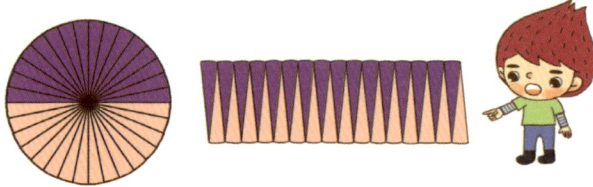

👧 ···· 맞아! 원을 직사각형 넓이로 바꾸어 구하면 돼!

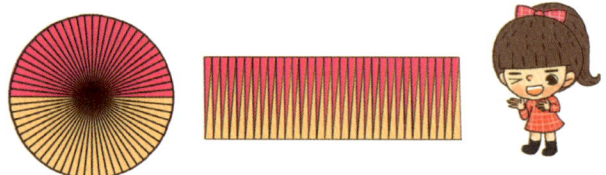

👦 ···· 저 그림을 잘 보면, 직사각형 가로의 길이는 원주의 반이고, 세로의 길이는 반지름이라는 걸 알 수 있어.

👧 ···· 멋진데! 그러니까 원의 넓이는 (원주의 $\frac{1}{2}$)×(반지름)이 되는 거지. 원주=(지름)×3.14니까, 원의 넓이=(지름)×3.14×$\frac{1}{2}$×(반지름)이고, 지름×$\frac{1}{2}$은 반지름과 같으니까, 원의 넓이=(반지름)×(반지름)×3.14로 간단하게 나타낼 수 있어.

👦 ···· 그럼, 이 원의 반지름은 12cm니까, 직사각형으로 바꾸어 계산하면, 넓이가 452.16cm²가 되는 거군.

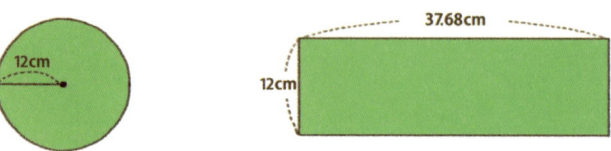

퀴즈 지름이 10cm인 원의 넓이는 314cm²입니다. ○ ×

| 측정 | 연관 단어 **직사각형의 넓이, 정사각형의 넓이, 원기둥의 겉넓이**

직육면체의 겉넓이

● 직육면체 겉면의 넓이를 모두 더한 값

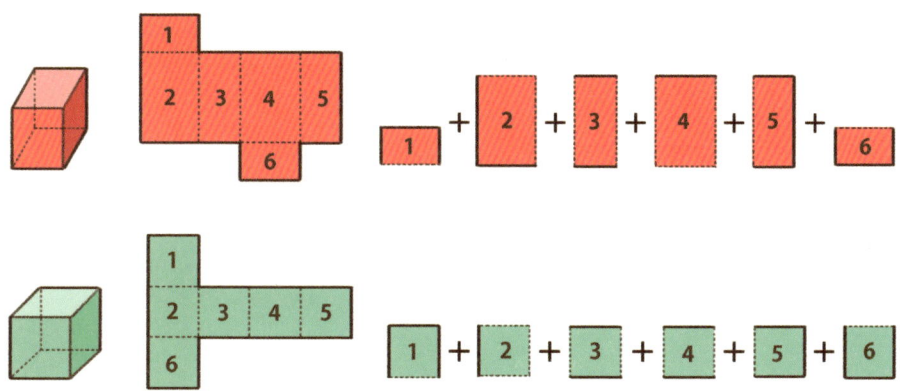

🎓 ⋯ 겉넓이는 각 면의 넓이를 먼저 구한 뒤, 모두 더하면 됩니다.

원리 스토리

⋯ 직육면체의 여섯 면의 넓이를 하나씩 구해서 더할 수도 있지만, 1번과 6번 면의 넓이가 같고, 2번과 4번, 3번과 5번 면의 넓이가 같으니까 (서로 다른 세 면의 넓이의 합)×2를 하면 되겠네.

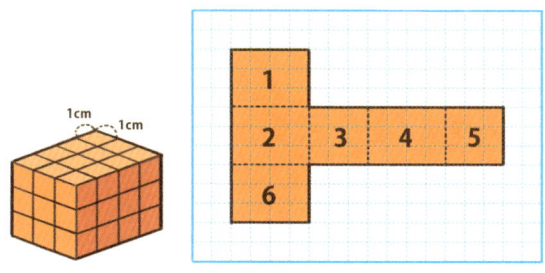

퀴즈 정육면체의 겉넓이는 (한 모서리의 길이)×(한 모서리의 길이)×6입니다. ○ ×

1번 : $4 \times 3 = 12(cm^2)$
2번 : $4 \times 3 = 12(cm^2)$
3번 : $3 \times 3 = 9(cm^2)$
직육면체의 넓이 = $(12+12+9) \times 2 = 66(cm^2)$

→ 전개도를 보면 밑넓이가 2개이고 옆넓이가 1개니까 (밑넓이)×2+(옆넓이)로도 구할 수 있어.

밑넓이 : $4 \times 3 = 12(cm^2)$
옆넓이 : $(4+3+4+3) \times 3 = 42(cm^2)$
직육면체의 넓이 = $(12 \times 2) + 42 = 66(cm^2)$

퀴즈 가로가 3cm, 세로가 5cm, 높이가 2cm인 직육면체의 겉넓이는 62cm²입니다. ○ ×

| 측정 | 연관 단어 원의 넓이, 원주, 직사각형의 넓이, 직육면체의 겉넓이

원기둥의 겉넓이

● 원기둥의 겉넓이는 원기둥의 두 밑면의 넓이와 원기둥의 옆넓이를 합한 값

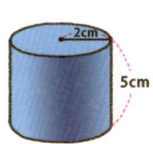 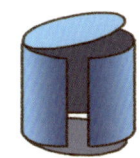 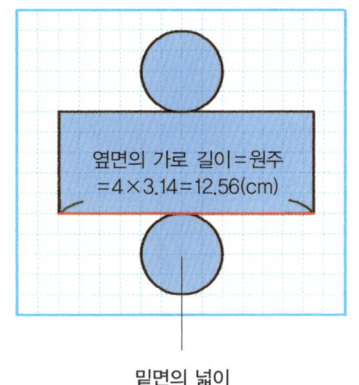

원리 스토리

→ 원기둥의 밑면이 2개니까, 원기둥의 겉넓이는 (한 밑면의 넓이)×2+(옆넓이)를 하면 되겠구나!

→ 그런데 원기둥의 옆면의 가로 길이는 어떻게 구하지?

→ 잘 보렴. 전개도를 보면 밑면의 원의 둘레 즉, 원주가 옆면의 가로 길이가 된단다!

→ 아하, 정말 그렇네요! 그러면 옆넓이는 (옆면의 가로 길이)×(원기둥의 높이) = (4×3.14)×5 = 62.8(cm²)가 되겠군요.

→ 그럼 이 원기둥의 겉넓이는 (12.56×2)+62.8=87.92(cm²)네요.

퀴즈 원기둥의 겉넓이를 구할 때, 옆넓이의 가로 길이는 밑면의 원주입니다. ○ ×

| 측정 | 연관 단어 **직육면체의 부피**

부피의 비교

● 입체가 차지하는 공간의 부피를 크기가 같은 단위를 이용하여 비교한다.

어느 상자의 부피가 더 크지?

가로, 세로, 높이가 서로 달라 직접 비교할 수가 없어.

쌓기나무 조각을 단위 부피로 하여 비교해 보렴!

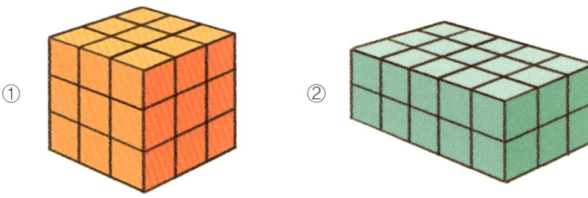

···▶ ①번 상자에는 쌓기나무가 27개 ②번 상자에는 쌓기나무가 30개 들어가니까 ②번 상자의 부피가 더 크네요!

퀴즈 상자 안에 쌓은 쌓기나무의 개수를 셀 때는 (가로에 놓인 개수)×(세로에 놓인 개수)×(쌓은 층수)를 구하면 됩니다. ○ ×

| 측정 | 연관 단어 **1m³, 직육면체의 부피**

1cm³

● 단위 부피 중의 하나로, 한 모서리의 길이가 1cm인 정육면체의 부피
● 1m³의 $\frac{1}{1000000}$에 해당하는 넓이의 단위

🎓… 1cm³ 라 쓰고, 일 세제곱센티미터라고 읽습니다.
정육면체의 한 모서리의 길이는 1cm이므로 정육면체의 부피는 1cm³입니다.

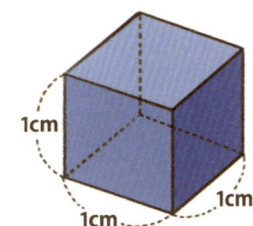

원리 스토리

👦… 이 상자에 1cm³짜리 쌓기나무를 넣으면 모두 몇 개나 넣을 수 있지?

👧… 상자의 바닥에 4개씩 4줄을 넣으니까 16개를 넣을 수 있고, 한 층에 16개씩 모두 4층을 쌓을 수 있으니까……

👧… 아하! 쌓기나무 하나의 부피가 1cm³이고, 이 상자는 1cm³가 모두 64개 들어가니까 부피는 64cm³구나!

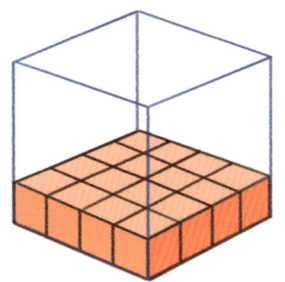 

(가로줄에 놓은 쌓기나무 수)×(세로줄에 놓은 쌓기나무 수)×(층수) =
(가로)×(세로)×(높이)

퀴즈 한 변의 길이가 1cm인 정사각형의 부피는 1cm³입니다. ○ ×

| 측정 | 연관 단어 1cm³, 직육면체의 부피

1m³

- 단위 부피 중의 하나로, 한 모서리의 길이가 1m인 정육면체의 부피
- 1000000 cm³ = 1m³

→ $1m^3$ 라 쓰고, 일 세제곱미터라고 읽습니다.

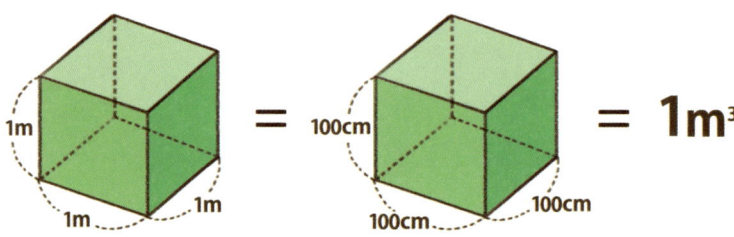

$1m^3 = 1m \times 1m \times 1m = 100\,cm \times 100\,cm \times 100\,cm = 1000000\,cm^3$

원리 스토리

→ $1m^3$ 상자 안에 $1cm^3$ 단위 부피가 몇 번이나 들어가는지 쌓기나무를 넣어 볼까?

→ 그걸 언제 다 넣어 보려고? $1m^3$는 한 모서리의 길이가 1m 즉, 100cm인 정육면체니까 $1m^3$ 정육면체 속에 $1cm^3$가 가로로 100개, 세로로 100개, 그리고 100층을 쌓아야 해.

→ 아하~, 그러면 $100 \times 100 \times 100 = 1000000$번 들어가는 거구나! 진짜 넣어 봤으면 큰일 날 뻔했네!

퀴즈 한 모서리의 길이가 1m인 정육면체의 부피는 $1m^3$입니다. ○ ×

| 측정 | 연관 단어 **원기둥의 부피**

직육면체의 부피

- 1cm³ 또는 1m³와 같은 단위 부피의 개수를 이용하여 직육면체의 부피를 구한다.
- (직육면체의 부피)=(가로)×(세로)×(높이)=(밑면의 넓이)×(높이)

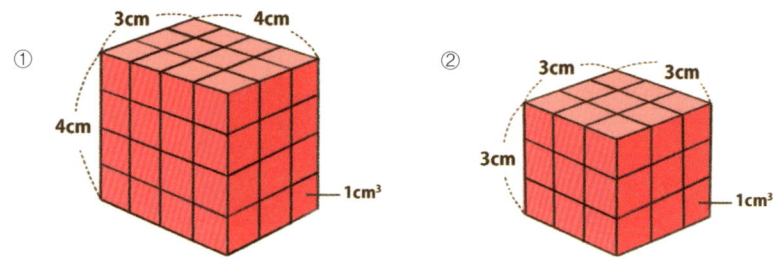

원리 스토리

…▸ 직육면체의 부피는 1cm³짜리 쌓기나무의 개수를 세어 보면 알 수 있어!

…▸ 그렇지! 먼저 왼쪽 직육면체의 부피는 밑면의 가로줄에 쌓기나무가 4개, 세로줄에 3개, 여기에 총 4층이 쌓이니까, 4×3×4=48(cm³)야.

…▸ 오른쪽 정육면체의 부피는 모든 변에 같은 개수의 쌓기나무가 쌓이니까, 3×3×3=27(cm³)야.

	가로(cm)	세로(cm)	높이(cm)	쌓기나무 개수	부피(cm³)
①	4	3	4	4×3×4=48	48 cm³
②	3	3	3	3×3×3=27	27 cm³

…▸ (직육면체의 부피)=(가로)×(세로)×(높이)=(밑면의 넓이)×(높이)이고, (정육면체의 부피)=(한 모서리의 길이)×(한 모서리의 길이)×(한 모서리의 길이)=(밑면의 넓이)×(한 모서리의 길이)란다.

퀴즈 정육면체의 부피는 (밑면의 넓이)×(한 모서리의 길이)입니다. ○ ×

| 측정 | 연관 단어 **직육면체의 부피**

원기둥의 부피

- 원기둥을 여러 조각으로 잘게 엇갈리게 붙여 직육면체를 만들어 부피를 구할 수 있다.
- (원기둥의 부피)=(한 밑면의 넓이)×(높이)=(반지름)×(반지름)×3.14×(높이)

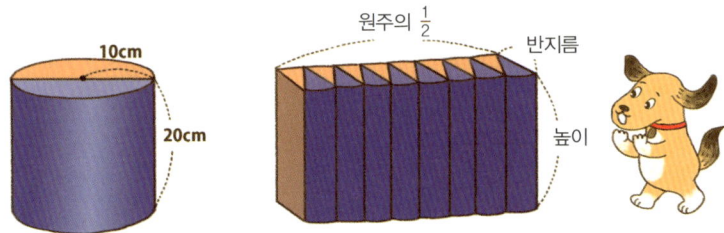

(원기둥의 부피)=(한 밑면의 넓이)×(높이)=
(반지름)×(반지름)×3.14×(높이)

원리 스토리

⋯ 원기둥을 조각 케이크처럼 잘게 잘라서 직육면체를 만들어서 부피를 구할 수 있어!

⋯ 정말 그렇구나! 그러면 직육면체의 가로 길이가 바로 원주의 절반이 되는 셈이네! 직육면체의 세로 길이는 원의 반지름이고.

⋯ 결국 원기둥의 부피는 (원주의 $\frac{1}{2}$)×(반지름)×(높이)를 구하면 돼. 원주=지름×3.14니까, 원기둥의 부피={(반지름)×2×3.14×$\frac{1}{2}$}×(반지름)×(높이)이고, 이를 조금 더 간단하게 나타내면 (반지름)×(반지름)×3.14×(높이)지.

⋯ 그럼 이 원기둥의 부피는
$(10 \times 2 \times 3.14 \times \frac{1}{2}) \times 10 \times 20 = 10 \times 10 \times 3.14 \times 20 = 6280(cm^3)$야.

퀴즈 원기둥의 부피는 원의 밑면의 넓이에 높이를 곱하면 됩니다. ○ ×

| 측정 | 연관 단어 1cm³, 1m³, 1mL, 1L

부피와 들이의 관계

● 부피는 입체가 차지하는 크기, 들이는 그릇 안쪽에 들어가는 양이다.
● 1L=1000cm³=1000mL

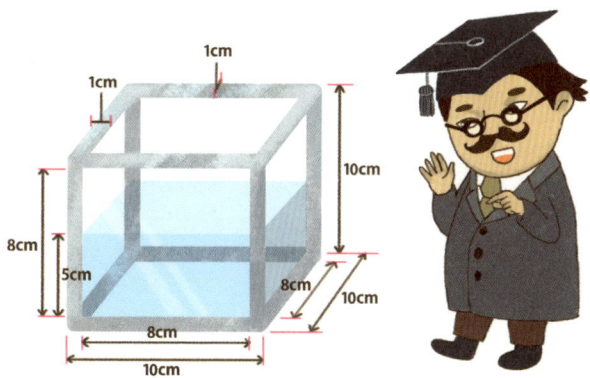

이 용기의 부피는 10(cm)×10(cm)×10(cm)=1000cm³(=1000mL=1L)입니다.

이 용기의 들이는 8(cm)×8(cm)×8(cm)=512cm³(=512mL)입니다.

용기 안에 들어 있는 액체의 부피는 8(cm)×8(cm)×5(cm)=320cm³(=320mL)입니다.

퀴즈 1000cm³=1000mL입니다. ○ ×

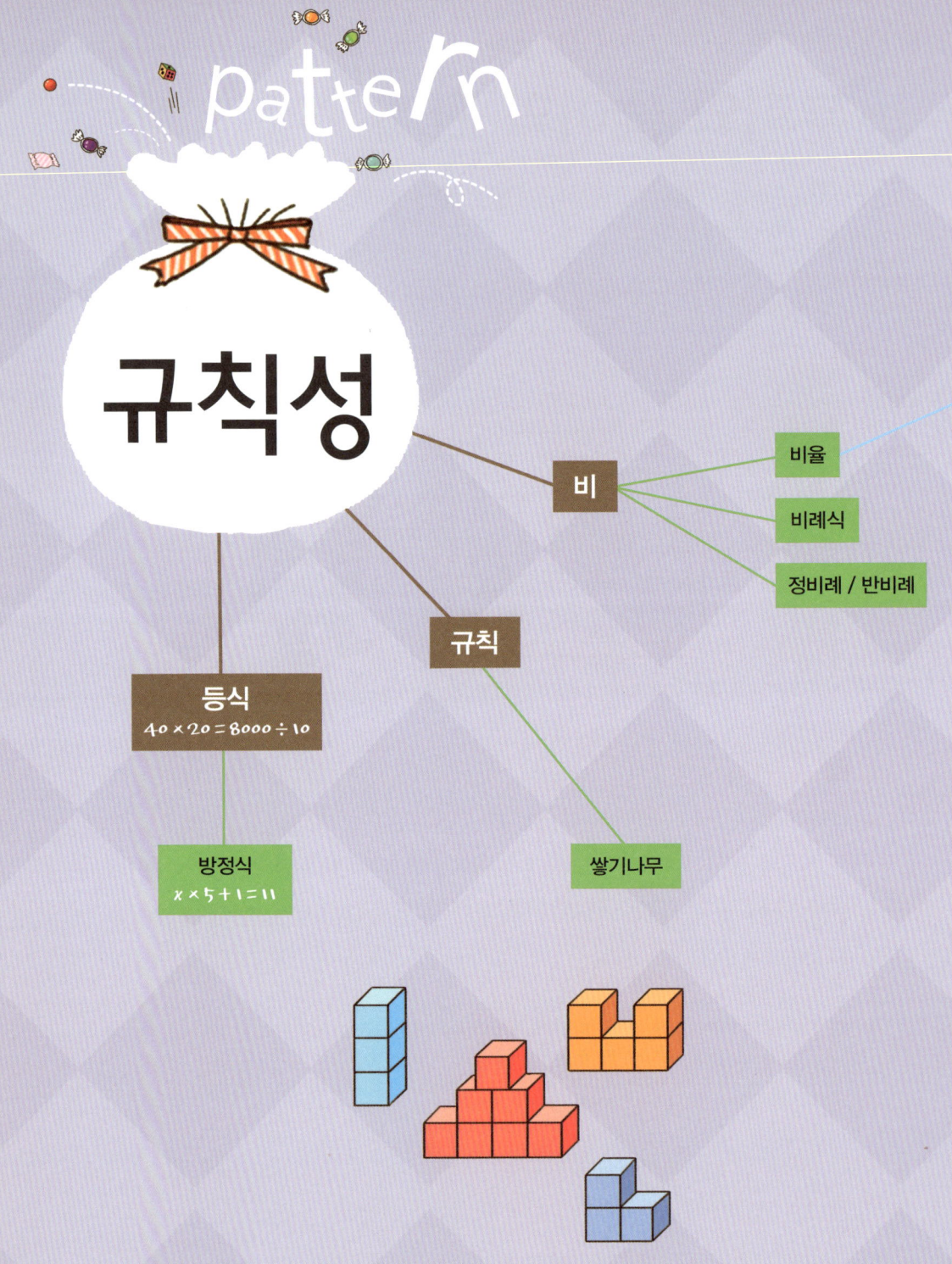

비의 값

할푼리

백분율

| 규칙성 | 연관 단어 **반복, 뛰어 세기, 사칙 연산**

규칙

● 같은 모양이나 수, 색 등이 일정한 순서로 반복되는 법칙

🎓⋯ 반복되는 규칙을 보면, 빈자리나 다음 자리에 무엇이 올 것인지 예상할 수 있습니다.

        ?

원리 스토리

🎓⋯ 일정한 규칙에 따라 수를 늘어놓은 배열을 '수열'이라고 해. 뛰어 세기도 규칙의 일종이야.

5, 10, 15, 20, 25, ?

👧⋯ 아하, 규칙을 보니 5씩 뛰어 세기를 하였군요. 25에 5를 더하면 30이에요.

🎓⋯ 일정한 수를 더하거나 빼거나 곱하거나 나누는 사칙 연산도 규칙의 일종이지.

3, 9, 27, 81, ?, 729……

👧⋯ 앞의 수에 3을 곱하는 규칙이므로, 빈 곳에 들어갈 수는 243 맞죠?
👦⋯ 일상생활에도 많은 규칙들이 사용되고 있어요. 보도블록, 욕실의 타일, 벽지, 문창살 등에도 규칙이 보여요.

퀴즈 규칙은 일상생활에서 발견할 수 있습니다. ○ ✕

전통 무늬

타일

보도블록

→ 규칙을 발견하는 활동을 통해 논리적인 사고력을 키울 수 있단다.

퀴즈 덧셈이나 곱셈은 규칙과 관련이 없습니다. ○ ×

| 규칙성 | 연관 단어 **정육면체, 입체도형**

쌓기나무

● 정육면체 모양의 입체도형

🎓 ⋯ 똑같은 개수의 쌓기나무로 여러 가지 모양을 만들 수 있습니다.

쌓기나무 3개로 모양 만들기

쌓기나무 5개로 모양 만들기

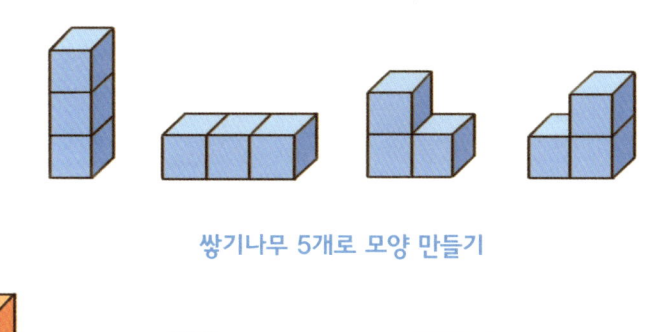

쌓은 모양을 보고 똑같이 쌓는 방법

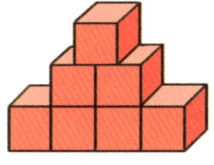

① 쌓기나무로 쌓은 전체 모양을 살핀다. → 'ㄴ'와 비슷한 모양이다.
② 쌓기나무의 위치를 살핀다. → 4개의 쌓기나무를 나란히 1층에 쌓고, 그 위에

퀴즈 쌓기나무는 보는 위치에 따라 언제나 모양이 같습니다. ○ ✕

2개를 2층에 쌓고, 1개를 3층에 올려놓았다.

③ 쌓기나무의 개수를 센다. → 1층에 4개, 2층에 2개, 3층에 1개

④ 똑같이 쌓는다.

원리 스토리

🧒 ⋯ 어제 우리가 본 빌딩이 이렇게 생겼었지?

👧 ⋯ 아닌데, 이렇게 생겼었어.

👨‍🎓 ⋯ 보는 위치에 따라 모양이 달라질 수 있단다. 위, 앞, 옆에서 본 모양은 서로 다를 수 있지.

퀴즈 쌓기나무는 똑같은 개수로 여러 가지 모양을 만들 수 있습니다. ○ ×

| 규칙성 | 연관 단어 **미지수**

x

● 모르는 값을 나타낼 때 사용하는 문자
● 모르는 수를 미지수라고 하며 식으로 나타낼 때 x(엑스)를 사용한다.

원리 스토리

→ 어떤 수에다가 5를 곱하니까 35가 됐어요. 이걸 식으로 간단히 나타내려면 어떻게 해야 해요?

→ 어떤 수라는 말 대신에 x를 사용하면 간단해지지. $x \times 5 = 35$라고 하면 돼. x를 사용한 식을 살펴볼까?

5에서 어떤 수를 뺀 값	→	$5 - x$
100을 어떤 수로 나눈 값	→	$100 \div x$
자전거 x대의 바퀴 수	→	$2 \times x$

퀴즈 어떤 수, 미지수, 모르는 값, x는 모두 같은 뜻입니다. ○ ×

| 규칙성 | 연관 단어 **등호, 식**

등식

● 여러 식 중에서 등호 '='를 사용하여 나타낸 식   ● 등호는 양쪽이 서로 같다는 것을 나타내는 기호로, 서로 평행한 두 직선은 서로 같다는 뜻에서 만들어졌다.

→ 등호를 중심으로 왼쪽에 있는 식을 좌변, 오른쪽에 있는 식을 우변이라 하며, 좌변과 우변을 합해 양변이라고 합니다.

원리 스토리

→ 양팔 저울의 양쪽 접시에 같은 무게의 추를 올려놓아도 저울은 여전히 평형을 이뤄. 등식에서도 마찬가지야.

→ 아하! 이것이 바로 '등식의 성질'이군요!

- 등식의 양변에 같은 수를 더하거나 빼도 등식은 성립한다.
  $$20 \times 4 = 80$$
  $$(20 \times 4) + 5 = 80 + 5$$

- 등식의 양변에 0이 아닌 같은 수를 곱하거나 나누어도 등식은 성립한다.
  $$0.4 + 5 = 5.4$$
  $$(0.4 + 5) \div 2 = 5.4 \div 2$$

퀴즈 등식에는 반드시 등호가 있어야 합니다. ○ ✕

| 규칙성 | 연관 단어 **등식, 미지수**

방정식

● 미지수가 있는 등식 중에서 미지수의 값에 따라 참이 되기도 하고, 거짓이 되기도 하는 등식

🎓… 어떤 수에 5를 곱하고 1을 더하면 11이 된다고 할 때, 이것을 등식으로 나타내면 $x \times 5 + 1 = 11$입니다.

> $x = 2$일 때 → $2 \times 5 + 1 = 11$ 참
> $x = 3$일 때 → $3 \times 5 + 1 = 17$ 거짓

🎓… 이렇게 미지수 또는 어떤 수, 문자 등이 있는 식을 방정식이라고 하고 미지수, 어떤 수, 문자 등의 값을 구하는 것을 '방정식을 푼다'라고 합니다. 방정식을 참이 되게 하는 값을 '방정식의 해' 또는 '근'이라고 하지요.

원리 스토리

🧒… 내가 과자 93개를 갖고 와서 우리 반 친구들 29명에게 똑같이 나눠 주었어. 그러자 6개가 남았지. 한 명이 받은 과자는 몇 개일까?

👧… 방정식을 사용하면 쉽게 풀 수 있어.

한 명이 받은 과자의 수를 x라고 하면

$29 \times x + 6 = 93$
$29 \times x + 6 - 6 = 93 - 6$
$x \times 29 = 87$
$x \times 29 \div 29 = 87 \div 29$
$x = 87 \div 29$
$x = 3$

퀴즈 방정식은 언제나 참입니다. ○ ×

| 규칙성 | 연관 단어 **비율, 비례**

비

● 둘 이상의 수나 양, 길이 등을 기호 ' : '을 사용하여 비교하는 것

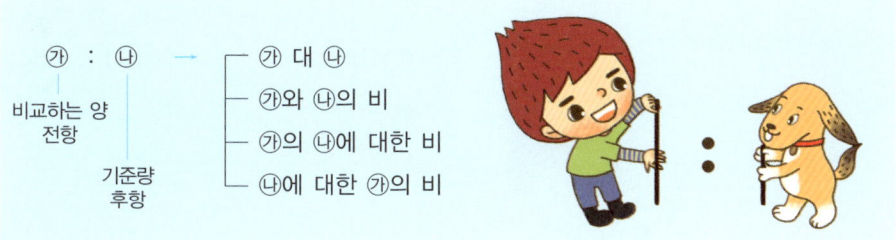

 … 3 : 2와 2 : 3은 같은 건가요, 다른 건가요?

… 3 : 2와 2 : 3은 전혀 다른 거야. 밀가루와 소금을 3 : 2로 섞는 것과 2 : 3 으로 섞는 것이 다른 것처럼 말이다.

3 : 2 ≠ 2 : 3

퀴즈 3의 2에 대한 비를 표현하면 2 : 3입니다. ○ ×

| 규칙성 | 연관 단어 비, 비례

비율

- 기준량에 대한 비교하는 양의 크기. 분수, 소수, 백분율, 할푼리 등으로 나타낼 수 있다.
- 비의 값은 기준량을 1로 볼 때, 백분율은 기준량을 100으로 볼 때 비교하는 양의 크기이다.

$$비율 = \frac{(비교하는\ 양)}{(기준량)}$$

축구를 좋아하는 학생 : 야구를 좋아하는 학생

비교하는 양 → 7 : 3 ← 기준량

→ 전체 10명의 학생 중에서 축구를 좋아하는 학생이 7명, 야구를 좋아하는 학생이 3명입니다.

비율을 분수로 나타낼 경우

전체 학생에 대한 축구를 좋아하는 학생의 비의 값 → $\frac{7}{10}$

야구를 좋아하는 학생 수에 대한 축구를 좋아하는 학생 수의 비의 값 → $\frac{7}{3}$

비율을 소수와 백분율로 나타낼 경우

전체 학생에 대한 축구를 좋아하는 학생의 비율 → $\frac{7}{10} = 0.7$

→ $\frac{7}{10} \times 100 = 70\%$

야구를 좋아하는 학생 수에 대한 축구를 좋아하는 학생 수의 비율

→ $\frac{7}{3} = 2.333\cdots$

→ $\frac{7}{3} \times 100 = 약\ 233.3\%$

퀴즈 비율은 비교하는 양에 대한 기준량의 크기입니다. ○ ×

| 규칙성 | 연관 단어 **비율**

할푼리

● 비율을 소수의 자리로 나타낼 때, 소수 첫째 자리를 '할', 둘째 자리를 '푼', 셋째 자리를 '리'라고 한다.

백분율은 기준량을 100으로 볼 때 비교하는 양의 크기를 의미합니다. 그러나 할푼리는 기준량을 1로 볼 때 비교하는 양의 크기를 소수로 나타낸 것입니다. 따라서 0.1을 할, 0.01을 푼, 0.001을 리로 나타냅니다.

0.842 = 8할 4푼 2리

내 이름은 안타쳐.
10번 타석에 올라 안타를 3개 쳤지.

내 이름은 마구쳐.
9번 타석에 올라 안타를 4개 쳤지.

원리 스토리

안타쳐 선수와 마구쳐 선수 중 누가 더 타율이 높을까?

두 선수의 안타 비율을 분수로 비교하면 쉽지요.

안타쳐 선수의 타율 = $\frac{3}{10}$ 　　　마구쳐 선수의 타율 = $\frac{4}{9}$

그렇게 하니까 기준량이 달라서 두 선수의 안타 비율을 한눈에 비교하기가 어려워.

이럴 때 사용하는 것이 할푼리란다. 할푼리를 사용하면 어느 선수의 타율이 높은지 한눈에 알 수 있지.

안타쳐 선수의 타율 = 0.3 = 3할, 마구쳐 선수의 타율 = 0.444… = 4할 4푼 4리

퀴즈 1할＝10푼＝100리입니다. ○ ✕

| 규칙성 | 연관 단어 **비율**

백분율

- 비율을 나타내는 방식 중의 하나로, 기준량을 100으로 할 때의 비율. 백분비라고도 한다.
- 백분율의 기호는 '%'로 나타내고, '퍼센트'라고 읽는다.

원리 스토리

⋯ 전교 회장 선거에서 전교생 1000명 중 650명이 저를 뽑았어요. 제가 몇 %를 득표한 걸까요?

⋯ 백분율로 나타내면 $\frac{650}{1000} \times 100$이므로, 65%를 득표한 것이지. 그러니까 100명 중 65명이 뽑았다는 뜻이야.

⋯ 백분율 구하는 공식을 알아볼까?

$$백분율(\%) = 비율 \times 100$$

사과 200개 중에서 40개를 백분율로 나타내면? $\frac{40}{200} \times 100 = 20\%$

사과 200개 중에서 20개를 백분율로 나타내면? $\frac{20}{200} \times 100 = 10\%$

퀴즈 백분율은 기준량을 100, 1000, 10000 등 다양하게 정할 수 있습니다. ○ ×

| 규칙성 | 연관 단어 **등식, 비**

비례식

- '비의 값'이 같은 두 비를 등식으로 나타낸 식

👨‍🏫 ⋯⋯ 바깥쪽에 있는 두 항을 외항, 안쪽에 있는 두 항을 내항이라고 합니다. 외항의 곱과 내항의 곱은 같습니다.

$$\text{외항} \\ 4 : 5 = 8 : 10 \\ \text{내항} \\ 4 \times 10 = 5 \times 8$$

원리 스토리

👨‍🏫 ⋯⋯ 사과가 아주 빨갛게 익었구나. 애들아, 저 사과나무에 올라가지 않고 나무의 높이를 알아낼 수 있겠니?

👦 ⋯⋯ 박사님, 그건 불가능하죠. 나무 높이만큼 기다란 사다리가 있다면 모를까⋯⋯.

👧 ⋯⋯ 박사님, 손에 든 자 좀 빌려 주세요. 자를 바닥에 꽂고 자의 길이와 자 그림자의 길이, 그리고 나무 그림자의 길이를 재어 비례식을 만들면 되지요!

$30 : 20 = x : 100$
$20 \times x = 30 \times 100$
$x \times 20 = 3000$
$x \times 20 \div 20 = 3000 \div 20$
$x = 3000 \div 20$
$x = 150$

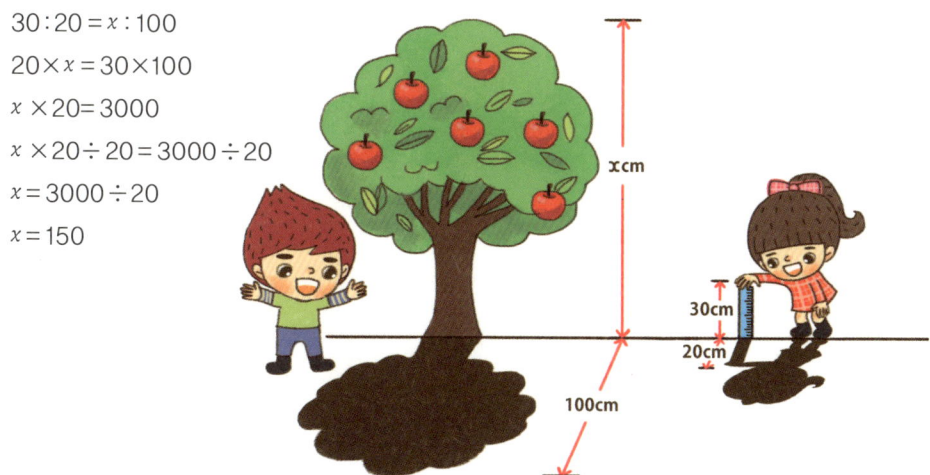

퀴즈 비례식을 이용하면 모르는 항을 구할 수 있습니다. ○ ×

| 규칙성 | 연관 단어 **반비례**

정비례

● 함께 변하는 2개의 값이 있을 때, 한쪽 값이 2배, 3배, 4배…로 늘어날 때, 다른 쪽 값도 2배, 3배, 4배…로 늘어나는 관계

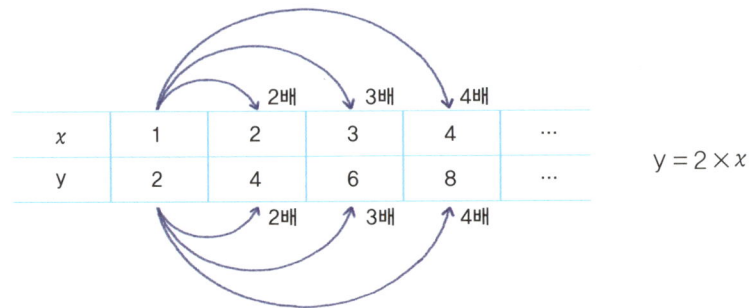

두 양 x, y에서 x가 2배, 3배, 4배…로 변함에 따라 y도 2배, 3배, 4배…로 변하는 관계가 있으면 y는 x에 정비례합니다. y가 x에 정비례할 때, $y=2\times x$, $y=3\times x$…와 같이 나타낼 수 있습니다.

원리 스토리

감자 한 봉지에 10kg이구나. 감자의 봉지 수와 무게의 관계를 식으로 나타내 볼래?

감자 봉지 개수	1	2	3	4	5	…	x
무게(kg)	10	20	30	40	50	…	y

봉지의 개수가 늘어날수록 무게도 10배씩 늘어나니까 정비례해요. 식으로 나타내면 봉지의 개수를 x라고 하고, 무게를 y라고 할 때 $y=10\times x$예요.

퀴즈 어떤 값이 2배, 3배, 4배… 변함에 따라 다른 값은 $\frac{1}{10}$배, $\frac{1}{20}$배, $\frac{1}{30}$배…로 변하는 관계가 있으면 정비례한다고 합니다. ○ ✕

| 규칙성 | 연관 단어 **정비례**

반비례

● 함께 변하는 2개의 값이 있을 때, 한쪽 값은 2배, 3배, 4배…로 늘어날 때, 다른 쪽 값은 $\frac{1}{2}$, $\frac{1}{3}$, $\frac{1}{4}$…로 줄어드는 관계

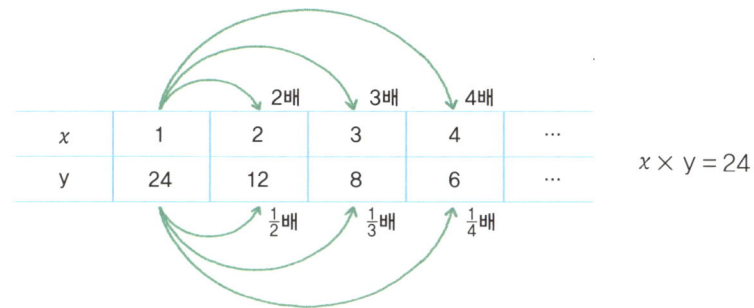

🎓 ⋯ 두 양 x, y에서 x가 2배, 3배, 4배…로 변함에 따라 y는 $\frac{1}{2}$배, $\frac{1}{3}$배, $\frac{1}{4}$배…로 변하는 관계가 있으면 y는 x에 반비례합니다. y가 x에 반비례할 때, $x \times y = 2$, $x \times y = 3$…과 같이 나타낼 수 있습니다.

원리 스토리

🎓 ⋯ 넓이가 48cm²인 직사각형을 그려 보렴.

🧒 ⋯ 가로 길이가 변함에 따라, 세로 길이도 변해요. 세로 길이는 가로 길이에 반비례해요.

가로 길이	1	2	4	6	8	⋯ x
세로 길이	48	24	12	8	6	⋯ y

식으로 나타내면
$x \times y = 48$

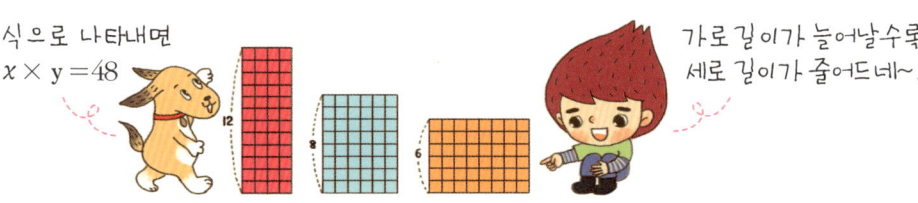

가로길이가 늘어날수록 세로길이가 줄어드네~.

퀴즈 어떤 값이 2배, 3배, 4배⋯ 변함에 따라 다른 값도 2배, 3배, 4배⋯로 변하는 관계가 있으면 반비례한다고 합니다. ○ ×

| 0 | 10 | 20 | 30 | 40 | 50 | 60 | 70 | 80 | 90 | 100(%) |

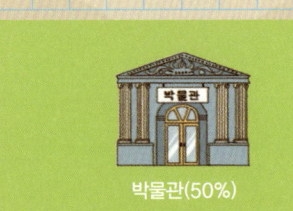
박물관(50%)

동물원(30%)

미술관(20%)

- 평균
- 그래프
  - 비율그래프
    - 띠그래프
    - 원그래프
  - 크기 비교 그래프
    - 그림그래프
    - 막대그래프
  - 경과 그래프
    - 꺾은선그래프 — 물결선

| 확률과 통계 | 연관 단어 **확률**

경우의 수

● 어떤 일이 일어날 수 있는 경우의 가짓수

🎓⋯ 100원짜리 동전을 한 개 던졌을 때 나올 수 있는 경우의 수는 2가지입니다.

🎓⋯ 주사위를 던졌을 때 나올 수 있는 경우의 수는 6가지입니다.

🎓⋯ 가위 바위 보에서 나올 수 있는 경우의 수는 3가지입니다.

⋯ 딱지 2개를 던졌을 때 나올 수 있는 경우의 수는 4가지입니다.

앞면과 앞면이
나올 확률 한 가지

앞면과 뒷면, 뒷면과 앞면이
나올 확률 두 가지

뒷면과 뒷면이 나올
확률 한 가지

퀴즈 주사위를 던져서 짝수가 나올 경우의 수는 3입니다. ○ ×

| 확률과 통계 | 연관 단어 **경우의 수**

확률

● 모든 경우의 수 중에서 어떤 일이 일어날 수 있는 경우의 수의 비율

$$(\text{확률}) = \frac{(\text{어떤 일이 일어날 경우의 수})}{(\text{모든 경우의 수})}$$

… 동전은 모든 경우의 수가 앞면, 뒷면으로 두 가지. 동전을 던져서 앞면이 나올 확률은 $\frac{1}{2}$

… 주사위는 1부터 6까지의 눈이 있으므로, 주사위의 어떤 눈이 나올 확률은 $\frac{1}{6}$

원리 스토리

… 내일 해가 서쪽에서 뜰 확률은 얼마일까?

… 0이지. 절대 일어날 수 없는 일의 확률은 0이야.

… 하늘로 공을 던졌을 때 땅으로 떨어질 확률은 얼마일까?

… 1이야. 반드시 일어날 일의 확률은 1이니까.

퀴즈 확률은 모든 경우의 수를 비율로 나타낸 것입니다. ○ ×

| 확률과 통계 | 연관 단어 **경우의 수, 확률**

나뭇가지 그림

● 어떤 일이 일어나는 경우의 수를 나뭇가지가 나눠지는 것처럼 나타낸 그림
● 모든 경우의 수를 빼놓지 않고 구할 수 있다.

원리 스토리

곰, 강아지, 토끼 인형을 진열대에 진열하려고 해. 인형 3개를 서로 다른 순서로 진열대에 진열할 수 있는 경우의 수는 몇 가지일까?

인형 1개를 기준으로 경우의 수를 찾으면 돼. 나뭇가지 그림으로 그려 볼게. 3개의 인형을 서로 다른 순서로 그려 보니까 경우의 수는 6가지야.

퀴즈 나뭇가지 그림으로 나타내면 모든 경우의 수를 나타낼 수 없습니다. ○ ×

| 확률과 통계 | 연관 단어 표

분류

● 기준을 정해서 같은 성질을 가진 것끼리 종류별로 나누는 것

원리 스토리

🎓 ⇢ 여기 있는 물건들을 분류해 보자.
👧 ⇢ 먹을 수 있는 것들 / 먹을 수 없는 것들, 네모난 것들 / 동그란 것들로 분류했어요.
🎓 ⇢ 분류 기준을 적절하게 잘 정했구나.
👦 ⇢ 저는 맛있는 것들 / 맛없는 것들로 분류했어요.
🎓 ⇢ 사람에 따라 맛있는 것과 맛없는 것이 다르기 때문에 분류할 수 없어.
👧 ⇢ 예쁘게 생긴 것들 / 예쁘지 않은 것들로 분류했어요.
🎓 ⇢ 사람에 따라 다르게 보기 때문에 분류할 수 없단다.
👦 ⇢ 비싼 것들 / 싼 것들로 분류했어요.
🎓 ⇢ 얼마부터 비싸고, 싼 것인지에 대한 기준이 없기 때문에 분류할 수 없지. 분류를 하기 위해서는 기준을 정해야 하고, 그 기준은 사물의 성질이나 특징 등을 이용해 종류별로 알기 쉽게 나눠야 한단다.

퀴즈 분류할 때에는 기준은 필요 없습니다. ○ ×

| 확률과 통계 | 연관 단어 **그래프**

표

- 조사한 자료를 직사각형 모양의 칸에 정리한 것
- 표를 사용하는 이유는, 자료나 목록을 알아보기 쉽게 하기 위해서다.

〈3학년 5반 아이들이 좋아하는 동물〉

동물 종류	강아지	기린	펭귄	토끼	호랑이
학생 수(명)	11	7	2	5	5

🎓 ⋯ 표 그리는 방법을 알아봐요.

① 자료를 조사한다.

② 조사한 자료의 수를 센다. 이때 X표로 지워 나가야 빠뜨리지 않는다.

③ 가로와 세로에 맞춰서 표를 그린다.

④ 표에 나타난 수량의 합계와 처음 조사한 자료의 수량이 같은지 확인한다.

⑤ 알맞은 제목을 붙인다.

🎓 ⋯ 표는 조사한 자료의 종류별 수와 자료의 전체 수를 알아보는 데 편리합니다.

퀴즈 조사한 자료를 정리하여 알아보기 쉽게 나타내는 방법으로 표와 그래프가 있습니다. ◯ ✕

| 확률과 통계 | 연관 단어 표

평균

- 자료 전체를 더한 합계를 자료의 개수로 나눈 값
- 평균을 구하면 자료를 쉽게 알아볼 수 있으며, 자료나 통계를 분석할 때 효과적이다.

$$(평균) = (자료\ 전체의\ 합) \div (자료의\ 개수) = \frac{자료\ 전체의\ 합}{자료의\ 개수}$$

원리 스토리

34회   45회   20회   25회

〈줄넘기 횟수표〉

이름	승후	예성	하일	소담
횟수	34	45	20	25

👦 ⋯ 4명의 친구들이 한 줄넘기의 평균을 구하고 싶어.

👦 ⋯ 줄넘기를 한 횟수를 모두 더해. 그런 후에 인원수로 나눠 봐.

줄넘기 횟수의 평균 $= \dfrac{34+45+20+25}{4} = \dfrac{124}{4} = 31$회

퀴즈 평균을 구하려면 반드시 자료의 개수와 자료 전체의 합을 알아야 합니다. ○ ✕

| 확률과 통계 | 연관 단어 표, 그림그래프, 막대그래프, 꺾은선그래프, 띠그래프, 원그래프

그래프

● 자료를 알아보기 쉽도록 점, 직선, 곡선, 막대, 그림 등을 이용해 나타낸 것

🎓… 그래프의 종류로는 그림그래프, 막대그래프, 꺾은선그래프, 띠그래프, 원그래프, 줄기와 잎 그림 등이 있습니다. 이 다양한 그래프들 중에서 자료의 특징을 잘 나타내 주고, 한눈에 알아보기 쉬운 그래프를 선택해서 나타내야 합니다.

👨‍🎓… 표는 항목별 수량을 비교하기 쉽지만, 자료의 수가 많아지면 표보다는 그래프로 나타내는 것이 비교하기가 쉽습니다.

〈3학년 5반 아이들이 좋아하는 동물〉

동물 종류	강아지	기린	펭귄	토끼	호랑이
학생 수(명)	11	7	2	5	5

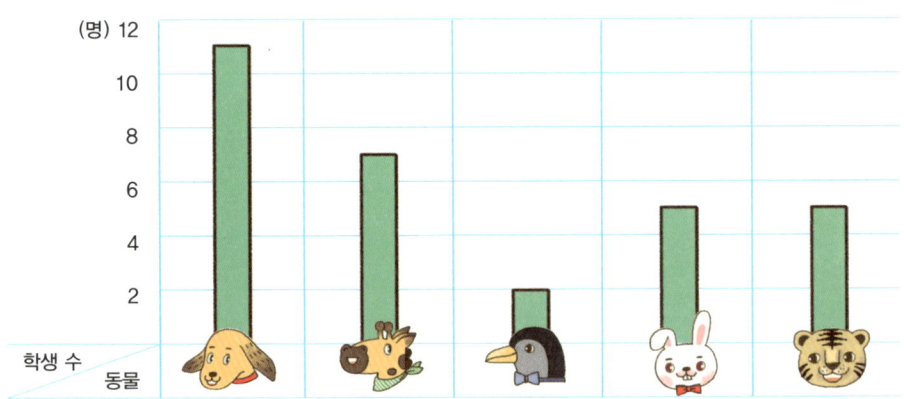

퀴즈 그래프는 통계의 결과를 표로 나타낸 것입니다. ○ ×

| 확률과 통계 | 연관 단어 **표, 그래프, 막대그래프**

그림그래프

● 조사한 수량을 그림의 크기로 나타낸 그래프   ● 큰 그림은 큰 수량을, 작은 그림은 작은 수량을 나타내서 표보다 수량의 많고 적음을 쉽게 알 수 있는 그래프

원리 스토리

- …▶ 우리 마을의 초등학생 수를 그림그래프로 그려 보자.
- …▶ 크게 그리면 100명, 작게 그리면 10명으로 하자.
- …▶ 그림의 크기와 개수로 초등학생이 어느 동네에 얼마나 많이 사는지 쉽게 알 수 있겠네!

〈우리 마을의 초등학생 수〉

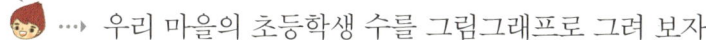

사는 마을	학생 수(명)
달빛마을	👦👦 👦👦
별빛마을	👦👦👦👦👦👦👦
호수마을	👦👦👦👦👦👦
숲속마을	👦 👦

👦 100명
👦 10명

…▶ 그림그래프를 그려 봐요.
① 어떤 그림그래프로 그려서 나타낼지 계획을 세운다.
② 자료의 수량을 그림으로 나타내기에 적당하게 반올림하여 어림수로 만든다.
③ 자료의 수량에 맞게 그림의 크기를 정한 후, 크고 작은 그림을 알맞게 그린다.
④ 제목을 붙인다.

퀴즈 그림그래프에 나타난 그림의 크기와 수를 알아보면 항목별 수량을 알 수 있습니다. ○ ×

| 확률과 통계 | 연관 단어 표, 그래프, 그림그래프

막대그래프

- 조사한 수를 막대 모양으로 나타낸 그래프
- 각 항목의 크기를 비교할 때 많고 적음을 한눈에 알 수 있어 편리하다.

원리 스토리

- 이 그림은 뭐야? 막대기들을 나란히 세워 놓은 것 같아.
- 우리 반 친구들이 좋아하는 음식을 조사해서 막대그래프로 그린 거야.
- 불고기를 가장 좋아하고, 그다음에 갈비, 카레라이스 순이구나.
- 막대그래프는 수량이 많고 적은 걸 한눈에 비교할 수 있어서 좋아.

〈우리 반 친구들이 좋아하는 음식〉

음식 종류	불고기	갈비	카레라이스	비빔밥
학생 수(명)	15	10	5	5

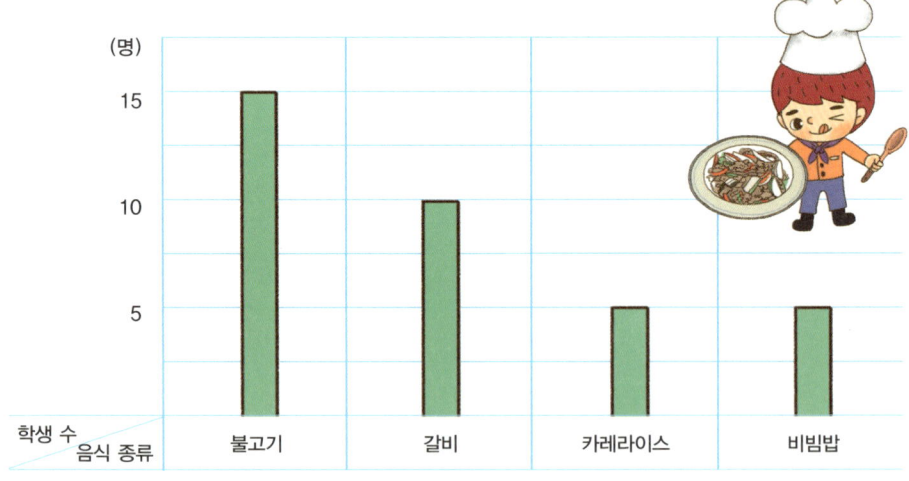

퀴즈 막대그래프는 시간에 따라 연속적으로 변화하는 모양을 나타내기에 좋습니다. ○ ×

👨‍🎓⋯▶ 막대그래프를 그려 봐요.

① 가로와 세로의 눈금에 무엇을 나타낼지 정한다.

② 눈금 한 칸의 크기와 눈금의 수를 정한다. 이때 조사한 수 중에서 가장 큰 수를 나타낼 수 있도록 눈금의 크기를 정한다.

③ 단위를 쓴다.

④ 조사한 수에 알맞게 막대를 그린다.

⑤ 알맞은 제목을 붙인다.

퀴즈 막대그래프에는 단위를 꼭 써야 합니다. ○ ×

| 확률과 통계 | 연관 단어 **표, 그래프, 물결선**

꺾은선그래프

- 각 수량을 점으로 표시하고, 그 점들을 꺾은선으로 연결한 그래프
- 꺾은선의 기울어진 정도에 따라 증가와 감소를 쉽게 알아낼 수 있다.

원리 스토리

🙂 … 키를 비교할 때에는 어떤 그래프로 그리면 좋을까?

🙂 … 너랑 나랑 박사님 키를 서로 비교할 때에는 막대그래프가 좋고, 네 키가 시간에 따라 어떻게 변했는지 나타낼 때에는 꺾은선그래프가 좋지.

🎓 … 꺾은선그래프로 그리면 중간에 조사하지 않은 내용도 짐작할 수 있단다.

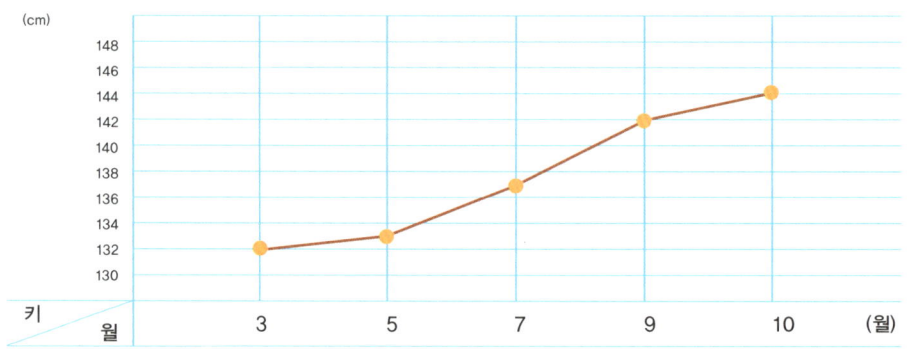
〈토리의 키〉

🎓 … 꺾은선그래프를 그려 봐요.

① 자료의 수량과 항목에 맞게 가로와 세로의 눈금에 나타낼 것을 정한다.
② 자료의 수량에 맞게 세로 눈금 한 칸의 크기를 정한다.
③ 각 수량을 가로와 세로의 눈금에서 찾아 점으로 표시한다.
④ 점들을 선분으로 이어서 그린다.
⑤ 알맞은 제목을 붙인다.

퀴즈 꺾은선그래프에서 꺾은선은 직선이 아니라 곡선으로 나타내도 됩니다. ○ ✕

| 확률과 통계 | 연관 단어 **표, 그래프, 꺾은선그래프**

물결선

● 그래프에서 필요 없는 부분을 생략해서 나타낼 경우에 사용하는 물결 모양의 선
● 주로 꺾은선그래프에서 사용하며, 막대그래프에서 사용할 수도 있다.

원리 스토리

🧒 ⋯▶ 꺾은선그래프를 너무 크게 그렸어요. 어떻게 하지요?

👨‍🎓 ⋯▶ 필요 없는 부분은 생략하면 돼. 생략한 부분에는 물결선으로 표시해 주면 된단다.

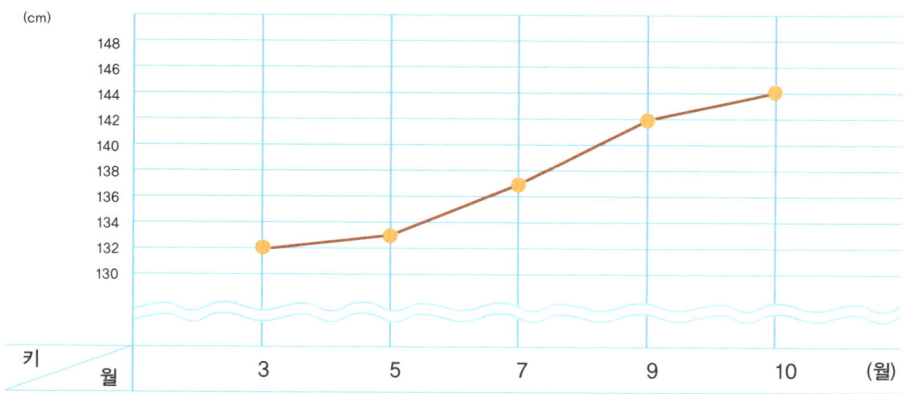

〈토리의 키〉

👨‍🎓 ⋯▶ 꺾은선그래프에서 물결선을 그려 봐요.

① 그래프에서 필요 없는 부분을 정한다. 필요 없는 부분이 곧 물결선으로 그릴 부분이다.
② 자료의 수량에 맞게 세로의 눈금 한 칸의 크기를 정한다.
③ 각 수량을 가로와 세로의 눈금에서 찾아 점으로 표시한다.
④ 점들을 선분으로 이어서 그린다.
⑤ 필요 없는 부분에는 물결선을 그린다.

퀴즈 그래프에서 중요한 부분에 물결선을 표시합니다. ○ ✕

| 확률과 통계 | 연관 단어 표, 그래프, 백분율, 원그래프

띠그래프

- 비율그래프의 한 종류
- 전체에서 차지하는 각 항목을 비율에 따라 띠 모양 안에서 선을 그어 나누는 그래프

원리 스토리

⋯ 우리 반에서 체험학습 가고 싶은 장소를 조사해 볼까요? 박물관, 동물원, 미술관 세 곳 중에서 골라 보세요.

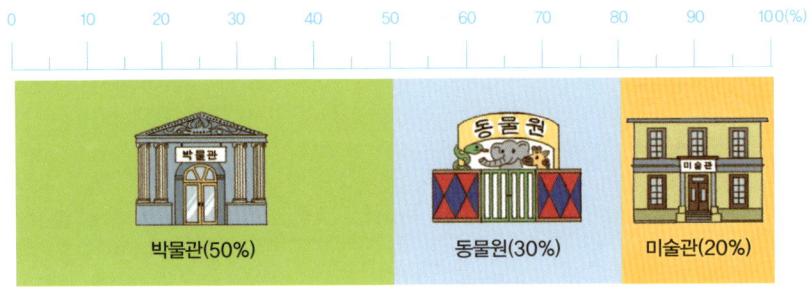

〈체험학습 가고 싶은 장소〉

⋯ 결과를 띠그래프로 만들었어요. 띠그래프는 각 항목끼리의 비율을 쉽게 비교할 수 있어 좋아요.

⋯ 띠그래프를 그려 봐요.
① 자료를 보고, 각 항목이 차지하는 백분율을 구한다. 이때 각 항목의 합계가 100%가 되는지 확인한다.
② 각 항목들이 차지하는 백분율의 크기만큼 선을 그어 띠를 나눈다.
③ 나눈 띠의 각 부분에 항목의 이름과 백분율을 쓴다.
④ 제목을 붙인다.

퀴즈 띠그래프의 각 항목을 합했을 때, 100%가 안 되어도 됩니다. ○ ✕

| 확률과 통계 | 연관 단어 **표, 그래프, 백분율, 띠그래프**

원그래프

● 비율그래프의 한 종류 ● 전체의 양을 원으로 나타내고, 전체에 대한 각 항목을 비율에 맞게 부채꼴 모양으로 나눈 그래프

원리 스토리

🧑 ⋯ 나의 하루를 원그래프로 그려 봤어. 하루 일과 시간의 백분율을 구해서 그렸지~!

🧑 ⋯ 대단한데~! 원그래프로 그리니 하루에 자는 시간이나 공부하는 시간의 비율을 알아보기 쉬워.

〈토리의 일일계획표〉

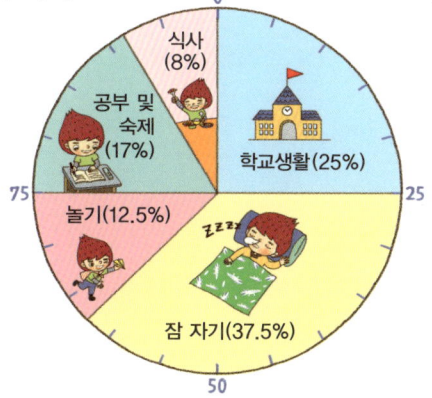

👨‍🎓 ⋯ 원그래프를 그려 봐요.

① 자료를 보고, 각 항목이 차지하는 백분율을 구한다. 이때 각 항목의 합계가 100%가 되는지 확인한다.
② 각 항목들이 차지하는 백분율의 크기만큼 중심각을 계산한다.
③ 원을 그린 후, 각도기를 사용해 각 부분의 크기만큼 중심각을 나눈다. 각 부분에 항목의 이름과 백분율을 쓴다.
④ 제목을 붙인다.

퀴즈 원그래프는 비율그래프의 한 종류입니다. ○ ×

초등 수학 공식 모음

(삼각형 그림: 밑변, 높이)	삼각형의 넓이 = 밑변 × 높이 ÷ 2
(사다리꼴 그림: 윗변, 아랫변, 높이)	사다리꼴의 넓이 = (윗변 + 아랫변) × 높이 ÷ 2
(평행사변형 그림: 밑변, 높이)	평행사변형의 넓이 = 밑변 × 높이
(직사각형 그림)	직사각형의 둘레 = (가로 + 세로) × 2 직사각형의 넓이 = 가로 × 세로
(정사각형 그림)	정사각형의 둘레 = 한 변의 길이 × 4 정사각형의 넓이 = 한 변의 길이 × 한 변의 길이
(마름모 그림)	마름모의 넓이 = 한 대각선의 길이 × 다른 대각선의 길이 ÷ 2
(원 그림: 지름, 반지름)	원주 = 원의 반지름 × 2 × 3.14 = 원의 지름 × 3.14 원의 넓이 = 반지름 × 반지름 × 3.14
(직육면체 그림: 면, 모서리, 꼭짓점)	직육면체의 겉넓이 = 밑넓이 × 2 + 옆넓이 = {(가로 × 세로) × 2} + {(가로 + 세로) × 2 × 높이} 직(정)육면체의 부피 = 밑넓이 × 높이 = 밑면의 가로 × 밑면의 세로 × 높이

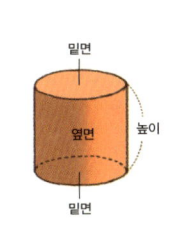

원기둥의 겉넓이
= 밑넓이 × 2 + 옆넓이
= (밑면의 반지름 × 밑면의 반지름 × 3.14 × 2) + (밑면의 지름 × 3.14 × 높이)

원기둥의 부피 = 밑넓이 × 높이
= (밑면의 반지름 × 밑면의 반지름 × 3.14) × 높이

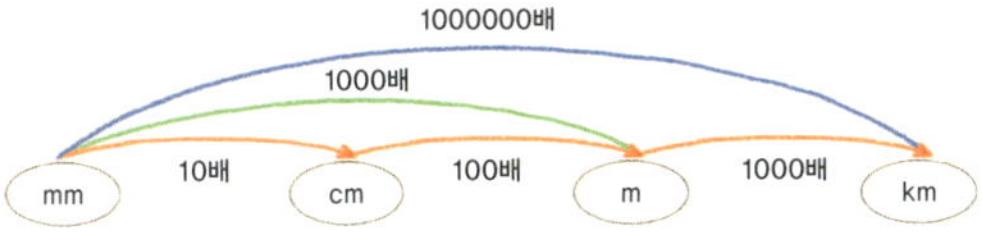

---

1 km = 1000 m
1 m = 100 cm
1 cm = 10 mm

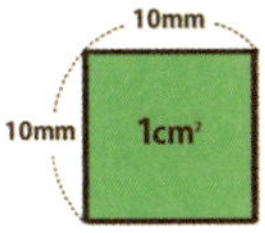

$1\,cm^2 = 100\,mm^2$

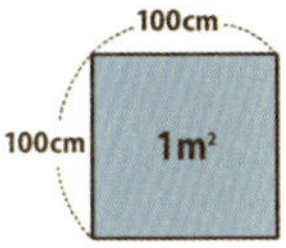

$1\,m^2 = 10000\,cm^2$

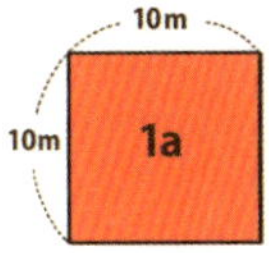

$1\,a = 100\,m^2$

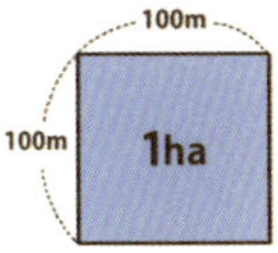

$1\,ha = 100\,a = 10000\,m^2$

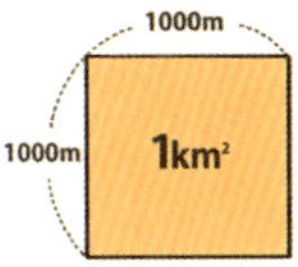

$1\,km^2 = 100\,ha = 10000\,a = 1000000\,m^2$

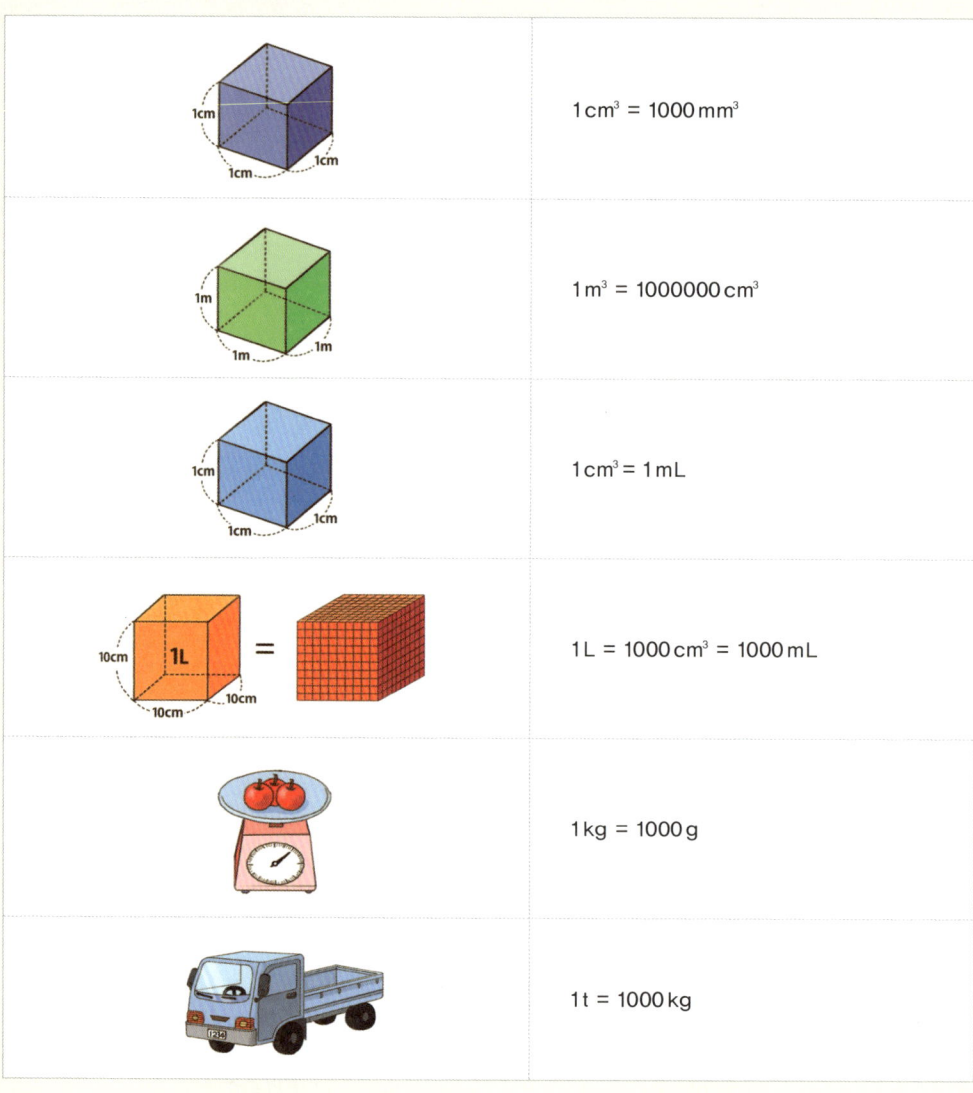

용어 찾아보기 및 교과 연계

1a 5-1-8	275	곱셈구구 2-1-6	64
1cm 2-1-4	227	공배수 5-1-1	83
$1cm^2$ 4-2-5(07 개정)	273	공약수 5-1-1	82
$1cm^3$ 6-2-2	295	괄호 4-1-5	78
1g 3-2-5	256	교환법칙 2-2-2	75
1ha 5-1-8	276	구 6-2-2	184
1kg 3-2-5	255	규칙 1-2-6	302
1km 3-1-5	230	그래프 2-2-5	324
$1km^2$ 5-1-8	277	그림그래프 3-2-6	325
1L 3-2-5	250	길이 2-1-4	216
1m 2-2-3	229	길이의 차 2-2-3	218
$1m^2$ 5-1-8	274	길이의 합 2-2-3	217
$1m^3$ 6-2-2	296	꺾은선그래프 4-2-5	328
1mL 3-2-5	251	꼭짓점 3-1-2, 5-1-6	122
1mm 3-1-5	228		
1t 5-1-8	257		
0.1 0.01 0.001 곱하기 5-2-4	113	**ㄴ**	
10, 100, 1000 곱하기 4-1-2	114	나누어 떨어지다 3-2-2	72
		나눗셈 3-1-4	66
ㄱ		나머지 3-2-2	71
가르기 1-1-3	48	나뭇가지 그림 6-2-5	320
가분수 3-2-4	31	넓이와 둘레의 관계 4-2-5(07 개정)	272
각 3-1-3	134	넓이의 비교 4-2-5(07 개정)	271
각기둥 6-1-3	168		
각뿔 6-1-3	177	**ㄷ**	
간접 비교 2-1-4	220	다각형 4-2-3	159
검산 3-2-2	74	다각형의 넓이 4-2-5(07 개정)	287
겨냥도 5-1-6	191	다각형의 둘레 4-2-5(07 개정)	266
경우의 수 6-2-5	318	단위 길이 2-1-4	221
곱셈 2-1-6	63	단위분수 3-1-6	33
		달력 2-2-4	235

대각선 4-2-3	126
대분수 3-2-4	32
대분수의 나눗셈 6-1-1	108
대소수 3-1-6	39
대응점, 대응변, 대응각 6-1-1	203
덧셈 1-1-3	50
덧셈식과 뺄셈식의 관계 1-2-3	54
도형 돌리기 3-1-2	195
도형 뒤집기 3-1-2	193
도형 밀기 3-1-2	192
두 수의 크기 비교 1-1-5	27
두 자리의 수 1-2-1	23
둔각 4-1-3	136
둔각삼각형 4-1-3	158
들이 3-2-5	248
들이 비교하기 3-2-5	249
들이의 합과 차 3-2-5	252
등식 6-2-6	307
등호 부등호 1-1-5	28
뛰어 세기 2-1-1	61
띠그래프 6-1-6	330

ㅁ

마름모 4-2-3	150
마름모의 넓이 5-1-7	286
막대그래프 4-1-6	326
면 5-1-6	131
몇 분 2-2-4	242
몇 시 30분 1-2-4	241
몇 초 3-1-5	243
모서리 5-1-6, 6-1-3	128

모선 6-2-2	130
모으기 1-1-3	49
몫 3-2-4	70
소수의 나눗셈에서 몫의 반올림 6-1-2	116
무게 3-2-5	253
무게 비교하기 3-2-5	254
무게의 합과 차 3-2-5	258
무늬 만들기 3-1-2	197
묶어 세기 2-1-6	60
물결선 4-2-5	329
미만 4-2-4	262
미터법 2-1-4	225
밑면 5-1-6, 6-1-3	132

ㅂ

반비례 6-2-7	315
반올림 4-2-4	265
받아내림 2-1-3	58
받아올림 2-1-3	56
방정식 6-2-6	308
배 2-1-6	62
배수 5-1-1	81
백 2-1-1	18
백분율 5-2-7	312
버림 4-2-4	264
변 3-1-2	125
보편 단위 2-1-4	223
부피와 들이의 관계 6-2-3	299
부피의 비교 6-2-3	294
분류 2-1-5	321
분모가 같은 분수의 덧셈 4-2-1	94

분모가 같은 분수의 뺄셈 4-2-1	96
분모가 다른 분수의 덧셈 5-1-3	98
분모가 다른 분수의 뺄셈 5-1-3	100
분수 3-1-6	29
분수를 소수로 나타내기 5-2-1	92
분수와 소수의 곱셈과 나눗셈 6-2-1	117
분수의 곱셈 5-1-4	104
분수의 나눗셈 5-2-2	106
분수의 크기 비교 3-1-6	34
비 6-1-8	309
비례식 6-1-7	313
비율 6-1-6	310
뺄셈 1-1-3	52

ㅅ

사각기둥 6-1-3	171
사각뿔 6-1-3	180
사각형 2-1-2	144
사다리꼴 4-2-3	148
사다리꼴의 넓이 5-1-7	284
삼각기둥 6-1-3	170
삼각뿔 6-1-3	179
삼각형 2-1-2	142
삼각형의 넓이 5-1-7	282
선 3-1-2	121
선대칭도형 5-2-3	204
선대칭의 위치에 있는 도형 5-2-3	206
세 분수의 곱셈 5-1-4	105
세 분수의 덧셈과 뺄셈 5-1-3	102
소수 3-1-6	36
소수 두 자리의 수 4-2-1	43

소수 사이의 관계 4-2-1	44
소수를 분수로 나타내기 5-2-1	91
소수와 자연수의 곱셈 5-2-4	111
소수의 곱셈 5-2-4	112
소수의 나눗셈 6-1-2	115
소수의 덧셈 4-2-1	109
소수의 뺄셈 4-2-1	110
소수의 크기 비교 3-2-6	40
소수점 3-1-6	38
수 1-1-1	14
수직 4-2-2, 5-1-6	138
순서수 1-1-1	17
숫자 1-1-1	16
시각 1-2-4	239
시간 1-2-4	240
시간의 단위 1-2-4	233
시간의 차 3-1-5	245
시간의 합 3-1-5	244
시계의 종류 1-2-4	238
쌓기나무 6-1-4	304

ㅇ

약분 5-1-2	90
약수 5-1-1	79
어림하기 2-1-4	231
엑스(x) 6-2-6	306
연산 기호 1-1-3, 2-1-6, 3-1-4	68
옆면 5-1-6, 6-1-3	133
예각 4-1-3	135
예각삼각형 4-1-3	157
오각형 2-1-2	146

올림 4-2-4	263	정사각형 3-1-2	152
원 2-1-2, 3-2-3	161	정사각형의 넓이 4-2-5(07 개정)	279
원그래프 6-1-6	331	정삼각형 4-1-3	156
원기둥 6-2-2	174	정육면체 5-1-6	173
원기둥의 겉넓이 6-2-4	293	직각 3-1-2	137
원기둥의 부피 6-2-4	298	직각삼각형 3-1-2, 4-2-3	155
원기둥의 전개도 6-2-2	176	직사각형 3-1-2, 4-2-3	151
원뿔 6-2-2	181	직사각형의 넓이 4-2-5(07 개정)	278
원뿔의 전개도 6-2-2	183	직사각형의 둘레 4-2-5(07 개정)	267
원의 넓이 6-1-5	289	직선 3-1-2	124
원의 반지름 3-2-3	163	직육면체 5-1-6	172
원의 중심 3-2-3	166	직육면체의 겉넓이 6-2-3	291
원의 지름 3-2-3	164	직육면체의 부피 6-2-3	297
원주 6-1-5	268	직접 비교 2-1-4	219
원주율 6-1-5	269		
육각형 2-1-2	147	**ㅊ**	
이등변삼각형 4-1-3	154	차 1-1-3	53
이상 4-2-4	259	초과 4-2-4	261
이하 4-2-4	260	최대공약수 5-1-1	84
임의 단위 2-1-4	222	최소공배수 5-1-1	86
입체도형 6-1-3	167	칠교(탱그램) 2-1-2, 4-2-3	212
ㅈ		**ㅋ**	
자릿값 1-1-5	22	큰 수의 단위 4-1-1	20
작은 수의 단위 4-2-1	41		
전개도 5-1-6, 6-1-3	189	**ㅌ**	
점 3-1-2	120	테셀레이션 4-2-3	198
점대칭도형 5-2-3	208	통분 5-1-2	88
점대칭의 위치에 있는 도형 5-2-3	210		
정다각형 4-2-3	160	**ㅍ**	
정비례 6-2-7	314	평균 5-2-6	323

평면도형 3-1-2, 4-2-3	141
평행 5-1-6, 6-1-3	139
평행사변형 4-2-3	149
평행사변형의 넓이 5-1-7	280
평행선 4-2-2	140
표 2-2-5	322
표준시 2-2-4	247

ㅎ

하루 2-2-4	237
할푼리 5-2-7	311
합 1-1-3	51
합동 5-1-5	199
혼합계산 4-1-5	76
홀수, 짝수 1-1-5	25
확률 6-2-5	319
회전체 6-2-2	186
회전체의 단면 6-2-2	188

퀴즈 정답

14쪽 ✗(이름수는 양의 의미가 없다.)
15쪽 ○
16쪽 ○
17쪽 ○
18쪽 ✗(1이 10개 있으면 10)
19쪽 ✗(999보다 1 큰 수는 1000)
20쪽 ○
21쪽 ✗(100조는 10^{14})
22쪽 ○
23쪽 ○
24쪽 ✗(99는 구십구 또는 아흔 아홉이라고 읽는다.)
25쪽 ○
26쪽 ✗(10은 2의 배수이므로 짝수)
27쪽 ✗(200은 백의 자리 수가 2이고 199는 백의 자리 수가 1이므로 200은 199보다 크다.)
28쪽 ○
29쪽 ○
30쪽 ✗(똑같이 나누지 않았으므로 분수로 나타낼 수 없다.)
31쪽 ○
32쪽 ✗(대분수는 자연수와 진분수의 합으로 나타내는 분수)
33쪽 ○
34쪽 ○
35쪽 ✗(분모가 다른 분수의 크기를 비교할 때 통분한 후 분자의 크기를 비교해야 하므로 분모가 큰 수가 무조건 큰 것이 아니다.)
36쪽 ○
37쪽 ✗($\frac{13}{1000}$ 은 0.013)
38쪽 ○
39쪽 ✗(7.09는 7이라는 자연수와 0.09라는 소수로 이루어진 대소수)
40쪽 ○
41쪽 ○
42쪽 ○
43쪽 ✗(0.56은 영 점 오육으로 읽는다.)
44쪽 ✗(7.08의 0은 자릿값을 나타내므로 생략해서는 안 된다.)
45쪽 ○
48쪽 ✗(3과 6으로 가르기를 할 수 있다.)
49쪽 ○
50쪽 ○
51쪽 ○
52쪽 ○
53쪽 ○
54쪽 ○(11-7, 11-4 이렇게 2개의 뺄셈식을 만들 수 있다.)
55쪽 ○
56쪽 ○(50+80=130이므로 십의 자리에서 받아올림을 해야 한다.)
57쪽 ○(30+80=110이므로 십의 자리에서 백의 자리로 1만큼 받아올림을 해야 한다.)
58쪽 ✗(6에서 4를 뺄 수 있으므로 받아내림을 할 필요가 없다.)
59쪽 ○(30에서 80을 뺄 수 없으므로 백의 자리에서 받아내림을 해야 한다.)
60쪽 ○
61쪽 ○
62쪽 ✗(전체 28개로 개수는 같지만, 사과 7개씩 4묶음과 사과 4개씩 7묶음으로 의미는 다르다.)
63쪽 ○
64쪽 ○
65쪽 ○
66쪽 ✗(18÷6=3)
67쪽 ○(20÷4=5)
68쪽 ○
69쪽 ✗
70쪽 ○
71쪽 ○(39÷5=7…4)
72쪽 ○
73쪽 ○(1434÷2=717로 나머지가 0이다.)
74쪽 ✗(곱셈과 덧셈을 이용한다.)
75쪽 ○
76쪽 ○
77쪽 ✗(덧셈과 뺄셈이 섞여 있는 경우 앞에 있는 것을 먼저 계산한다.)
78쪽 ✕(소괄호( )부터 먼저 계산한다.)
79쪽 ○
80쪽 ✕(12의 약수는 1, 2, 3, 4, 6, 12로 6개)
81쪽 ✕(배수는 무한하다.)
82쪽 ○
83쪽 ○
84쪽 ○
85쪽 ○
86쪽 ○
87쪽 ✕(최소공배수는 12)
88쪽 ○
89쪽 ✕(통분은 각 분수의 크기는 변함없이 분수들의 분모를 같게 하는 것이다.)
90쪽 ✕(약분은 분자와 분모가 모두 나누어지는 수로 해야 한다.)
91쪽 ✕($3.12 = 3\frac{12}{100}$)
92쪽 ○
93쪽 ✕(대분수의 자연수 부분은 소수점 앞에 그대로 옮겨 주고 분수 부분만 소수로 고칠 수 있다.)
94쪽 ○
95쪽 ○
96쪽 ○
97쪽 ○
98쪽 ○
99쪽 ✕(대분수를 가분수로 바꾸어 계산할 수 있다.)

100쪽 ○
101쪽 ✕($\frac{3}{7} - \frac{1}{3} = \frac{2}{21}$)
102쪽 ✕(세 분수의 공통분모를 한 번에 구할 수 있다.)
103쪽 ✕(세 분수의 덧셈과 뺄셈을 할 때는 앞에 있는 것부터 먼저 한다.)
104쪽 ○
105쪽 ○
106쪽 ○
107쪽 ✕(나누는 수를 역수로 만들어 계산)
108쪽 ○
109쪽 ○
110쪽 ✕(3.5−1.9=1.6)
111쪽 ○(9×0.345=3.105)
112쪽 ✕(끝 숫자의 위치를 맞춘다.)
113쪽 ○(4.5×0.01=0.045)
114쪽 ○(4.5×1000=4500)
115쪽 ○
116쪽 ○(2.5÷0.3=8.333…이므로 소수 셋째 자리에서 반올림하여 8.33으로 나타낼 수 있다.)
117쪽 ○
120쪽 ✕(점은 길이, 넓이, 두께가 없다.)
121쪽 ✕(선은 점이 무수히 많이 모여서 이루어진 것이다.)
122쪽 ○
123쪽 ✕(하나의 교점이 생긴다.)
124쪽 ○

125쪽 ○
126쪽 ○
127쪽 ○
128쪽 ○
129쪽 ✕(6개의 모서리가 있다.)
130쪽 ✕(한 원뿔에서 모선은 무수히 많으며, 모선의 길이는 같다.)
131쪽 ○
132쪽 ✕(각기둥은 밑면의 모양에 따라 여러 가지가 있다.)
133쪽 ○
134쪽 ○
135쪽 ✕(예각은 0°보다 크고 90°보다 작은 각)
136쪽 ✕(둔각은 90°보다 크고 180보다 작은 각)
137쪽 ○
138쪽 ○
139쪽 ✕(평행인 두 선은 아무리 늘여도 만나지 않는다.)
140쪽 ○
141쪽 ○
142쪽 ○
143쪽 ✕(삼각형은 3개의 선분으로 둘러싸인 도형)
144쪽 ○
145쪽 ✕(변을 연장시켰을 때 사각형 안을 지나면 오목사각형)
146쪽 ○
147쪽 ✕(육각형은 변과 꼭짓점이 6개씩 있다.)
148쪽 ✕(마주보는 한 쌍의 변이

서로 평행)
149쪽 ○
150쪽 ✗(마름모는 네 변의 길이는 같지만, 네 각의 크기가 모두 90도인 것은 아니다.)
151쪽 ✗(직사각형은 마주 보는 두 변의 길이가 같다.)
152쪽 ○
153쪽 ○
154쪽 ○
155쪽 ✗(삼각형의 내각이 90도, 30도, 60도인 경우도 직각삼각형이 되므로 이등변삼각형이 아닌 경우도 있다.)
156쪽 ✗(삼각형의 세 개의 내각의 합은 180도)
157쪽 ✗(세 각이 모두 예각일 때 예각삼각형)
158쪽 ✗(둔각삼각형은 한 각이 둔각, 나머지 두 개의 각은 예각이다.)
159쪽 ✗(20개이다.)
160쪽 ○
161쪽 ✗(원은 크기와 상관없이 모양이 같다.)
162쪽 ✗(원 모양이다.)
163쪽 ✗(반지름은 지름의 절반)
164쪽 ○
165쪽 ○
166쪽 ○
167쪽 ✗(위와 아래의 면이 평행이 아닌 것도 해당된다.)
168쪽 ○

169쪽 ✗(각기둥의 모서리의 개수는 (한 밑면의 변의 수)×3)
170쪽 ○
171쪽 ○
172쪽 ✗(직육면체는 면의 모양이 모두 직사각형)
173쪽 ○
174쪽 ✗(원기둥에는 높이는 있고 모서리는 없다.)
175쪽 ✗(원기둥에서 밑면은 합동이다.)
176쪽 ✗(원기둥의 전개도에서 옆면은 직사각형)
177쪽 ✗(각뿔은 밑면이 1개)
178쪽 ○
179쪽 ○
180쪽 ✗(사각뿔의 모서리의 길이는 다를 수 있다.)
181쪽 ○
182쪽 ✗(원뿔은 모선이 무수히 많다.)
183쪽 ✗(원뿔은 밑면이 1개)
184쪽 ○
185쪽 ○
186쪽 ○
187쪽 ✗(다양한 모양의 회전체가 있다.)
188쪽 ○
189쪽 ✗(전개도에서 접히는 모서리는 점선으로 나타낸다.)
190쪽 ✗(같은 입체도형이더라도 전개도의 모양이 달라질 수 있다.)

191쪽 ○
192쪽 ✗(밀기를 하더라도 모양과 크기는 변하지 않는다.)
193쪽 ✗(뒤집기를 하더라도 모양과 크기는 변하지 않는다.)
194쪽 ○
195쪽 ✗(위치만 바뀌고 모양은 바뀌지 않는다.)
196쪽 ○
197쪽 ○
198쪽 ✗(에서는 다양한 모양을 이용하여 바닥을 채우는 테셀레이션 작품을 만들었다.)
199쪽 ○
200쪽 ✗(모양과 크기가 같아야 합동이다.)
201쪽 ✗(모양과 크기가 같으면 색깔이 달라도 합동이다.)
202쪽 ○
203쪽 ✗(대응각도 4개씩이다.)
204쪽 ○
205쪽 ○
206쪽 ○
207쪽 ○
208쪽 ○
209쪽 ✗(삼각형은 대칭의 중심으로 180° 돌리면 처음 도형과 완전히 겹쳐지지 않는다.)
210쪽 ○
211쪽 ○
212쪽 ✗(정사각형과 평행사변형, 그리고 삼각형이 있다.)
213쪽 ○

216쪽 O
217쪽 ✗(1cm의 100배가 1m)
218쪽 ✗(1km=1000m)
219쪽 O
220쪽 ✗(정확한 차이를 알려면 보편 단위를 이용해야 한다.)
221쪽 ✗(1cm도 단위 길이 중의 하나이다.)
222쪽 ✗(1cm는 보편 단위이다.)
223쪽 ✗(1인치도 보편 단위이다.)
224쪽 ✗(나라마다 사용하는 보편 단위가 모두 달랐다.)
225쪽 ✗
 (1km=1000m=100000cm)
226쪽 O
227쪽 ✗(1cm보다 더 작은 단위인 mm가 있다.)
228쪽 O
229쪽 ✗(100cm=1m)
230쪽 O
231쪽 O
232쪽 ✗(풍선은 크기가 커도 가볍고, 돌은 크기가 작아도 무겁다.)
233쪽 O
234쪽 ✗(하루는 지구가 스스로 한 바퀴 도는 데 걸리는 시간이다.)
235쪽 O
236쪽 O
237쪽 ✗(자정은 밤 12시)
238쪽 O
239쪽 ✗(시각이다.)
240쪽 O
241쪽 O
242쪽 ✗(작은 눈금 한 칸은 1분을 나타낸다.)
243쪽 O
244쪽 ✗(시간과 시간의 합은 시간이다.)
245쪽 ✗(시각과 시각의 차는 시간이다.)
246쪽 O
247쪽 O
248쪽 O
249쪽 ✗(크기가 같아도 들이는 다를 수 있다.)
250쪽 ✗(L보다 작은 단위는 mL)
251쪽 O
252쪽 O
253쪽 O
254쪽 O
255쪽 ✗(물 1mL의 무게는 1g)
256쪽 O
257쪽 O
258쪽 ✗(1000kg=1t)
259쪽 ✗(50 이상인 수는 50과 50보다 큰 수를 나타낸다.)
260쪽 O
261쪽 O
262쪽 O
263쪽 O
264쪽 ✗(4160을 버림하여 백의 자리까지 나타내면 4100)
265쪽 O
266쪽 O
267쪽 ✗(모든 정사각형의 둘레는 (한 변의 길이)×4)
268쪽 ✗(원의 지름×3.14)
269쪽 ✗(원주율은 변함이 없다.)
270쪽 ✗(원주÷원의 지름)
271쪽 ✗(엄청 무겁거나 부피가 큰 물건인 경우 맞대어 비교할 수 없다.)
272쪽 ✗(둘레는 같지만 넓이가 다른 도형도 있다.)
273쪽 O
274쪽 O
275쪽 O
276쪽 ✗(500000m^2=50ha)
277쪽 ✗(한 변의 길이가 1000m 인 정사각형의 넓이가 1km^2)
278쪽 O
279쪽 ✗('평'은 옛날 우리나라에서 사용했던 넓이의 단위)
280쪽 O
281쪽 O
282쪽 O
283쪽 ✗(4×3÷2=6(m^2))
284쪽 O
285쪽 ✗(높이를 알아야 한다.)
286쪽 ✗(마름모의 대각선이 직사각형의 변의 길이와 같을 때 마름모의 넓이는 직사각형 넓이의 절반)
287쪽 O

288쪽 ×(둘레가 같지만 넓이가 다른 경우도 있다.)
289쪽 ○
290쪽 ×(5×5×3.14=78.5(cm²))
291쪽 ○
292쪽 ○
293쪽 ○
294쪽 ○
295쪽 ○
296쪽 ○
297쪽 ○
298쪽 ○
299쪽 ○
302쪽 ○
303쪽 ×(일정한 수를 더하거나 곱하는 사칙 연산도 규칙의 일종이다.)
304쪽 ×(위, 앞, 옆 보는 위치에 따라 모양이 다르다.)

305쪽 ○
306쪽 ○
307쪽 ○
308쪽 ×
309쪽 ×(3:2)
310쪽 ×(기준량에 대한 비교하는 양의 크기)
311쪽 ○
312쪽 ×(기준량을 100으로 한다.)
313쪽 ○
314쪽 ×(반비례)
315쪽 ×(정비례)
318쪽 ○
319쪽 ×(확률은 어떤 일이 일어날 수 있는 경우의 수의 비율)
320쪽 ×(모든 경우의 수를 빼놓지 않고 구할 수 있다.)
321쪽 ×(기준이 필요하다.)

322쪽 ○
323쪽 ○
324쪽 ×(그래프는 점, 직선, 곡선, 막대, 그림 등을 이용해서 나타낸 것)
325쪽 ○
326쪽 ×(각 항목의 크기를 비교할 때 많고 적음을 한눈에 알 수 있다.)
327쪽 ○
328쪽 ×(직선으로 나타내야 한다.)
329쪽 ×(필요 없는 부분에 물결선을 표시한다.)
330쪽 ×(각 항목의 합계가 100%가 되어야 한다.)
331쪽 ○

글 이경희
서울교육대학교와 동 대학원에서 수학교육 전공. 초등수학맥잡기(http://xmath.net) 홈페이지 운영, 『수학발표왕을 만드는 슈퍼수학』 집필, 「초등 독서평설」에 수학동화를 연재하고 있다. 현재 초등학교에서 아이들을 가르치며 아이들을 위한 수학 도서를 꾸준히 구상 중이다.

글 구진명
서울교육대학교에서 초등교육 전공, 동 대학원에서 초등 수학교육을 전공 중임. 현재 초등학교에서 아이들을 가르치며, 재미있는 수학 교수법을 연구하고 있다.

글 서민
광주교육대학교와 동 대학원에서 수학교육 전공. 현재 초등학교에서 아이들을 가르치며 교과서 집필, 영재 학생 지도, 교육기부 활동 등 초등 수학과 관련하여 많은 연구 및 활동을 하고 있다.

글 한지민
광주교육대학교와 동 대학원에서 수학교육 전공. 현재 초등학교에서 아이들을 가르치며, 수학을 어려워하는 아이들이 수학과 친근해질 수 있도록 노력하고 있다.

글 서지원
2009개정초등수학교과서 스토리텔링 집필. 어린이를 위해 스토리텔링으로 지식 탐구 능력과 창의적인 문제 해결능력을 담은 많은 책을 집필했다. 집필한 책이 서울시 올해의 책, 우수문학도서 등에 선정됐다.

그림 오인경
대구 계명대학교에서 시각디자인을 전공했으며, 어린이책 출판사에서 디자이너로 일했다. 그림을 통해 재미있는 일을 꿈꾸며 출판 일러스트레이터로 활동하고 있다.